B
V
72

Max Euwe

Positions- und Kombinationsspiel im Schach

Joachim Beyer Verlag

Der Verlag bedankt sich bei Herrn Ralf Binnewirtz für die Überarbeitung des Buches.

ISBN 978-3-95920-005-9

7. Auflage 2016

Ein Imprint des Schachverlag Ullrich, Zur Wallfahrtskirche 5, 97483 Eltmann

A. Theoretischer Teil

B. Zusammenfassung

C. Zwanzig erläuternde Partien

A. Theoretischer Teil

Einleitung

Man spricht im Schachspiel oft vom *Kombinationsspiel* und vom *Positionsspiel*. Da erhebt sich zuallererst die Frage: welche Bedeutung haben diese eigentlich technischen Ausdrücke im Schach? Die Beantwortung dieser Frage bildet den Ausgangspunkt der theoretischen Untersuchungen, wobei ich hauptsächlich die Methoden behandeln werde, die die Schaffung und Ausnutzung einer guten Stellung zum Ziel haben. Es braucht aber wohl kaum besonders hervorgehoben zu werden, dass kein klarer Einblick in einen der beiden Zweige des Schachspiels ohne ständige Vergleiche mit dem anderen möglich ist.

Bei einer *Kombination* konzentriert sich der Kampf auf eine beschränkte Anzahl von Zügen in bestimmten Grenzen. Das kann z. B. der Fall sein, wenn die eine Partei die andere zu bestimmten Antworten zwingt, oder wenn im gegebenen Augenblick beide Gegner keine oder wenig Wahl haben, so dass sich eine Folge von beiderseits erzwungenen Zügen ergibt. Sehen wir hierzu Diagramm 1.

Weiß ist am Zuge. Seine Dame ist durch den schwarzen Turm bedroht, aber dieser Turm ist im Hinblick auf seinen eigenen König und Dame selbst so ungünstig postiert, dass dies fast einer Einladung an den weißen Läufer zu einer Fesselung auf c4 oder g4 gleichkommt. Wie kann Weiß aus diesem Umstand Nutzen ziehen?

Diagramm 1

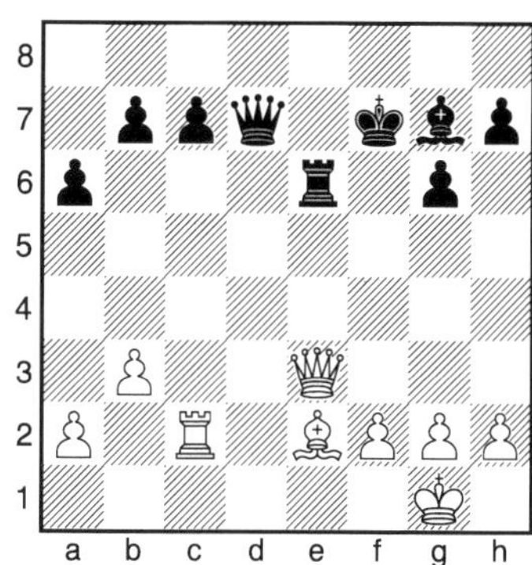

Weiß am Zuge
Figurenschwächen-Kombination

Unmittelbar 1. ♗g4 ergibt nichts; die Folge würde sein 1. ... ♖e3: 2. ♗d7: ♖e1#. Auch 1. ♗c4 ist nicht gut, denn Schwarz antwortet 1. ... ♕d1+ 2. ♗f1 ♖e3: und gewinnt.

Ein sogen. „stiller" Zug der weißen Dame, um aus der Feuerlinie zu kommen, gibt Schwarz ebenfalls Gelegenheit, den Turm günstiger zu stellen. Nur eine Kombination löst das Problem: 1. ♕e3xe6+! ♔f7xe6 2. ♗e2-g4+ ♔e6-e7 3. ♗g4xd7 ♔e7xd7; wenn Schwarz auf den ersten weißen Zug 1. ... ♕d7xe6 antwortet, so folgt 2. ♗e2-c4 mit Rückgewinn der Dame für den Läufer, so dass auch in diesem Falle die weiße Kombination mit einem Qualitätsgewinn endet.

Hier wurde also ein zeitlicher Vorteil (die ungünstige Stellung der schwarzen Figuren in den weißen Diagonalen, auf denen der weiße Läufer mit großem Effekt zur Geltung kam) von Weiß mit zwei zwingenden Zügen in einen entscheidenden materiellen Vorteil umgesetzt. Der erste Zug von Weiß 1. ♕e6:+ war deshalb zwingend, weil Schwarz nur zwei Antworten hatte (1. ... ♔e6: oder 1. ... ♕e6:), um den sofortigen Verlust zu vermeiden.

Diagramm 2 zeigt eine Kombination mit allerlei Abzweigungen. Es ist wohl anzunehmen, dass Schwarz soeben Se6 gespielt hat mit dem Gedanken, dass Weiß nach 1. ♘e6: fe6: wegen der Bedrohung seiner Dame nicht 2. ♖e6: spielen darf; rettet Weiß jedoch zunächst die

Diagramm 2

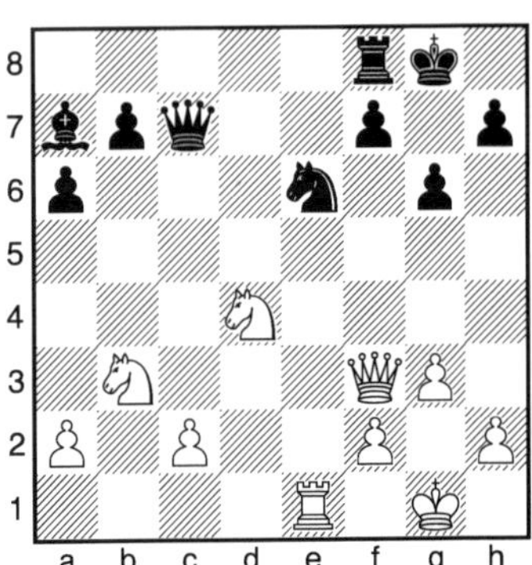

Weiß am Zuge
Figurenschwächen-Kombination

Dame, so kann Schwarz mit 2. ... ♗f2:+, gefolgt von 3. ... ♗e1:, fortfahren. Aber Weiß stellt fest, dass die schwarzen Figuren sich in einer (vorübergehend!) ungünstigen Position befinden: Dame und Turm sind so gestellt, dass unter gewissen Umständen ein Springer beide Figuren gleichzeitig angreifen kann.

Nehmen wir an, der ♘e6 wäre weiß, dann würde er sowohl die schwarze Dame als auch den schwarzen Turm angreifen. Auf dieser Erkenntnis beruht die folgende vierzügige Kombination von Weiß: 1. ♖e1xe6! f7xe6 2. ♕f3xf8+! ♔g8xf8 3. ♘d4xe6+ ♔ beliebig 4. ♘e6xc7 und Weiß hat Figur und Bauer gewonnen.

Bevor Weiß jedoch diese Kombination ausführt, muss er sich verschiedene wichtige Fragen vorlegen. Unterstellen wir einmal, dass wir diese Partie führen und gerade auf die Idee der vorgenannten Kombination gekommen sind. Es wäre dann verkehrt, anzunehmen, dass unser Gegner den Turm unbedenklich nehmen würde. Wir müssen auch andere Möglichkeiten prüfen. Was folgt z. B. auf 1. ... ♗d4:? Aha, wir können mit 2. ♘d4: antworten und weiter, wie in der Hauptvariante, nach 2. ... fe6: mit 3. ♕f8:+ und schließlichem Figurengewinn fortsetzen. Was geschieht aber, wenn der Gegner sich noch immer weigert, den Turm zu schlagen und mit der Dame unseren Springer angreift? Auch darüber brauchen wir keine Sorge zu haben, denn wir sind in diesem Augenblick schon mit einer Figur in Vorteil und obendrein noch am Zuge. Es könnte sich folgende Variante ergeben: 1. ♖e6: ♗d4: 2. ♘d4: ♕d8 3. ♖e4 f5 4. ♖f4 g5 5. ♖f5:, und wenn er nun unseren Springer schlägt, schlagen wir seinen Turm; wenn er jedoch unseren Turm nimmt, nehmen wir mit dem Springer wieder und bringen diesen gleichzeitig in Sicherheit, so die Mehrfigur behauptend.

Es ist noch eine andere Möglichkeit, die wir untersuchen müssen: kann Schwarz etwa auf die eine oder andere Art Schach geben? Dies ist außerordentlich wichtig; denn unsere ganze Kombination beruht auf der eigenartigen Aufstellung der feindlichen Figuren, und wenn unser Gegner auch nur eine dieser Figuren durch ein Schachgebot (den Gipfel eines „zwingenden Zuges“) auf ein anderes Feld zu bringen vermag, kann unsere ganze Kombination zu Wasser werden.

Glücklicherweise ist hier kein solches Schach vorhanden.

Die Beispiele 1 und 2 wurden nur gezeigt, um zunächst eine deutliche Erklärung des Begriffes „Kombination“ zu geben; wir können nun unser ursprüngliches Thema wieder aufnehmen.

Kombinationen entstehen vornehmlich in Stellungen mit vielen offenen Linien und wenigen oder keinen blockierten Bauern.

Einen Bauern nennen wir „blockiert“, wenn ein anderer Bauer unmittelbar vor ihm steht; wenn dieser Bauer von anderer Farbe ist, kann das Vorrücken erst vor sich gehen, wenn wir den Vordermann durch Schlagen beseitigt haben.

Man tut gut daran, sich zu merken, dass *Kombinationen* auf der Ausnutzung bald *vorübergehender* Möglichkeiten beruhen.

Dagegen haben wir es bei dem Positionsspiel mit dem Entstehen und der Beurteilung *bleibender* Schwächen zu tun. Wir sprechen von „*zeitlichen Schwächen*“ und „*bleibenden Schwächen*“.

Zeitliche Schwächen bestehen meistens in der ungünstigen (leicht anzugreifenden) Stellung einer oder mehrerer Figuren. Je größer der Wert dieser Figuren ist, desto mehr macht sich die Schwäche geltend.

Bleibende Schwächen sind ausschließlich eine Frage der Bauernstellung. Diagramm 3 zeigt uns den Unterschied.

Diagramm 3

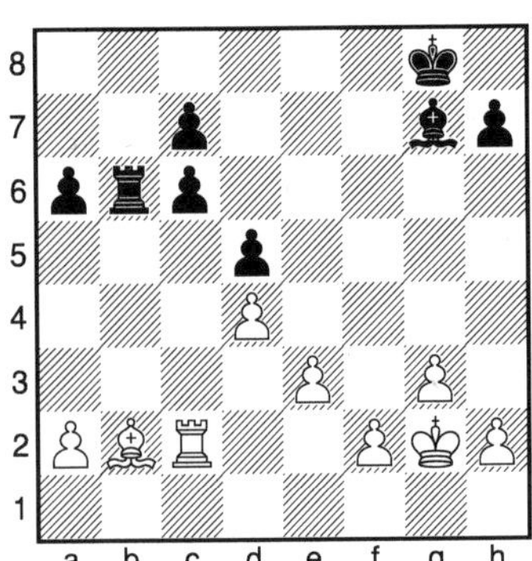

Weiß am Zuge:
schwarze Bauernschwächen
Schwarz am Zuge:
weiße Figurenschwächen

Der schwarze Doppelbauer in der c-Linie ist eine bleibende Schwäche. Eine solche Schwäche ist mit einer unheilbaren Krankheit zu vergleichen, die ständige Sorgen verursacht; doch dürfen wir dabei nicht übersehen, dass manche Menschen mit einer unheilbaren Krankheit ein hohes Alter erreichen, während ihre gesunden Freunde durch einen Unfall ums Leben kommen. So müssen wir auch im Schachspiel begreifen, dass das Schaffen einer dauernden Schwäche bei unserem Gegner nur ein Schritt auf dem Wege zum Siege ist; Sie müssen hart arbeiten, um Nutzen aus dieser Schwäche zu ziehen, und obendrein stets auf der Hut sein, dass Sie nicht durch eine überraschende Kombination des Gegners die Partie in wenigen Zügen verlieren.

Wenn Sie den Wert einer „bleibenden“ Schwäche in der Bauernstellung Ihres Gegners feststellen wollen, müssen Sie sich zuerst vergewissern, ob diese Schwäche auch wirklich bleibend ist. So muss Weiß in Diagramm 3 sich beeilen, um zu verhindern, dass Schwarz sich mit 1. ... c5 seiner Schwäche entledigt. Weiß am Zuge spielt also 1. ♗b2-a3. Im weiteren Verlauf der Partie wird er danach streben, seinen Gegner auch auf einem anderen Teil des Brettes zu beunruhigen, etwa auf dem Königsflügel oder im Zentrum. Er kann z. B. versuchen, einen Freibauern zu bekommen, oder noch eine Linie für seinen Turm zu öffnen; es wird sich dann bald herausstellen, dass der durch den Doppelbauer hervorgerufene Nachteil indirekter Natur ist, indem Schwarz mit seinem Turm nur begrenzt ziehen kann, wenn Weiß den Angriff auf den schwachen Bauern aufgibt. Es besteht jederzeit die Gefahr, dass Weiß – nach genügender Vorbereitung natürlich – seinen Turm nach einem anderen Angriffspunkt dirigiert, ohne dass der schwarze Turm in der Lage ist, rechtzeitig zur Verteidigung herbeizueilen. Später werden wir diesen Gang der Dinge noch genauer untersuchen.

Bei der Stellung des Diagramms 3 hängt alles davon ab, ob Weiß oder Schwarz am Zuge ist. Mit Schwarz am Zuge zeigt die Stellung eine zeitliche Schwäche auf Seiten des Weißen, denn Schwarz kann mit einer einfachen Kombination in Vorteil kommen. Er spielt 1. ... c6-c5!, ein Zug, der praktisch nur durch die im Augenblick ungünstige Stellung des weißen Läufers möglich ist. Weiß darf den vorrückenden Bauern weder mit dem Turm noch mit dem d-Bauern nehmen, denn in beiden Fällen kostet ihm die Antwort ♖b6xb2 eine Figur. Jedoch welchen anderen Zug Weiß auch wählt, z. B. 2. ♗a3, er kann nicht verhindern, dass Schwarz c5-c4 spielt und damit seine zunächst „bleibende Schwäche" in einen „bleibenden Vorteil" (einen gedeckten Freibauern auf c4) verwandelt.

Ein „Freibauer" ist ein Bauer, der keinen feindlichen Bauern vor sich hat, weder auf seiner eigenen noch auf den beiden angrenzenden Linien. Der Gegner muss also Figuren verwenden, um sich gegen das Vorrücken des Bauern zu schützen.

Nachdem wir nun den Unterschied zwischen „zeitlicher" und „bleibender" Schwäche kennen, besteht keine Veranlassung mehr, die Ausdrücke „Bauernschwäche" und „Figurenschwäche" nicht zu gebrauchen. Wir sehen, dass die erste bleibend ist und die zweite zeitlich. Ferner müssen wir berücksichtigen, dass die direkten Folgen einer Bauernschwäche meist weniger ernst sind als die einer Figurenschwäche. Die letztere kann unter Umständen eine Kombination ermöglichen, die geradewegs zum Verlust der Partie führt. (Siehe Diagramm 1 und 2.)

Bauernschwächen sind der Schlüssel des *Positionsspiels.* Um eine

Partie durch Positionsspiel zu gewinnen, muss man im Stande sein, die Schwächen zu erkennen und auszunutzen. Das Schaffen einer Bauernschwäche ist eine Frage der Strategie; die auszunutzen, eine Frage der Technik. Zu dem ersten ist Talent nötig; zum zweiten Energie und Ausdauer.

Im Allgemeinen wird eine Partie positionell gespielt. Sie müssen aber unablässig die Stellung nach Zeichen von Figurenschwächen untersuchen, sowohl in Ihrem eigenen Spiel als in dem Ihres Gegners; denn anders ist die Gefahr einer unangenehmen Überraschung nicht zu bannen, und schließlich kann man auch eine gute Chance verpassen, die ganze Sache sofort zu beenden. Ein guter Positionsspieler muss zugleich ein guter Taktiker sein.

Taktik ist das Suchen, Entdecken und Ausführen einer Kombination. Kombinationsspiel ist kein Gegensatz zum Positionsspiel, sondern sein Bundesgenosse. Positionsspiel kommt an erster Stelle, Kombinationsspiel an zweiter. Um nun die Prinzipien des Positionsspiels klarzulegen, müssen wir mit dem Studium einiger Beispiele von guten und schlechten Bauernstellungen beginnen.

Das soll das Thema des ersten Buchabschnittes sein.

Ich will diese Einleitung beenden (zugleich zur Vorbereitung für das, was folgt), indem ich hier die wichtigsten Regeln verzeichne, die bei der Behandlung der Bauern beachtet werden müssen.

1. Der Wert der Bauern wechselt. In der Eröffnung sind die Bauern am wichtigsten, die den meisten Einfluss auf das Zentrum haben. Das „Zentrum“ besteht aus den Feldern d4, e4, d5 und e5. Ein Bauer gewinnt Einfluss auf das Zentrum, wenn er

a) auf einem der genannten vier Felder steht;
b) nach einem dieser Felder vorgeschoben werden kann;
c) eines dieser Felder beherrscht;
d) im Stande ist, eines dieser Felder zu beherrschen.

Vergessen Sie nicht, dass ein Bauer das Feld, auf dem er steht, nicht beherrscht.

2. Ein Bauer allein beherrscht nur weiße oder nur schwarze Felder. Wenn aber zwei Bauern nahe beieinander stehen, etwa auf d4 und e4, dann dehnen sie ihre Kontrolle auf vier angrenzende Felder aus, zwei weiße und zwei schwarze. Beide Bauern sind dann auf die denkbar beste Art aufgestellt und erzielen eine Maximalwirkung. Dies ist der Grund, weshalb ein Bauer, der seine beiden Nachbarn verloren hat (ein „isolierter“ Bauer), im Allgemeinen schwächer ist als ein Bauer, der noch von seinen Brüdern umgeben ist. Aus demselben Grunde müssen alle Bauern, die die Möglichkeit eingebüßt haben, eine horizontale Position vom Typ d4-e4 einzunehmen (z. B. Doppelbauern), als schwach angesehen werden.

3. Seien Sie sparsam und vorsichtig mit Ihren Bauernzügen! Bedenken Sie, dass jeder Bauernzug eine unwiderrufliche Veränderung der Stellung bedeutet. Ein Bauernzug ist eine Verpflichtung für die ganze Partie!

I. Das Bauerngerippe

Die Bauernformation ist das Rückgrat jeder Position; sie gibt ihr ihre Selbständigkeit und ihren Charakter. Schwäche und Kraft der Figuren hängen von der Bauernstellung ab. Eine gute Bauernstellung kann die Aktivität der Figuren vergrößern, während eine schlechte Bauernstellung die Figuren machtlos machen kann.

Wie beurteilen wir den Wert einer Bauernstellung? Das ist eine Frage, die eine wohl erwogene Antwort verdient. Lassen Sie uns zunächst die Anfangsstellung betrachten! Die Bauern stehen in zwei Reihen und bestreichen jeweils zwei weiße bzw. schwarze Felder (resp. die 3. und 6. Reihe). Ein Randbauer (also ein a- oder h-Bauer) beherrscht weniger Terrain als die anderen Bauern; er bestreicht nur ein Feld, während seine Kollegen zwei auf ihre Rechnung nehmen.

Demzufolge ist der Wert der Randbauern in der Eröffnung im Allgemeinen geringer als der der anderen Bauern. Derselbe Nachteil macht sich im Endspiel bemerkbar, wenn es sich darum handelt, einen Bauern auf die 8. Reihe zur Umwandlung zu führen. Die Umwandlung eines Randbauern ist meist viel schwieriger als die eines anderen Bauern. Als Kompensation hierfür hat er jedoch die Eigenschaft, dass er, wenn er auf der 7. Reihe steht und von seinem König unterstützt wird, unter Umständen im Stande ist, gegen König und Dame remis zu machen. (Nur der c- und f-Bauer können dies ebenfalls.)

Ohne hierauf näher einzugehen, wollen wir uns merken, dass der Wert der Bauern variiert, und dass der gleiche Bauer im Laufe des Spiels ständig seinen Wert ändern kann.

Wir haben dies auch bereits in der Einleitung feststellen können.

Zu Beginn der Partie muss schleunigst ein Bauer gezogen werden; anders sind die Figuren nicht im Stande, herauszukommen. Es ist logisch, einen derjenigen Bauern aufzuziehen, die der größten Anzahl Figuren Raum geben. Das sind die beiden Zentrumsbauern (die d- und e-Bauern), und zu Beginn der Partie sind diese Bauern infolge dieser Eigenschaft am wichtigsten. Wenn wir aus der Grundstellung heraus diese beiden Bauern nach e4 bzw. d4 ziehen, ist die Entwicklung jeder Figur garantiert. Wenn wir jedoch anstelle dieser zwei Bauern erst einen anderen Bauern vorrücken, sind mindestens drei und manchmal auch mehr Bauernzüge notwendig, um alle Truppen ins Gefecht führen zu können.

Die ersten Bauernzüge haben nicht nur den Sinn, für die Figuren Raum zu schaffen; die Bauern müssen auch im Stande sein, die entwickelten Figuren gegen Angriffe feindlicher Bauern zu schützen.

Dies letztere ist auf die Dauer nicht oder wenigstens beinahe nicht möglich, wenn die Zentrumsbauern nicht gezogen werden; die Springer haben in diesem Falle das meiste zu fürchten. Weil er nur kurze Sprünge macht, muss der Springer so schnell wie möglich entwickelt werden, damit er nicht zu weit von der feindlichen Stellung entfernt steht und bei Bedarf zu einem Angriff auf diese verwendet werden kann.

In der Grundstellung hat jeder Springer zwei Felder, auf die er ziehen kann; sind die Zentrumsbauern aufgerückt, so kommt noch ein Feld hinzu.

Eine kurze Untersuchung lehrt, dass f3 und c3 die besten Felder für die Springer sind. Von hier aus bestreicht jeder Springer zwei Zentrumsfelder (siehe die Einleitung), von denen eines sogar auf feindlichem Gebiet liegt, und außerdem noch zwei Felder auf dem Flügel. *Darum müssen wir danach streben, unsere Springer nach f3 und c3 (Schwarz nach f6 und c6) zu entwickeln und sie dort gegen Angriffe feindlicher Bauern zu schützen.*

Dass dies nur nach der Bildung eines starken Zentrums möglich ist, mag das folgende Diagramm zeigen.

Hier hat Schwarz anstatt der Zentrumsbauern seine b- und g-Bauern aufgezogen. *Diese Züge können als Vorbereitung für die Entwicklung der Läufer nach der Seite (g6, gefolgt von ♗g7, das sogen. Fianchetto) mitunter sehr gut sein; sie müssen aber stets mit einer darauf abgestimmten Formation im Zentrum zusammenhängen.*

Die Flankenentwicklung der Läufer ist eine Waffe, die schwierig zu handhaben ist und nur fortgeschrittenen Spielern empfohlen werden kann. In Diagramm 4 sehen wir ein wenig glückliches Fianchetto. Schwarz hat sein Zentrum völlig vernachlässigt; seine Springer können jeden Augenblick von feindlichen Bauern angegriffen werden. Ein Lehrbeispiel für schlechte Strategie.

Diagramm 4
Zentrumtyp 1

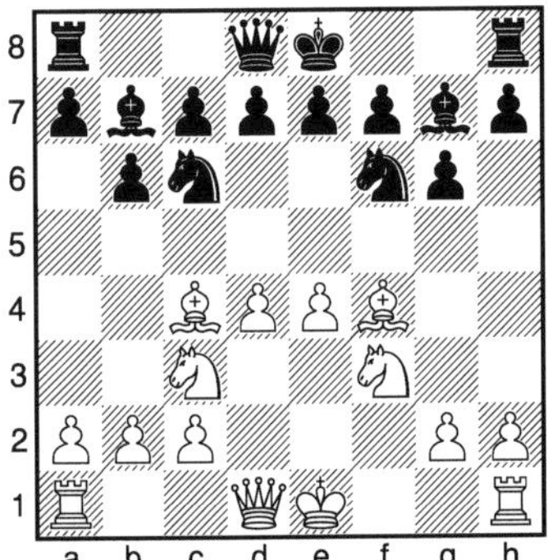

Schlechte Strategie von Schwarz: vernachlässigtes Zentrum

Diagramm 5
Zentrumtyp 2

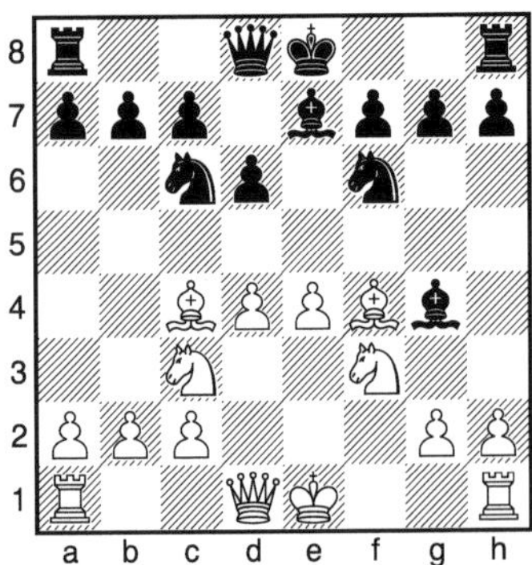

Mangelhafte Strategie von Schwarz: schwaches Zentrum

Die Bauernstellung in Diagramm 5 ist ebenfalls nachteilig für Schwarz. Weiß hat nicht nur zwei Bauern auf den Zentrumsfeldern, sondern sie befinden sich außerdem noch in einer idealen Position im Hinblick auf eine mögliche Zusammenarbeit. Schwarz hat nur einen Zentrumsbauern; obendrein ist dieser nur ein Feld vorgerückt, so dass er keinen Einfluss auf die feindlichen Truppen ausüben kann. Demzufolge können die weißen Springer sich zunächst ohne Bedrohung durch feindliche Bauern frei bewegen, während die schwarzen Springer sich bereits in einer unangenehmen Lage befinden: die Drohung e5 oder d5 liegt in der Luft.

Weiß wird aber einen dieser Bauernzüge erst dann tun, wenn die Wirkung so groß wie nur möglich ist; im Augenblick würden sie nur Zeitverlust bedeuten.

Erst bringt Weiß seine schweren Figuren (das sind Dame und Türme) ins Spiel. Schwarz, der infolge seines Zentrumsaufbaus nur wenig Terrain zum Manövrieren besitzt, wird mit jedem Zuge mehr Schwierigkeiten haben, eine befriedigende Fortsetzung zu finden. Und danach wird die Stellung bald für ein wirksames Eingreifen der weißen Zentrumsbauern reif sein.

Diagramm 6
Zentrumtyp 3

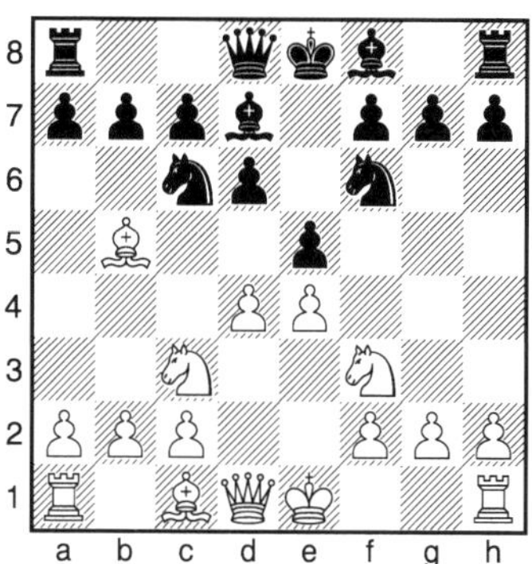

Gute Strategie von Schwarz;
Weiß hat nur
einen kleinen Vorteil im Zentrum

In Diagramm 6 treffen wir eine Situation im Zentrum an, die in der praktischen Partie oft vorkommt. Weiß hat dort zwei Bauern und Schwarz sozusagen anderthalb.

Wir nennen den schwarzen Bauern auf d6 nur einen „halben“, weil er auf dem Wege zum Zentrumsquartett (e4-d4-d5-e5, dessen Bedeutung wir in der Einleitung unterstrichen haben) nur einen halben Schritt getan hat.

Doch erfüllt dieser Bauer eine wichtige Funktion, er deckt u. a. den Zentrumsbauern auf e5. Wenn Weiß d4xe5 zieht und Schwarz d6xe5 antwortet, dann ist die Position im Zentrum völlig gleich. Wenn wir die Sicherheit der Springer betrachten, dann sehen wir, dass keiner der weißen Springer durch Bauern angegriffen werden kann, ebenso wenig der schwarze Königsspringer auf f6. Dagegen kann der schwarze Springer auf c6 durch das Vorrücken des ♙d4 vertrieben werden. Hierdurch hat Weiß also einen kleinen Vorteil; aber die Kraft des Aufmarsches d4-d5 darf nicht überschätzt werden. Der weiße Bauer auf d4 erfüllt eine wichtige Funktion, indem er den schwarzen e-Bauern angreift und so Druck auf das Feld e5 ausübt. Falls Weiß nun zu früh d4-d5 spielt, verschwindet der Druck auf e5; Schwarz braucht sich nicht länger Sorge um den Schutz seines Zentrums zu machen: feindliche Bauern können vorläufig nicht lästig werden, und Schwarz hat gute Chancen auf beachtliches Gegenspiel durch ♘e7, ♘g6, ♗e7, 0-0 sowie baldiges f7-f5.

Geben Sie darum nicht den Druck auf das feindliche Zentrum auf, bevor Sie damit nicht einen klaren Vorteil erreichen!

Deshalb muss Weiß in Stellung 6 danach trachten, seinen Gegner zu dem Zuge e5xd4 zu bewegen. Diagramm 7 zeigt das Wesentliche der Situation, die dann entstehen wird.

Diagramm 7
Zentrumtyp 4

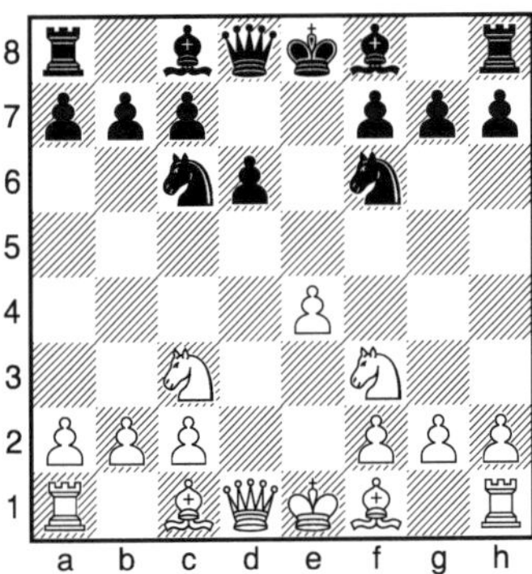

Das halbe Zentrum zum Vorteil von Weiß
Vorpostenfelder auf d5 und f5

Der weiße d- und der schwarze e-Bauer sind verschwunden, doch während Weiß noch immer einen Bauern auf einem Zentrumsfeld hat, ist Schwarz nur mit seinem „halben" übrig geblieben. Daher der technische Ausdruck, womit wir die neue Formation von Schwarz betiteln: das *„halbe Zentrum"*.

Es gibt noch eine andere Art des halben Zentrums, wenn nämlich Weiß einen Bauern auf d4 und Schwarz einen solchen auf e6 hat; und weiter natürlich die zwei übereinstimmenden Formationen, in denen Schwarz den Zentrumsbauern und den Vorteil davon hat und Weiß nur den „halben". Der Vorteil des Besitzes eines Zentrumsbauern liegt in der besonderen Bewegungsfreiheit, die er seinem Besitzer verschafft. In Diagramm 7 z. B. sind alle vier Springer sicher, aber der weiße e-Bauer bestreicht zwei Felder im feindlichen Gebiet, während der schwarze d-Bauer nur Felder innerhalb seiner eigenen Stellung beherrscht. Die Folge ist, dass Weiß seine Figur (mit Vorzug natürlich einen Springer) auf d5 oder f5 postieren kann, wo er geschützt steht und nicht allzu leicht zu vertreiben ist. Felder, die wie diese innerhalb der feindlichen Stellung liegen und von eigenen Bauern geschützt sind, werden „Vorposten" genannt.

Vorposten garantieren die Initiative, so dass Schwarz in Stellung 7 bald in die Verteidigung gedrängt werden wird. Seine Aufgabe muss sein, die Entwicklung seiner Figuren zu vollenden und dann nach Abtausch zu trachten, wonach die größere Bewegungsfreiheit von Weiß nicht mehr solche Bedeutung hat.

Wenn unsere Stellung gedrückt ist, dann ist es gut, so wenig Figuren wie möglich zum Manövrieren zu haben. Derjenige, der ein großes Gebiet besitzt, hat jedoch eine große Garnison nötig. Daraus folgt, dass Weiß in Stellung 7, in der er den größeren Raum besitzt, nach Möglichkeit den Tausch von Figuren vermeiden wird.

Diagramm 8
Zentrumtyp 5

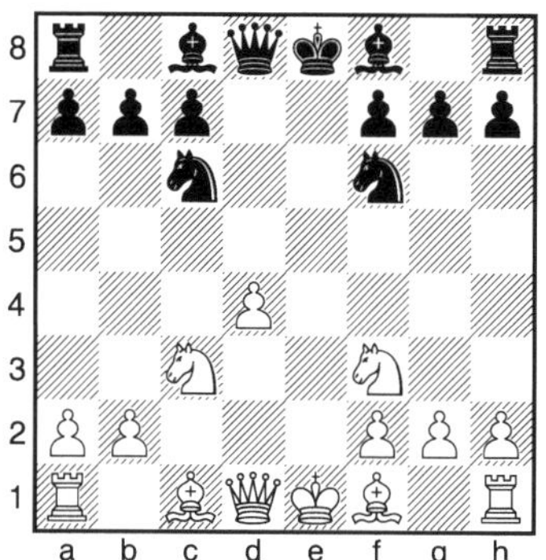

Isoliertes, aber bewegliches
Bauernzentrum.
Die Chancen sind gleich.

In den Diagrammen 8 und 9 machen wir zum Schluss Bekanntschaft mit zwei typischen Formationen, die isolierte Zentrumsbauern enthalten. Der Besitz eines isolierten Bauern ist im Allgemeinen nicht gerade angenehm, aber unter besonderen Umständen kann der isolierte Bauer von großem Wert sein.
In Stellung 8 hat Weiß einen isolierten Zentrumsbauern und Schwarz überhaupt kein Zentrum. Das Resultat ist, dass die beiderseitigen Chancen sich etwa das Gleichgewicht halten, weil der weiße Bauer vorrücken und den schwarzen Springer auf c6 vertreiben kann, wodurch die Entwicklung der feindlichen Figuren gestört wird.

Diagramm 9
Zentrumtyp 6

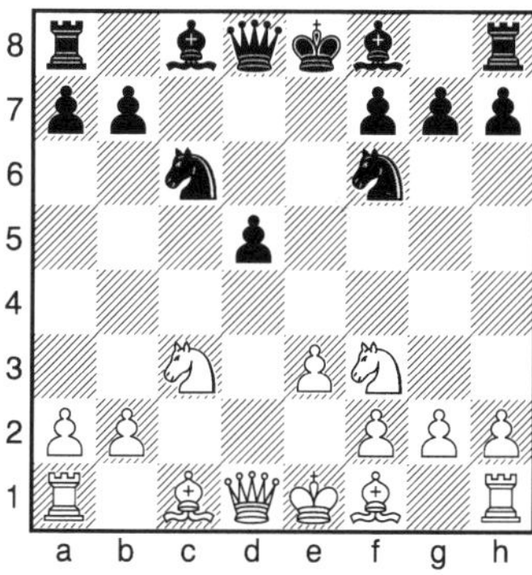

Isolierter, aber unbeweglicher
Zentrumsbauer.
Weiß steht besser

Ganz anders ist die Situation in Stellung 9, in der der isolierte Bauer nicht vorrücken kann, weil er durch den („halben“) weißen Zentrumsbauern auf e3 „in Schach“ gehalten wird. Das Feld davor (Feld d4) ist im Besitz von Weiß und für den Rest der Partie frei von Angriffen durch schwarze Bauern. Der isolierte Bauer kann auf seinem Platz festgehalten und später angegriffen werden. Weiß tut gut daran, das starke Feld d4 mit einem Springer zu besetzen (den Läufer dorthin zu bekommen, würde eine große Anzahl Züge erfordern; gut wäre die Läuferstellung ebenfalls), und ständig danach zu streben, diese Feld mit einer Figur besetzt zu halten. Keinesfalls darf durch Tausch ein weißer Bauer nach d4 gelangen. Schwarz ist ganz sicher nicht ohne Gegenchancen. Sein Zentrumsbauer bestreicht zwei Felder auf der weißen Bretthälfte, und wenn es ihm gelingt, Figuren auf einen oder beide Vorposten zu bringen, sollte er gute Angriffschancen erlangen.

Über die Bedeutung des Zentrums kann man Spalte um Spalte füllen. Wir müssen uns jedoch mit diesen flüchtigen Beispielen begnügen, denn noch viele andere und nicht minder wichtige Themen harren ihrer Besprechung. Die Diagramme 8 und 9 haben uns mit den isolierten Bauern bekannt gemacht, was für den nächsten Abschnitt über „Bauernschwächen“ eine sehr geeignete Vorbereitung ist.

II. Bauernschwächen

Bauernstärken und Bauernschwächen sind zwei Begriffe, die nicht getrennt behandelt werden können. Die Tatsache, dass die Stärken der Bauernstellung bereits zu Beginn der Partie bestehen (in der Grundstellung gibt es keine Schwächen), während die Schwächen sich erst im Laufe des Spiels ergeben, deutet darauf hin, dass es nicht etwa die Stärken der einen Partei sind, die den Charakter der Partie bestimmen, sondern eben gerade die Schwächen der anderen Seite. Deshalb der Titel dieses Abschnittes: „Bauernschwächen“.

Ebenso wie eine Raupe, die nacheinander Puppe und Schmetterling wird oder werden kann, hat ein Bauer in seiner Laufbahn drei Phasen: (a) Bauer; (b) Freibauer; (c) Königin. Ein Bauer kann unmöglich die achte Reihe erreichen, ohne unterwegs ein „Freibauer“ zu werden.

Diagramm 10 verdeutlicht den Begriff „Freibauer“. Die Bauern auf g2 und a7 sind Freibauern, weil sie auf ihrer Reise zur 8. Reihe von feindlichen Bauern nicht aufgehalten werden können. Es hat damit nichts zu tun, ob feindliche (oder eigene) Figuren den Lauf der Bauern behindern oder nicht. Freibauern sind sehr gefährlich und verursachen fast immer große Sorgen. Ihr Vormarsch kann nur durch Figuren gehemmt werden, und da die „leichten“ Figuren (Springer und Läufer) jederzeit noch ungefähr drei Bauern wert sind, ist es natürlich unangenehm, wenn eine Figur dazu benutzt werden muss, ein einziges Bäuerlein zu stoppen.

Diagramm 10

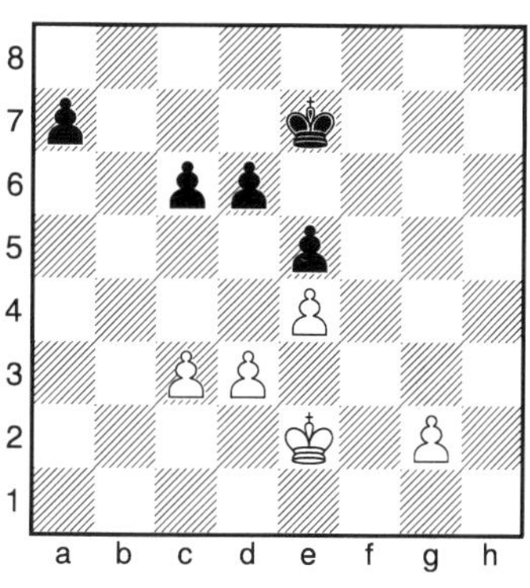

Der Freibauer

Der Vorteil eines Freibauern kommt am besten in einem Bauernendspiel zur Geltung, wenn alle Figuren getauscht sind.

Diagramm 11

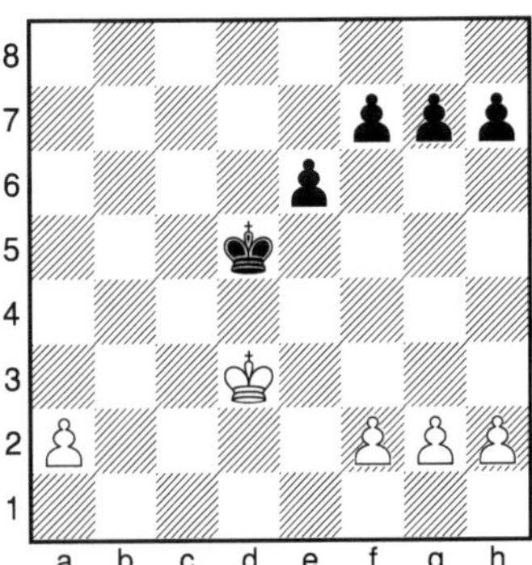

Der entfernte Freibauer

In Diagramm 11 sehen wir den Wert des Freibauern in der Praxis. Materiell stehen die Partien vollkommen gleich. Weiß besitzt jedoch im Gegensatz zu Schwarz einen Freibauern. Die schwarze Stellung leidet an einer dynamischen Schwäche. Früher oder später muss der schwarze König eine Expedition über das Brett unternehmen, um den Vormarsch des weißen Freibauern zu stoppen und diesen zu erobern; der weiße König wird dann aus der Abwesenheit des schwarzen Monarchen Nutzen ziehen und unter den schwarzen Bauern ein Schlachtfest anrichten.

Hieraus folgt, dass es um so schwieriger für Schwarz wird, je weiter der Weg ist, den der schwarze König zur Eroberung des entfernten Freibauern zurücklegen muss. Wenn z. B. der Bauer auf c2 steht (anstatt auf a2), dann ist es verhältnismäßig leichter, ihn zu stoppen; befindet er sich weiter entfernt, sind viel mehr Züge nötig, um hin und zurück zu gehen. Dieser Abstand wird in Linien berechnet, nicht anders. Der a-Bauer ist also drei Linien vom König entfernt; ein b-Bauer würde zwei Linien Abstand haben. Um den a-Bauern zu erobern, muss der König drei Linien nach links gehen; bei der Rückkehr hat er wieder drei Linien nach rechts zu beschreiten, im Ganzen also sechs Züge zu machen. Dagegen sind nur vier Linien (links und rechts) nötig, um den b-Bauern zu holen und zurückzukehren. Man spricht von einem „entfernten“ Freibauern und – wenn beide Partner einen Freibauern haben – von dem weiter entfernten Freibauern.

Je weiter ein Freibauer von dem feindlichen König entfernt ist, umso stärker ist er!

Eine Analyse der Möglichkeiten in Diagramm 11 mag dies noch einmal besonders bekräftigen. Es kann z. B. folgen 1. h2-h4 h7-h5 2. f2-f3 e6-e5 3. g2-g3 f7-f5 4. a2-a4 e5-e4+ 5. f3xe4 f5xe4+ (Nun haben beide Gegner einen Freibauern, aber der weiße ist der weiter entfernte, und das entscheidet.) 6. ♔d3-e3 ♚d5-e5 7. a4-a5 ♚e5-d5 8. a5-a6 ♚d5-c6 (Schwarz hat keine Wahl. Wenn er seinen Bauern nicht aufgibt, geht der weiße a-Bauer ohne weiteres durch.) 9. ♔e3xe4 ♚c6-b6 10. ♔e4-f5 ♚b6xa6 11. ♔f5-g5 und die beiden schwarzen Bauern gehen verloren.

Diagramm 12

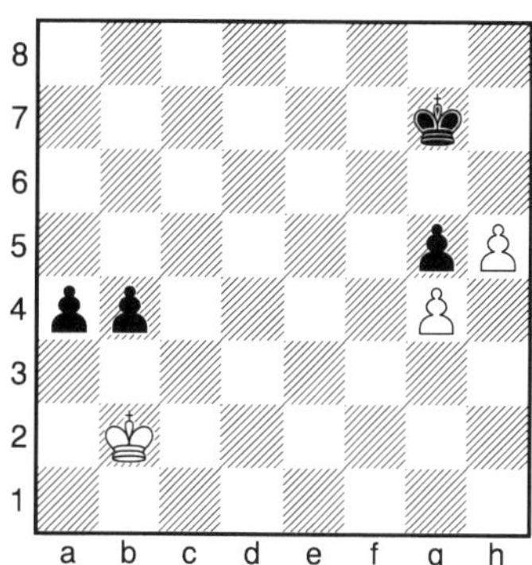

Gedeckte Freibauern
Verbundene Freibauern

In Diagramm 12 lernen wir „gedeckte Freibauern“ und „verbundene Freibauern“ kennen.

Nur wenn ein Freibauer von einem anderen Bauern geschützt wird (oder geschützt werden kann), nennen wir ihn einen gedeckten Freibauern. Eine mögliche Deckung durch Figuren berücksichtigen wir dabei also nicht.

Verbundene Freibauern sind Bauern, die auf benachbarten Feldern stehen. Solche Bauern können einander, wenn nötig, beschützen. In Diagramm 12 hat Weiß einen gedeckten Freibauern auf h5; Schwarz dagegen besitzt zwei verbundene Freibauern. In materieller Hinsicht ist Schwarz im Vorteil, denn er hat einen Bauern mehr. Aber der „gedeckte“ Freibauer rettet Weiß, denn sein h-Bauer hemmt die Bewegungsfreiheit des schwarzen Königs.

Dieser muss in dem Quadrat bleiben, das von den Feldern e5-h5-h8-e8 gebildet wird. Sobald der König dieses Quadrat verlässt, läuft der weiße h-Bauer geradewegs in die Dame. Infolgedessen kann der schwarze König nicht den Vormarsch seiner eigenen Bauern unterstützen, und diese können aus eigener Kraft den weißen König nicht passieren. Darum ist diese Stellung remis!

Diagramm 13 erinnert uns daran, dass wir vorsichtig sein müssen. Weiß hat einen Bauern mehr und muss bei gutem Spiel gewinnen. Wer aber das Unglück hat, mit 1. b2-b3?? zu beginnen, verliert sofort die Partie, weil Schwarz sich mit 1. ... b5-b4! einen Freibauern verschafft, der weiter vorgerückt ist als die weißen. Auf 2. a3xb4 folgt natürlich 2. ... a4-a3, und auf 2. b3xa4 ist die Antwort 2. ...

Diagramm 13

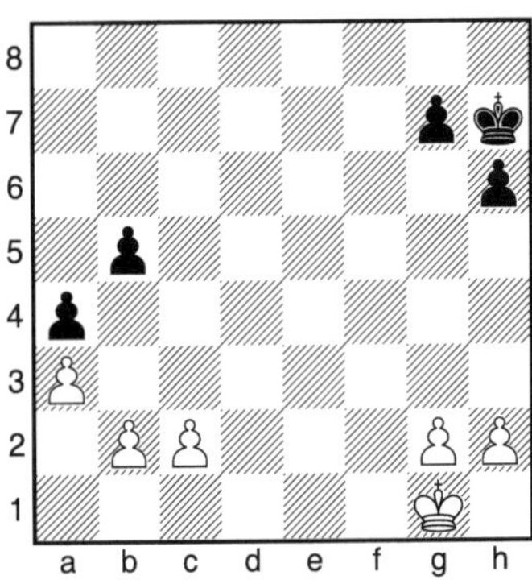

Aufgepasst!

b4xa3. In beiden Fällen verwandelt sich der schwarze Bauer eher als einer der weißen Bauern. Wir sehen hier also noch einen Umstand, der im Kampf der Freibauern miteinander von wesentlicher Bedeutung ist: nämlich der Abstand von der Umwandlungsreihe, der achten bzw. ersten Reihe. Es ist leicht zu verstehen, dass bei sonst gleichen Bedingungen der Wert eines Bauern umso größer ist, je weiter er vorgerückt ist.

In Diagramm 14 hat Weiß einen klaren Vorteil, denn er kann sich schnell den entfernten Freibauern verschaffen: 1. b2-b3 ♔f7-e6 2. ♔f2-e3 ♔e6-e5 3. h2-h4 g7-g6 4. a2-a3 h7-h6 5. b3-b4 a5xb4 6. a3xb4 g6-g5 7. h4xg5 h6xg5 8. b4-b5 ♔e5-d5 9. b5-b6 ♔d5-c6 10. ♔e3-d4 ♔c6xb6 11. ♔d4-e5

Diagramm 14

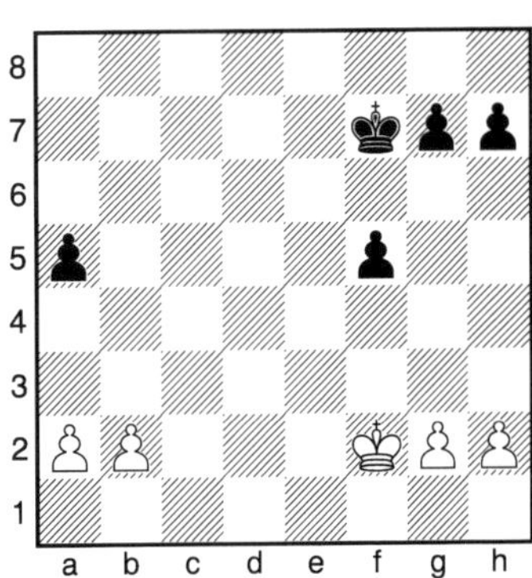

Weiß bekommt den entfernten Freibauern

und Weiß gewinnt leicht, indem er die noch verbliebenen schwarzen Bauern erobert.

Nehmen wir nun aber einmal an, dass Weiß in Diagramm 14 nicht mit 1. b2-b3, sondern mit 1. a2-a3? beginnt. Dieser Zug ist schlecht, weil nach der schwarzen Antwort 1. ... a5-a4! die weißen Bauern am Damenflügel gelähmt sind! Siehe Diagramm 15.

Weiß steht schlecht, denn seine Mehrheit auf dem Damenflügel ist wertlos und Schwarz kann viel schneller einen Freibauern bekommen: 1. ♔f2-e3 g7-g5 2. ♔e3-d4 ♔f7-e6 3. ♔d4-c4 f5-f4 und Schwarz gewinnt, denn 4. ♔c4-b4 scheitert an 4. ... g5-g4 nebst f4-f3, während 4. h2-h3 wegen h7-h5

Diagramm 15

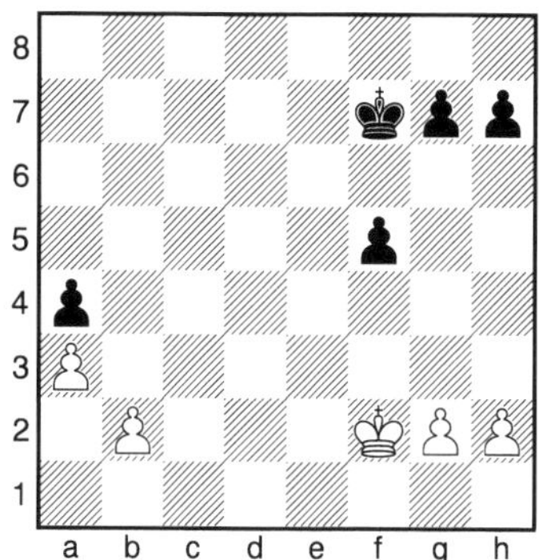

Der rückständige Bauer

nebst g5-g4 nichts hilft; ebenso wenig nützt 4. ♔c4-d4 wegen 4. ... ♔e6-f5.

Die größte Schwäche des Weißen ist in Diagramm 15 der Bauer auf b2, der durch den schwarzen Zug a5-a4 zu einem „rückständigen" Bauern wurde.

Ein rückständiger Bauer ist ein Bauer, der auf einer offenen Linie steht, dessen Vormarsch jedoch durch einen feindlichen Bauern auf der benachbarten Linie gehindert wird.

Je weiter ein rückständiger Bauer von seinem Umwandlungsfeld entfernt ist, umso schwächer ist er. Besonders schlecht ist eine Bauernstellung wie die von Weiß am Damenflügel in Diagramm 15, denn durch das Zurückbleiben des b-Bauern ist auch der a-Bauer zum Nichtstun verurteilt. Weiß spielt also eigentlich mit einem Bauern weniger.

Um nun einen Fehler wie 1. a2-a3? in Diagramm 14 zu vermeiden, müssen Sie sich folgende Regel merken: *Wer sich einen Freibauern verschaffen will, muss stets zuerst mit dem Bauern vorgehen, der auf einer offenen Linie steht. Hier also mit dem Bauern b2.*

Ein weiteres Beispiel eines rückständigen Bauern finden wir in Diagramm 16.

Diagramm 16

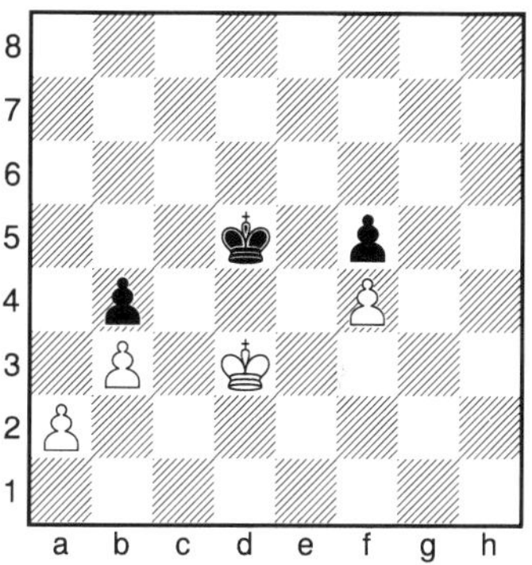

Ein rückständiger Bauer macht eine Bauernmehrheit wertlos

Der weiße a-Bauer ist zurückgeblieben; darum kann Weiß aus seinem Mehrbauern keinen Nutzen ziehen. Nach 1. ♔d3-e3 ♔d5-c5 2. ♔e3-d3 ♔c5-d5 usw. muss die Partie remis werden.

In Diagramm 17 sehen wir eine andere Stellung, die, obschon sie an sich remis ist, durch einen Fehler verloren gehen kann, den besonders ungeübte Spieler leicht machen: das unüberlegte Vorrücken von Bauern. Gut ist 1. ♔d4 oder 1. ♔e4.

Diagramm 17

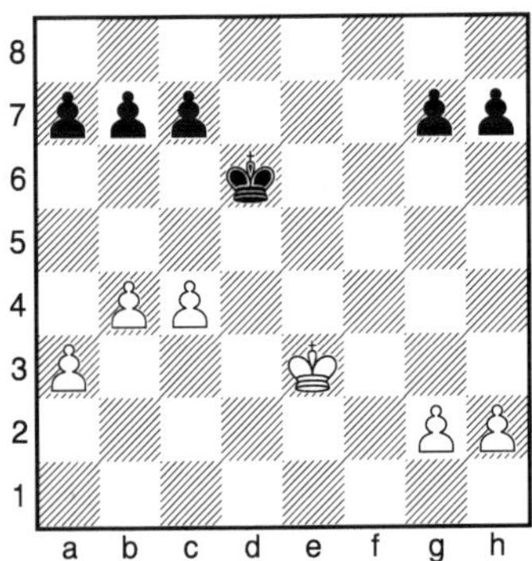

Wieder aufgepasst!

Aber wenn Weiß 1. a3-a4? spielt, verliert er, weil seine Bauernreihe auf dem Damenflügel durch 1. ... a7-a5! zerstört werden kann. (Ein zeitliches Bauernopfer, das dem schwarzen König den Weg frei macht. Solange der weiße a-Bauer noch auf a3 steht, kann Weiß diesen Zug ignorieren.) 2. b4xa5 ♔d6-c5 3. ♔e3-d3 ♔c5-b4 und beide weißen a-Bauern gehen verloren. Nach 2. b4-b5 gewinnt Schwarz auf die gleiche Art: 2. ... ♔d6-c5 3. ♔e3-d3 ♔c5-b4 usw.

Diagramm 18

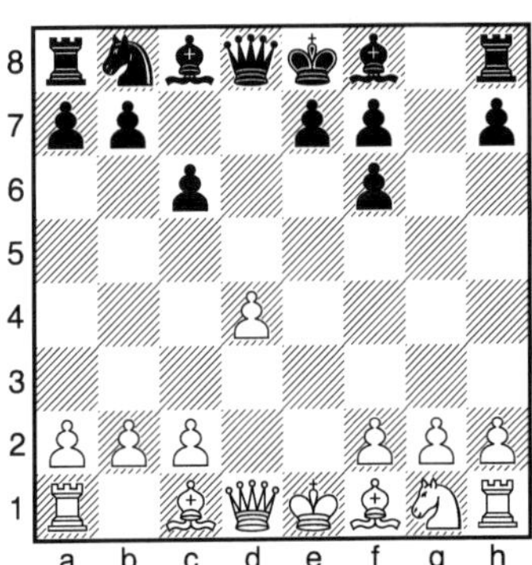

Doppelbauern infolge Schlagens nach dem Zentrum

Diagramm 19

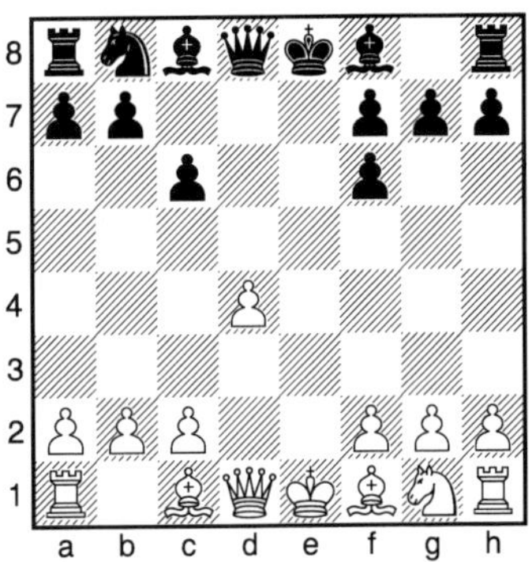

Doppelbauern infolge Schlagens aus dem Zentrum heraus

In den Diagrammen 18 und 19 lernen wir die bekannteste Art der Bauernschwächen kennen: die Doppelbauern. Beide Stellungen kommen oft in der Partie vor; sie entstehen aus der Caro-Kann-Verteidigung nach 1. e2-e4 c7-c6 2. d2-d4 d7-d5 3. ♘b1-c3 d5xe4 4. ♘c3xe4 ♘g8-f6 5. ♘e4xf6+. Wenn Schwarz nun mit dem g-Bauern wiedernimmt, haben wir Diagramm 18; schlägt er mit dem e-Bauern wieder, kommen wir zur Stellung 19. In beiden Fällen ist die schwarze Bauernstellung geschwächt; die einzige Frage ist, welche Methode das kleinere Übel bedeutet.

In Stellung 18 wird Schwarz einige Schwierigkeiten mit der Rochade haben; in Stellung 19 dagegen hat er den Verlust der Partie zu befürchten, wenn es zum Endspiel kommt. Stellung 18 ist erträglich; selbst wenn Weiß ganz präzise spielt, kann Schwarz sie remis halten. Dagegen wird in Stellung 19 der schwarze Nachteil bei korrektem Spiel von Weiß sich immer mehr vergrößern. Sobald hier nämlich alle Figuren getauscht werden, ohne dass sich in der Bauernstellung eine Veränderung (bzw. eine wesentliche Veränderung) ergibt, muss Weiß gewinnen. Er bekommt ohne große Mühe einen Freibauern am Damenflügel, während Schwarz keine Möglichkeit hat, aus seiner Mehrheit am Königsflügel Nutzen zu ziehen. (Siehe Diagramm 20.)

Diagramm 20

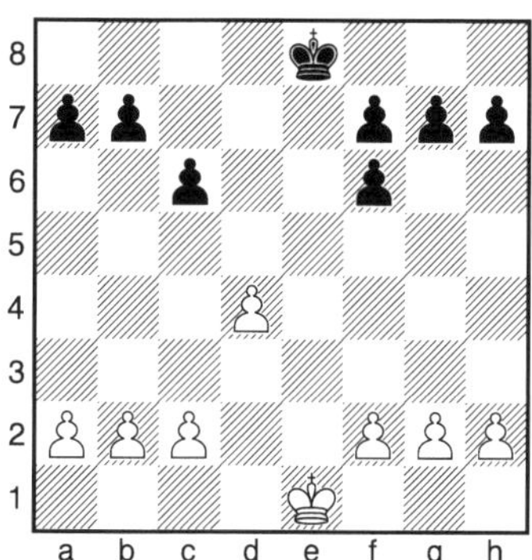

Doppelbauern infolge Schlagens aus dem Zentrum heraus; führt zum Verlust

Der wesentliche Unterschied zwischen 18 und 19 ist, dass in der ersten Stellung der schlagende Bauer sich dem Zentrum zu- und in der zweiten vom Zentrum abwandte. *Schlage nicht mit einem Bauern aus dem Zentrum heraus, wenn nicht zwingende Gründe vorliegen, und besonders dann nicht, wenn ein Doppelbauer dabei entsteht.*

Die Schwäche eines Doppelbauern kommt besonders dann zum Ausdruck, wenn sich die Notwendigkeit ergibt, einen Freibauern daraus zu machen.

Doppelbauern sind wohl im Allgemeinen stark genug, um einen feindlichen Versuch, in ihrer unmittelbaren Nähe einen Freibau-

ern zu „erzeugen", abzuwehren – aber meistens sind sie zu schwach, um selbst einen Freibauern zustande zu bringen. Hierbei setzen wir natürlich voraus, dass die Partei, die nach dem Besitz eines Freibauern strebt, die notwendige Bauernmehrheit auf dem Schauplatz der Handlung besitzt. Ein Freibauer kann nur selten gebildet werden, wenn eine solche Mehrheit nicht vorhanden ist. Wir können unseren Lesern die folgende sehr lehrreiche Übung empfehlen: Spielen Sie mit vier Bauern, von denen zwei einen Doppelbauern bilden, gegen einen Freund, der drei Bauern auf demselben Flügel hat (alles andere Material, außer den Königen, verschwindet), und versuchen Sie, einen Freibauern zu bekommen. Wenn Sie diese Übung ernsthaft durchführen, werden Sie sehen, dass dieses Ziel in der Regel nur durch schwaches Spiel des Gegners erreicht werden kann.

Spielen Sie dann mit drei gewöhnlichen Bauern gegen drei Bauern, von denen zwei Doppelbauern sind, und überzeugen Sie sich, dass es bei korrektem Spiel unmöglich ist, einen Freibauern zu bekommen.

In Diagramm 21 ist der Doppelbauer, obschon er als Folge eines Schlagens aus dem Zentrum heraus entstand, nicht sehr nachteilig, weil keine der beiden Parteien eine ernstliche Chance hat, einen Freibauern zu bekommen.

Diagramm 21

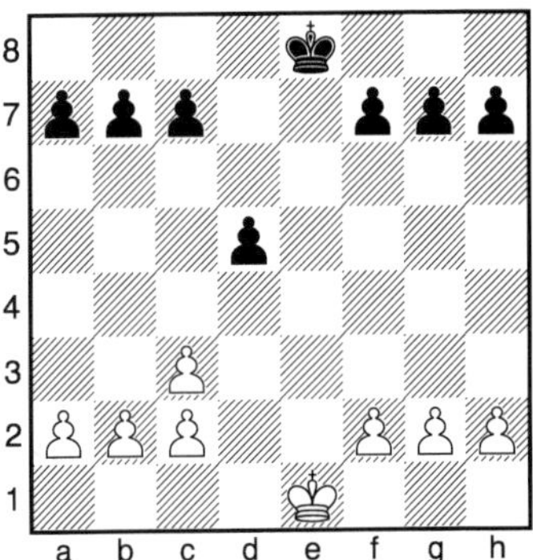

Ungefährliche Doppelbauern, obwohl eine Folge des Schlagens aus dem Zentrum heraus

Die Diagramme 19, 20 und 21 haben eine Eigenschaft gemeinsam: die offene e-Linie, die jede Bauernstellung in zwei Lager teilt. In Diagramm 21 stehen gleich starke Gruppen Bauern einander gegenüber: vier gegen vier, drei gegen drei; während in den beiden anderen Diagrammen Bauernmehrheiten und -minderheiten vorhanden sind. Weiß hat 4 gegen 3 am Damenflügel, Schwarz 4 gegen 3 am Königsflügel.

Diagramm 21 ist remis. In 19 und 20 jedoch werden einmal beide Gegner nach einem Freibauern streben und es wird sich dann bald zeigen, dass die gesunde Mehrheit von Weiß einen solchen zustande bringen kann, während die ungesunde Mehrheit von Schwarz infolge des schwachen Doppelbauern dazu nicht in der Lage ist. Lassen Sie uns in Stellung 20 einen Versuch in dieser Richtung tun. 1. ♔e1-e2 ♔e8-e7 2. ♔e2-e3 ♔e7-e6 3. c2-c4 f6-f5 4. f2-f4 f7-f6 5. g2-g3 g7-g5 6. h2-h4 (Natürlich denkt Weiß dabei nicht daran, auf g5 zu schlagen, wodurch der Doppelbauer aufgelöst würde.) 6. ... h7-h6 7. h4-h5 (Weiß will erst die Lage am Königsflügel so regeln, dass Schwarz dort keinen Zug mehr zur Verfügung hat.) 7. ... g5-g4 (Der Königsflügel liegt nun fest.) 8. d4-d5+ Nachdem die schwarze Bauernmehrheit am Königsflügel wertlos geworden ist, kann Weiß sich den Luxus eines vorübergehenden Bauernopfers erlauben. Der Sinn ist, den weiter entfernten Freibauern zu bekommen. 8. ... c6xd5 9. c4-c5 (Die Pointe. Es droht nun 10. ♔d4, gefolgt von a4, b4, b5 usw.) 9. ... ♔e6-d7 10. ♔e3-d4 ♔d7-c6 11. a2-a4 (Verhindert 11. ... ♔b5. Weiß gewinnt nun leicht, denn sein Gegner kann bald keinen Zug mehr tun, ohne seine Stellung zu schwächen.) 11. ... a7-a5 (Oder 11. ... a6 12. b4 usw.) 12. b2-b3 und Weiß gewinnt, denn wenn der schwarze König zieht, folgt 13. ♔d5:, und nach 12. ... b6 entscheidet 13. cb6: ♔b6: 14. ♔d5:.

In den folgenden Abschnitten werden wir noch mehr über Bauernschwächen zu erzählen haben.

III. Die Ausnutzung von Bauernschwächen

Eine Anzahl verschiedener Maßstäbe wurde angelegt, um den Wert von Bauernschwächen festzustellen. Da die Erfahrung lehrt, dass das Besprechen von Beispielen absolut notwendig ist, um einen Einblick in diese Maßstäbe zu vermitteln, werden wir unmittelbar mit solch einem Beispiel beginnen.

Eine der am meisten vorkommenden Formen von Bauernschwächen sind Doppelbauern auf der c-Linie, gewöhnlich auf c7 und c6. Da Weiß den Vorteil des Anzuges hat, ist er meist eher in der Lage, dem Gegner eine solche Schwäche beizubringen. Der Nachteil einer derartigen Bauernstellung kommt am deutlichsten zum Ausdruck, wenn die Doppelbauern isoliert sind (d. h. wenn kein schwarzer Bauer mehr auf der b- und d-Linie steht) und demnach das Feld vor den Doppelbauern von einer weißen Figur besetzt werden kann, die dort gegen die Angriffe von Bauern immun ist.

Weiß hat eine ideale Stellung erreicht und sein Übergewicht wird schnell zu einem entscheidenden Ergebnis führen. Schwarz gehen nämlich allmählich die Züge aus; er muss dann mit dem König ziehen und die Deckung des Bauern c6 aufgeben. Es ist leicht zu beweisen, dass dies in der Tat unvermeidlich ist: Weiß hat zwölf verschiedene Bauernzüge zu seiner Verfügung, Schwarz hingegen nur acht. Die schwarzen Doppelbauern haben den Verlust von vier Zügen auf ihrem Gewissen!

Diagramm 22

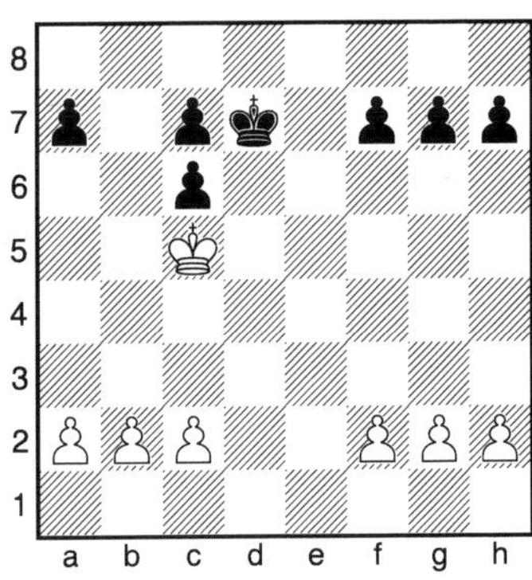

Der weiße König auf dem idealen Feld.
Weiß gewinnt leicht

Weiß gewinnt in Diagramm 22 ohne Mühe, gleichgültig, ob er am Zuge ist oder nicht. Z. B. 1. b2-b4 a7-a6 2. a2-a4 f7-f6 3. a4-a5 g7-g6 4. g2-g4 (Nur um zu zeigen, dass der schwarze Bauer auf c6 verloren gehen muss. Ebenso stark ist jedoch 4. c2-c4 h7-h6 5. b4-b5 a6xb5 6. c4xb5 c6xb5 7. ♔c5xb5 und Weiß gewinnt, weil er den weiter entfernten Freibauern besitzt. Diese Variante deckt eine andere Schwäche des Doppelbauern auf.) 4. ... f6-f5 5. g4xf5 g6xf5 6. f2-f4 h7-h6 7. h2-h3 h6-h5 8. h3-h4 und Schwarz muss mit seinem König ziehen, was gleichbedeutend ist mit dem Aufgeben der Partie!

Diagramm 23

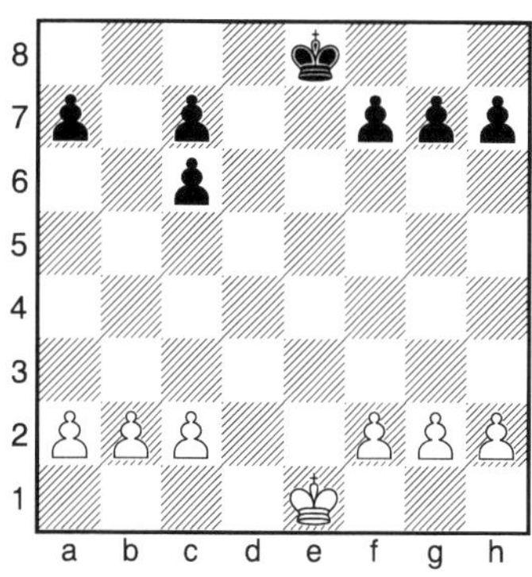

Weiß gewinnt

In Diagramm 23 scheint der Gewinn nicht so einfach zu sein, weil der weiße König das ideale Feld c5 nicht erreichen kann. Wenn Weiß am Zuge ist, dann gewinnt er, sobald sein König das Feld d4 besetzt und der schwarze König gegenüber auf d6 steht. Um die Gewinnführung in Diagramm 23 zu verdeutlichen, wollen wir uns erst mit Diagramm 24 beschäftigen.

Diagramm 24

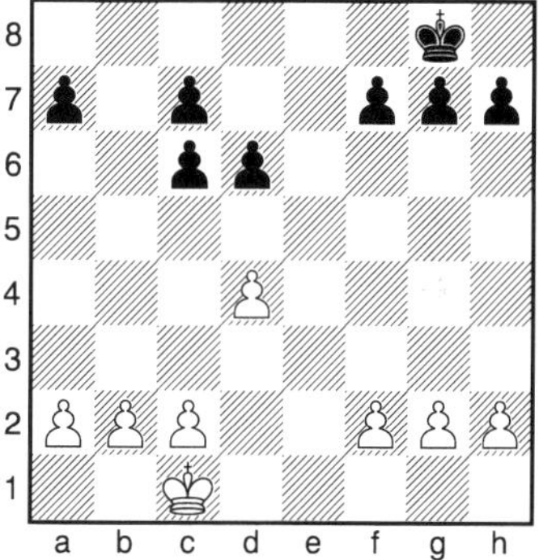

Weiß gewinnt
Auf Grundlage einer Partie Rubinsteins

Diese Stellung – abgesehen von einer kleinen Veränderung und vertauschten Farben – entstand in einer Partie zwischen Cohn und Rubinstein im Turnier zu St. Petersburg 1909. Rubinstein gewann durch das folgende Manöver: 1. ♔c1-d2 ♔g8-f8 2. ♔d2-c3 ♔f8-e7 3. ♔c3-b4 (Plötzlich wird es deutlich, in welcher Gefahr sich Schwarz befindet: der weiße König wirft begierige Blicke auf den schwarzen a-Bauern.) 3. ... ♔e7-

d7 4. ♔b4-a5 ♔d7-c8 5. ♔a5-a6 ♔c8-b8 (Schwarz ist gerade zurechtgekommen, um den Bauern zu retten; aber was für ein Terrain hat Weiß inzwischen gewonnen! Man sieht, wie sehr ein Doppelbauer die Beweglichkeit der eigenen Steine behindert.) 6. c2-c4 (Weiß hat den folgenden Plan: durch Tausch einiger Bauern Bewegungsfreiheit für seinen König auf der 6. Reihe zu erlangen, dann die feindlichen Bauern vorzulocken und sie schließlich von hinten mit seinem König anzugreifen. Hiergegen ist Schwarz machtlos.) 6. ... ♔b8-a8 (Durch passives Verhalten kann Schwarz den längsten Widerstand leisten. Das Vorrücken von Bauern würde die Aufgabe von Weiß nur erleichtern.) 7. b2-b4 ♔a8-b8 8. a2-a4 ♔b8-a8 9. c4-c5 d6xc5 10. d4xc5 ♔a8-b8 11. f2-f4 ♔b8-a8 12. g2-g4 ♔a8-b8 13. h2-h4 ♔b8-a8 14. f4-f5 ♔a8-b8 15. g4-g5 ♔b8-a8 16. h4-h5 (Nun droht Weiß wie folgt zu gewinnen: 17. g6 hg6: 18. f6! gf6: 19. h6, und dieser Freibauer läuft durch.) 16. ... g7-g6 (Erzwungen. Auf 16. ... f6 folgt 17. h6!, und nach 16. ... h6 gewinnt 17. f6!) 17. h5xg6 h7xg6 18. f5xg6 f7xg6 (In dem schwarzen Bauern auf g6 hat Weiß nun das gewünschte Angriffsobjekt auf der 6. Reihe. Um an diesen Bauern heranzukommen, geht Weiß jetzt zum Tausch am Damenflügel über.) 19. b4-b5 c6xb5 20. ♔a6xb5! ♔a8-b8 21. c5-c6 (21. ♔c6 würde nichts ergeben.) 21. ... ♔b8-c8 (Nach 21. ... ♔a8 22. ♔c5 gewinnt Weiß bald den g-Bauern und damit die Partie.) 22. ♔b5-a6 ♔c8-b8 23. a4-a5 (Der schwarze König ist nun gezwungen, sich buchstäblich und figürlich „in die Ecke zu stellen", so dass er zu spät kommt, um den Angriff auf seinen g-Bauern abzuwehren.) 23. ... ♔b8-a8 24. ♔a6-b5 ♔a8-b8 25. ♔b5-c5 ♔b8-c8 26. ♔c5-d5 ♔c8-d8 27. ♔d5-e6, und Weiß gewinnt leicht.

In der wirklichen Partie Cohn – Rubinstein waren die Züge etwas anders, aber der Grundgedanke war derselbe.

Nun da wir gesehen haben, wie Weiß in Diagramm 24 gewinnt, ist der Gewinn in Diagramm 23 ein Kinderspiel. Wir müssen den König nur so aufstellen, dass wir zu gleicher Zeit drohen, das Schlüsselfeld c5 zu besetzen und den a-Bauern zu erobern. Also: 1. ♔d2 ♔d7 2. ♔c3 ♔d6 3. ♔b4 (Nun drohen wir durch 4. ♔a5 usw. den a-Bauern zu gewinnen. Darum muss der schwarze König zurück und nach 3. ... ♔d7 4. ♔c5 erreichen wir die Stellung des Diagramms 22. 4. ♔a5 würde zwar ebenfalls gewinnen, doch nur auf die komplizierte Art, die bei Besprechung des Diagramms 24 gezeigt wurde.)

Diagramm 25

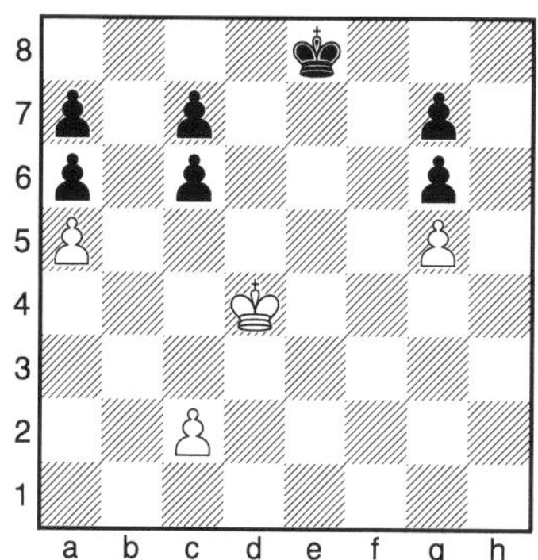

Weiß gewinnt
Tragikomödie von Doppelbauern

In Diagramm 25 sehen wir ein etwas übertriebenes Beispiel von Doppelbauern auf Seiten von Schwarz, wie es nur selten in der Praxis vorkommt.

Weiß gewinnt durch 1. ♔c5; sein Gegner hat keinen Bauernzug zu seiner Verfügung und befindet sich darum im Zugzwang.

Wenn jemand im Zugzwang ist, kann er keinen einzigen Zug tun, ohne seine Stellung zu schwächen. Nach 1. ... ♔d7 2. c4 ♔e6 kann Schwarz wohl den weißen g-Bauern erobern, aber Weiß erhält früher eine Dame. Die einzige Variante, die etwas Gegenspiel bringt, ist die folgende: 1. ♔c5 ♔d7 2. c4 ♔e6 3. ♔c6: ♔e5. Wenn Weiß nun etwas sorglos spielt, kann er sogar noch verlieren: 4. c5? ♔d4!, oder 4. ♔c7:? ♔d4 5. ♔b7 ♔c4: 6. ♔a7: ♔b5 usw. Aber nach 4. ♔b7! ist die Partie für Weiß gewonnen, da sein a-Bauer gerade zur rechten Zeit eine Dame wird.

Wir kommen nun zu Stellungen, in denen sich bei unveränderter Bauernformation der Diagramme 22 und 23 noch Figuren auf dem Brett befinden. Die Schwächen verlieren unter diesen Umständen viel von ihrer Bedeutung, denn die Chancen, hier etwas mit „Zugzwang" zu erreichen, sind nur gering.

Die schwächere Partei wird sich bestimmt sorgfältig verteidigen, und die Möglichkeit eines Remis ist keineswegs ausgeschlossen.

In Diagramm 26 steht Weiß sehr gut; nach 1. 0-0-0 oder 1. ♔d2 gefolgt von ♔c3 müsste er auf die Dauer wohl gewinnen. Es würde aber zu weit führen, diese Stellung automatisch als gewonnen für Weiß anzusehen. Wohl wird Weiß im Laufe des Spiels verschiedene Möglichkeiten haben, die schwachen Bauern seines Gegners anzugreifen, aber Schwarz ist nicht ge-

Diagramm 26

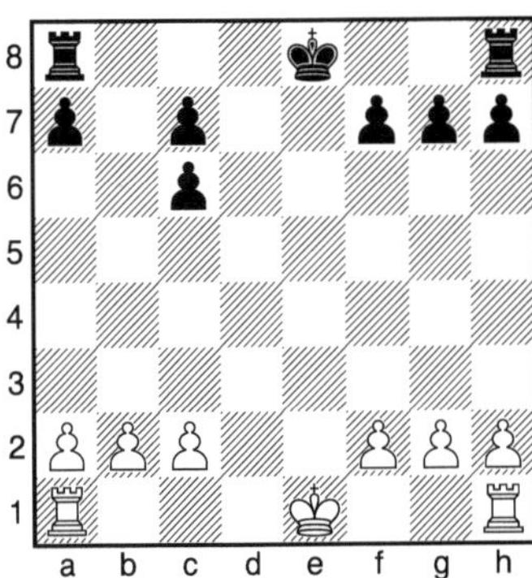

Die Schwäche der schwarzen Bauernstellung ist ein klarer Nachteil. Weiß steht viel besser.

Diagramm 27

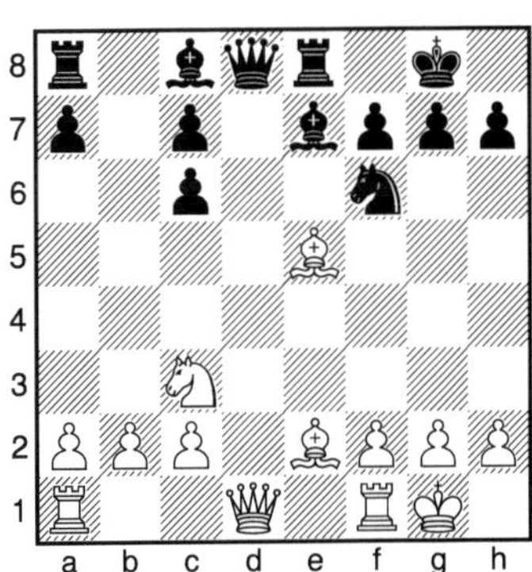

Die schwarzen Bauernschwächen sind zum Teil kompensiert durch den Druck auf d5, ein belangreiches Zentrumsfeld. Doch steht Weiß besser.

zwungen, sich nur auf die Verteidigung zu beschränken. Er kann mit aktivem Gegenspiel zweifellos mehr erreichen. Die Chancen dieser Gegenangriffe sind freilich nicht groß, aber sie bestehen ohne jede Frage und dürfen nicht unterschätzt werden.

In Diagramm 27 sehen wir eine Stellung aus der Praxis, welche nach den Zügen 1. e4 e5 2. ♘f3 ♘c6 3. d4 ed4: 4. ♘d4: d6 5. ♘c3 ♘f6 6. ♗e2 ♗e7 7. 0-0 0-0 8. ♗f4 ♖e8 9. ♘c6: bc6: 10. e5 de5: 11. ♗e5: entsteht. Schwarz hat die Verdoppelung und Isolierung seines c-Bauern nicht genügend gewürdigt. Durch sehr gutes und genaues Spiel kann Weiß seinen Vorteil vergrößern. Diese Aufgabe ist aber sehr schwierig, denn Schwarz hat durch die Beherrschung des Schlüsselfeldes d5 eine nicht zu unterschätzende Kompensation für die Bauernschwächen. Schwarz wird mit 11. ... ♘d5 fortfahren und auf 12. ♗f3 mit 12. ... ♗e6 antworten. Seine Stellung ist dann sehr solide und die Aufstellung seiner Figuren vielleicht sogar noch wirkungsvoller als die von Weiß.

Sicherlich kann der Springer d5 später einmal durch den Vormarsch des weißen c-Bauern vertrieben werden; aber dies erfordert eine sorgfältige Vorbereitung, und bis es so weit ist, kann noch viel geschehen.

Während in Diagramm 26 der weiße Vorteil klar ist, ist er im Diagramm 27 nicht so überzeugend. In diesem letzteren Falle ist er stark kompensiert. Noch größer ist die Kompensation in Stellung 28.

Diagramm 28

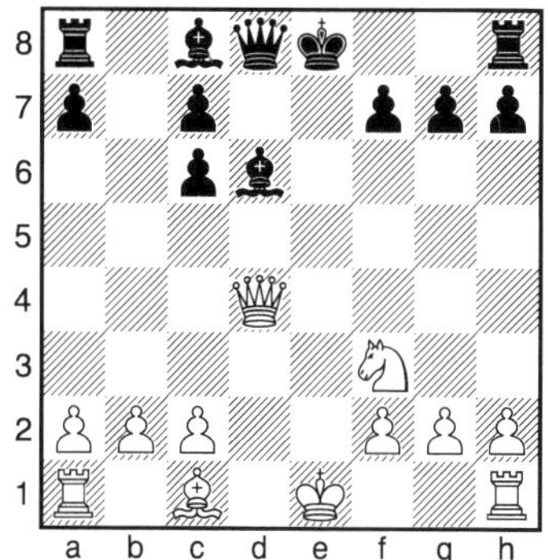

Die Bauernschwäche wird völlig kompensiert durch das schwarze Läuferpaar. Die Chancen sind gleich.

Diese Position entsteht aus einer bekannten Variante des Zweispringerspiels: 1. e4 e5 2. ♘f3 ♘c6 3. ♗c4 ♘f6 4. ♘c3 ♘e4: 5. ♘e4: d5 6. ♗d3 de4: 7. ♗e4: ♗d6 8. d4 ed4: 9. ♗c6:+ bc6: 10. ♕d4:. Schwarz hat das Läuferpaar, das gegen die hier besprochene Bauernschwäche ein genügendes Gegengewicht bildet. Nach 10. ... 0-0 11. 0-0 c5 gefolgt von ♗b7 hat Schwarz verschiedene gefährliche Angriffschancen.

Das Untersuchen einer solchen Stellung ist eine Studie für sich. Wir können hier nur feststellen, dass die Chancen ungefähr gleich sind.

Nur ein kurzes Wort noch über das Läuferpaar. Schwarz hat zwei Läufer gegen Springer und Läufer von Weiß, und dies bedeutet hier einen Vorteil für Schwarz. Über die Art dieses Vorteils wäre viel zu sagen, aber wir können nicht alle Themen gleich eingehend besprechen und beschränken uns daher auf die Bemerkung, dass das Läuferpaar am besten in offenen Stellungen zur Geltung kommt und weiter sowohl im Endspiel als auch beim Königsangriff eine wichtige Rolle spielen kann.

Noch größer als in Diagramm 28 – und sogar so viel größer, dass Schwarz dadurch die besseren Chancen hat – ist die Kompensation für die Bauernschwäche in Diagramm 29.

Diese Stellung kann nach den folgenden Zügen entstehen: 1. e4 e5 2. ♘f3 ♘c6 3. d4 ed4: 4. ♘d4: ♘f6 5. ♘c3 ♗b4 6. ♘c6: bc6: 7. ♗d3 d5 8. ♗d2 (Infolge falscher Beurteilung der Lage spielt Weiß unverweilt auf die Schwächung der schwarzen Bauernstellung, statt seine Entwicklung mit 8. ed5: nebst 0-0 zu vollenden. Wenn in diesem

Diagramm 29

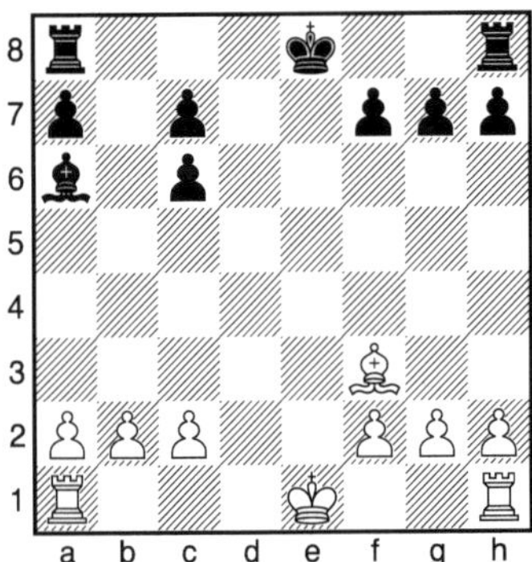

Schwarz am Zuge hat durch seine bessere Entwicklung mehr als genügende Kompensation für die Schwäche seiner Bauernstellung. Er steht viel besser.

letzteren Falle Schwarz mit ♗c3: fortsetzt, haben wir die gleiche Situation wie in Diagramm 28: Bauernschwäche, kompensiert durch das Läuferpaar.) 8. ... ♗c3: 9. ♗c3: de4: 10. ♗f6: ♕f6: 11. ♗e4: ♗a6 12. ♕f3 ♕f3: 13. ♗f3:.

So sind wir also zur Stellung 29 gekommen. Wenn Schwarz nun seinen angegriffenen c-Bauern deckt, erlangt Weiß mit 14. 0-0-0 klaren Vorteil. Aber Schwarz hat etwas viel Besseres! Er spielt 13. ... 0-0-0! und nun zeigt sich plötzlich, wie falsch die weiße Spekulation gewesen ist. Schwarz hat einen großen Entwicklungsvorsprung und droht bereits, mit 14. ... ♖he8+ unmittelbar zu gewinnen.

Es ist natürlich ein wichtiger Faktor, dass Weiß auf keinem der beiden Flügel rochieren kann. Weiß hat nur eine einzige Verteidigung, nämlich 14. ♗c6:, und selbst diese erweist sich als nicht ausreichend: 14. ... ♖d6 15. ♗a4 (Erzwungen) ♖hd8 mit der Drohung 16. ... ♖e6#.

Dieses letzte Beispiel ist für die praktische Partie sehr wesentlich, denn ungeübte Spieler unterschätzen gewöhnlich die Bedeutung eines Entwicklungsvorsprunges.

Eine Bauernschwäche ist ohne weiteres ersichtlich, und ein Läuferpaar ist ebenso deutlich, aber ein Vorsprung in der Entwicklung ist mehr oder weniger unsichtbar, und meistens wird seine Bedeutung erst erkannt, wenn es zu spät ist.

Wir haben nun gelernt, drei Arten von Kompensationen für Bauernschwächen zu unterscheiden: ein starkes Zentrumsfeld, das Läuferpaar und den Entwicklungsvorsprung.

Bevor wir einen Plan ausführen, dessen Ziel die Schwächung der Bauernstellung unseres Gegners ist, müssen wir uns daher erst vergewissern, ob er nicht zu gleicher Zeit zu viel Kompensation dafür erhält.

Mit Regeln und Prinzipien allein kommt man aber nicht aus; auch das Studium von Beispielen genügt nicht. Spielen, Spielen und nochmals Spielen, das ist die einzige Methode, unsere Kenntnisse zu festigen und gleichzeitig zu lernen, sie richtig anzuwenden.

IV. Der Kampf um offene Linien für die Türme

In dem Entwicklungsprozess der Figuren spielen die Türme eine besondere Rolle, denn sie können erst nach einer mehr oder weniger schwierigen Vorbereitung in das Spiel gebracht werden.

Der Turm kann, im Gegensatz zu Dame und Läufer, nicht schräg ziehen, und hat daher viel mehr Schwierigkeiten zu überwinden, um durch das Bauernnetz ins Freie zu gelangen.

Da er obendrein nach der Dame die wertvollste Figur ist, muss er nicht nur gegen „Stiche" der Bauern, sondern auch gegen Angriffe der „leichteren" Figuren (Läufer und Springer) geschützt werden.

Trotzdem ist es sehr wichtig, die Türme so früh und so wirkungsvoll wie möglich zu entwickeln.

Was ist ein Krieg ohne Artillerie? Ein Segen für die Menschheit vielleicht, aber sicher nicht angenehm für die Generale. Im Schachspiel jedoch ist jeder Schachspieler ein General und er muss menschliche Gewissensbisse beiseite stellen. Also – „Türme, gefechtsklar!"

Der Turm ist ein schrecklicher Geselle. Während die anderen Figuren am Kampf teilnehmen können, ohne den Bauern Böses zu tun, schaffen sich die Türme Platz auf Kosten der Bauern. Erst wenn einige Bauern ihr Leben eingebüßt haben, macht dem Turm die ganze Sache Vergnügen. Bauerntausch, Bauernopfer, Bauern schlagen – das sind die Methoden, mit denen er sein Ziel erreicht. Ohne offene Linie (das sind Linien, auf denen keine Bauern stehen und die sich besonders dazu eignen, seine Kraft zu demonstrieren) ist er nur ein totes Stück Holz.

Nur selten kann er genügend in das Spiel gebracht werden, ohne dass einige Bauern verschwunden sind; so ist z. B., wenn Weiß mit 1. e2-e4 eröffnet und sein Gegner kurz rochiert hat, das Manöver ♖e1-e3-g3 mit direktem Angriff auf die schwarze Königsstellung spielbar. Mitunter kann der a-Turm nach a2-a4 mit ♖a1-a3 in das Spiel gebracht werden, usw.; aber wie gesagt, weder das eine noch das andere kommt oft vor.

In den meisten Eröffnungen, und besonders in den sogen. „offenen Spielen" (welche mit 1. e4 e5 beginnen), liegt die Zukunft der Türme im Zentrum.

Der Plan ist: bringe, wenn möglich, die e- und d-Bauern auf die 4. Reihe, stelle die Türme nach d1 und e1 und schaffe ihnen dann durch Tausch eines der beiden Bauern Raum. Natürlich kann dieser Plan nur selten ganz durchgeführt werden; nichtsdestoweniger bildet er den Grundgedanken der Eröffnung. Wir lernen hier gleichzeitig eine neue Charakteristik des Zentrums kennen, wenn wir uns fragen: „Habe ich mein Zentrum auch so aufgebaut, dass ich im geeigneten Moment eine offene Linie für einen Turm bekommen kann?"

In dem Kampf um offene Linien für die Türme muss man zwischen der wirklichen offenen Linie und der nur halb offenen Linie unterscheiden können. Auf einer offenen Linie befindet sich kein einziger Bauer, weder ein feindlicher noch ein eigener. Eine halb offene Linie jedoch ist eine Linie, auf der lediglich ein feindlicher Bauer steht. Nur unter bestimmten Umständen ist es möglich, eine Linie, auf der sich ein eigener, jedoch kein feindlicher Bauer befindet, als eine offene Linie anzusehen.

Manchmal führt der Kampf um die offene Linie erst zu einer halb offenen Linie und bald darauf zu einem definitiven Ergebnis.

Hier ist ein Beispiel eines solchen Kampfabschnittes:

1. e2-e4 e7-e5
2. ♘g1-f3 ♘b8-c6
3. ♗f1-b5

Eine uralte und doch ewig neue Eröffnung, die „Spanische Partie". Der Kampf um die offene Linie kommt in vielen Varianten der Spanischen Partie zum Ausdruck.

3. ... d7-d6

Das ist wahrscheinlich nicht die beste, aber alles in allem doch eine gesunde und logische Verteidigung. Es ist gut, Bauern mit Bauern zu decken (hier den schwarzen e-Bauern mit dem d-Bauern), wenn nicht besondere Gründe für eine Deckung anderer Art sprechen.

Der Textzug hat einen speziellen Namen: „Die Steinitz-Verteidigung der Spanischen Partie".

4. d2-d4

Hier beginnt der Kampf um die offene Linie. Weiß droht mit 5. de5: de5: 6. ♗c6:+ bc6: 7. ♕d8:+ ♔d8: 8. ♘e5: entscheidend in Vorteil zu kommen.

Eine andere weniger drastische Drohung ist 5. d5, aber dieser Zug hat den Nachteil, das Zentrum abzuschließen, so dass Weiß in absehbarer Zeit nicht zur Öffnung der d- oder e-Linie übergehen kann. Sein Angriff kommt dadurch nur langsam zur Entfaltung.

Weiß kann auch anders spielen als 4. d4, etwa 4. d3. Dieser Zug ist zwar nicht schlecht, aber entschieden weniger energisch, weil die Öffnung einer Linie für die Türme dadurch verzögert wird.

4. ... ♗c8-d7

Pariert beide Drohungen (5. de5: und 5. d5).

Diagramm 30

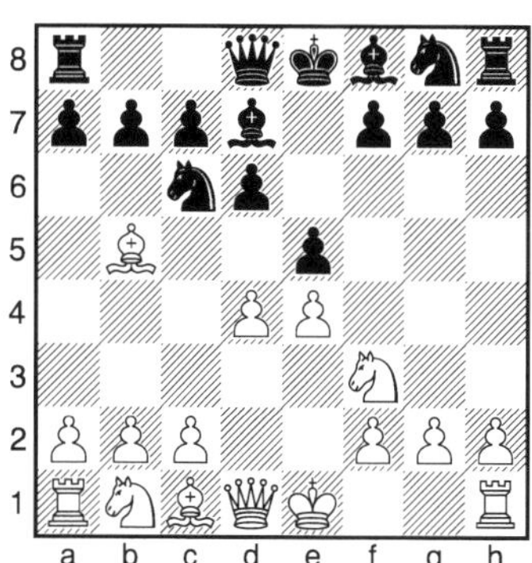

5. ♘b1-c3

5. de5: führt zu nichts, z. B. 5. ... de5: 6. ♗c6: ♗c6: 7. ♕d8:+ ♖d8: 8. ♘e5: ♗e4: und Schwarz steht besser, denn er hat das Läuferpaar.

Es ist zwecklos, eine Linie zu öffnen, die für Ihren Gegner ebenso wertvoll ist wie für Sie selbst!

* *
*

Der Vormarsch 5. d5 ist zwar kein Fehler, aber doch ein ungesunder Kampfplan.

Weiß muss angreifen; für den Angriff sind offene Linien nötig, die aber gerade mit Zügen wie 5. d5 nicht erreicht werden können. Ein fortgeschrittener Spieler kann sich manchmal eine derartige Formation erlauben, wenn er sich über die besondere Strategie im Klaren ist, die er dann anwenden muss; aber ein Anfänger tut gut daran, ein Abschließen der Stellung unbedingt zu vermeiden.

Solch ein Plan eignet sich viel besser für einen Spieler, der sich in der Verteidigung befindet, also für Schwarz: ihm ist die Abschließung des Zentrums oft sehr willkommen, weil dadurch der Angriff des Gegners gestoppt wird. Man findet denn auch in verschiedenen Eröffnungen, dass Schwarz sich Mühe gibt, den Gegner zum Abschluss des Zentrums durch d4-d5 zu bewegen. Doch ist der schwarze Plan nicht gänzlich passiv; sobald er seinen Gegner zu d4-d5 verleiten konnte, wird er selbst danach trachten, durch f7-f5 eine offene Linie zu erlangen.

Merken Sie sich also gut, dass Sie, wenn Sie kämpfen, angreifen und gewinnen wollen, jede Chance wahrnehmen müssen, um offene Linien zu bekommen, auf denen Sie Ihre Türme nutzbringend verwerten können!

* *
*

5. ... ♘g8-f6

Verhindert die entscheidende Öffnung der Linie. Warum? Weil Weiß mit 6. ♗c6: ♗c6: 7. de5: de5: 8. ♕d8:+ ♖d8: 9. ♘e5: ♗e4: nichts erreicht.

6. ♗b5xc6 ♗d7xc6

7. ♕d1-d3

Deckt e4 und droht aufs Neue Bauerngewinn durch Schlagen auf e5. Die Absicht all dieser Angriffe auf e5 ist, Schwarz zu verleiten, e5xd4 zu spielen. Es ist in derartigen Stellungen ein großer Unterschied zwischen d4xe5 von Weiß und e5xd4 von Schwarz. Der erste Zug gibt (nach der Antwort d6xe5) beiden Parteien eine offene d-Linie; Weiß hat keinen positionellen Vorteil und er wird daher nur in den seltenen Fällen auf e5 tauschen, in denen materieller Vorteil dabei herausspringt, z. B. der Gewinn eines Bauern.

Wenn Schwarz jedoch zu e5xd4 übergeht, hat jeder Spieler eine halb offene Linie; dass dies zum Vorteil von Weiß ist, werden wir nun sehen.

7. ... e5xd4

Dieser Zug ist praktisch erzwungen, denn Schwarz kann seinen bedrohten e-Bauern nicht bequem decken. Er könnte allerdings noch 7. ... ♕e7 spielen. Aber was ist das für ein Zug? Er versperrt dem eigenen Königsläufer den Weg. Dieser Läufer kann zwar eventuell noch nach g7-g6 über g7 ins Spiel gebracht werden, doch ist solch ein Entwicklungsplan schon für einen Meister gefährlich, wie viel mehr also erst für einen Anfänger. Nein, wir gebrauchen unseren gesunden Verstand und halten uns nicht mit Zügen wie 7. ... ♕e7 auf, selbst wenn nicht bewiesen werden könnte, dass sie ein grober Fehler sind.

Anstelle von 7. ... e5xd4 (und 7. ... ♕e7) kommt nur noch 7. ... ♘d7 für eine nähere Untersuchung in Betracht. Mit diesem Zuge schützt

Schwarz nicht nur seinen e-Bauern, sondern stellt sogar noch eine positionelle Falle: wenn nämlich Weiß einen Zug versucht, der stark aussieht, in Wirklichkeit aber schwach ist. Dieser „starke" Zug ist 8. d4-d5; Weiß glaubt eine Figur zu gewinnen, denn der schwarze Läufer hat kein Fluchtfeld. Es folgt aber 8. ... ♘c5! mit Angriff auf die weiße Dame; diese muss ziehen und der angegriffene Läufer geht nach d7 zurück.

Schwarz kann sich dann ins Fäustchen lachen, denn er hat seinen Gegner dazu verleitet, das Zentrum abzuschließen. Die Falle schlägt aber nicht durch, denn wir sind nicht so hitzig veranlagt, um gleich an einen Bock unseres Gegners zu glauben. Es muss mehr dahinter stecken.

Und wenn wir uns dann die Stellung genau ansehen, entdecken wir die Falle schnell und beantworten 7. ... ♘d7 mit 8. ♗e3! Jetzt drohen wir wohl mit 9. d5 eine Figur zu gewinnen, denn nun scheitert der Zwischenzug 9. ... ♘c5 an 10. ♗c5:. Wenn Schwarz immer noch nicht 8. ... e5xd4 spielen will, muss er zu 8. ... b7-b6 greifen (um ein Fluchtfeld für den Läufer zu schaffen); doch dies führt nach 9. ♕c4 ♗b7 10. 0-0-0 (droht 11. d4xe5) zu einer Stellung, in der der weiße Entwicklungsvorsprung bereits entscheidend ist. Man beachte, wie eng all diese Varianten mit dem Kampf um offene Linien verbunden sind. Wenn Schwarz seinen e-Bauern stets decken oder mit Erfolg der halb offenen Linie von Weiß widerstehen kann, dann hat diese Eröffnung nichts Abschreckendes mehr für Schwarz. Das ist der Grund, warum wir so sorgfältig untersucht haben, ob es für Schwarz nicht doch eine Methode gibt, den Tausch 7. ... e5xd4 zu vermeiden.

8. ♘f3xd4

Diagramm 31

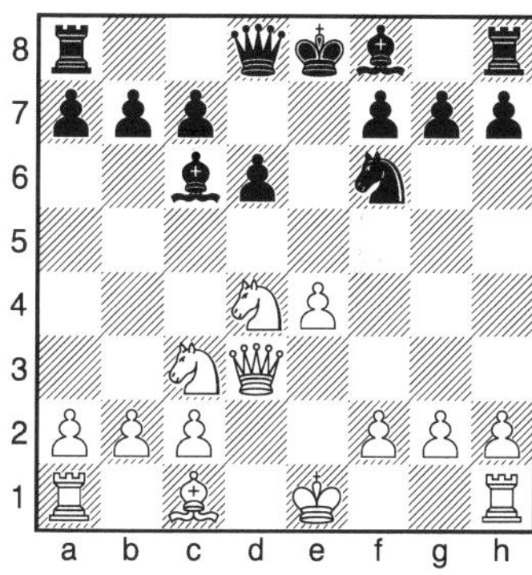

Der Kampf um die offenen Linien hat zu einem vorläufigen Ergebnis geführt. Weiß hat die halb offene d-Linie (blockiert durch einen feindlichen Bauern), während wir die e-Linie auch halb offen nennen können, obschon einer der eigenen Bauern diese Linie blockiert. Die Blockade durch einen eigenen Bauern vermindert meist den Wert einer solchen Linie – das ist klar genug, denn ein Turm kann wohl einen feindlichen Bauern, aber keinen Bauern der eigenen Farbe angreifen.

Darum müssen wir hier die Bezeichnung „halb offene Linie" für eine Linie, auf der einer unserer eigenen Bauern steht, näher erläutern: dieser Ausdruck kann nur in dem speziellen Falle gebraucht werden, dass unser eigener Bauer nach Bedarf „abgeräumt" werden kann.

„Kann Weiß seinen e-Bauern in der Diagrammstellung tauschen?" Die Antwort ist ein sehr entschiedenes „Ja". Weiß kann ganz sicher, früher oder später, die e-Linie vollends öffnen, indem er seinen e-Bauern vorrückt und ihn gegen den schwarzen d-Bauern tauscht.

Für Schwarz ist die e-Linie halb offen, die d-Linie jedoch nicht. Augenscheinlich hat Schwarz auch die Möglichkeit, mit d6-d5 seine d-Linie ganz zu öffnen. Aber die größere Bewegungsfreiheit von Weiß gibt hier den Ausschlag. Weiß wird d6-d5 ohne viel Mühe verhindern können, während sein eigener Vorstoß im Zentrum (e4-e5) nur wenig Widerstand zu überwinden hat; in manchen Fällen kann e4-e5 durch f2-f4 vorbereitet werden, während Schwarz d6-d5 schlecht durch c7-c6 zu unterstützen vermag. (Der schwarze d-Bauer wäre vorübergehend ungenügend gedeckt und in Verlustgefahr.) Alle diese Erwägungen kommen in der praktischen Partie noch deutlicher zum Ausdruck. Bald wird dann der weiße Vorteil gefestigt.

Wir lernen hier zugleich die tiefere Bedeutung des „halben Zentrums" (eine Bezeichnung, die wir bereits früher anwandten) kennen. Die Möglichkeit, offene Linien zu erzwingen, hängt sehr eng mit der Lage im Zentrum zusammen: der Spieler, der das bessere Zentrum hat, kann den Lauf der Ereignisse beeinflussen. Er hat die Initiative, er vermag anzugreifen; und wenn seine methodischen Kenntnisse auf glückliche Weise mit originellen Ideen harmonieren, kann er bald einmal gewinnen. Wie oft auch im wirklichen Leben hat der Angreifer die besseren Aussichten; seine Aufgabe ist – speziell vom psychologischen Standpunkt aus betrachtet – viel leichter.

Es ist indessen nicht gut, den Vorteil von Weiß in der Diagrammstellung zu überschätzen. Die Ini-

tiative ist nicht gleichbedeutend mit Angriff, und der Angriff bedeutet noch keinen Gewinn!
Lassen Sie uns die Partie noch ein wenig weiter verfolgen (von der Diagrammstellung aus).

8. ... ♗f8-e7

Der Versuch, mit 8. ... ♗d7 das Läuferpaar zu behaupten, bedeutet nur Zeitverlust und ist darum riskant. Wenn Sie wenig Raum zum Manövrieren haben, müssen Sie sich vor Unternehmungen hüten, die Zeitverlust bedeuten. Außerdem hat Schwarz in dieser Stellung keine Chance, den Abtausch eines seiner Läufer zu vermeiden, z. B. 8. ... ♗d7 9. ♗g5 ♗e7 10. 0-0-0 0-0 11. ♖he1 und Schwarz hat nichts Besseres als 11. ... h6 12. ♗h4 ♘h7 mit dem Ziel, schließlich doch seinen Läufer zu tauschen und so den dringend notwendigen Atemraum zu bekommen.

9. ♘d4xc6 b7xc6

Beachten Sie, dass Schwarz nun die halb offene b-Linie hat, die von großer Bedeutung sein kann, wenn es ihm gelingt, mit seinen Figuren auf dieser Linie zu operieren. Weiß hätte anstelle der gewählten Fortsetzung auch sehr gut mit 9. ♗g5 oder 9. ♘f5 fortsetzen können.

10. ♗c1-g5 0-0
11. 0-0-0 ♘f6-d7
12. ♗g5xe7 ♕d8xe7
13. f2-f4

und Weiß hat eine prächtige Stellung mit verschiedenen Angriffsmöglichkeiten. Wohl wird es ihm nicht allzu leicht fallen, die Zentrumslinien mit e4-e5 und e5xd6 zu öffnen, aber es kostet Schwarz viel Zeit und Mühe, dies zu verhindern und dabei liegt der Vorstoß doch stets in der Luft.
Weiß hat noch andere Drohungen: 14. ♕a6 (mit Angriff auf die schwachen Bauern) und 14. g4 nebst 15. h4 (mit Beunruhigung der schwarzen Königsstellung).
Es handelt sich hier um eine jener Stellungen, von denen der Glossator ohne Zaudern sagt: „Weiß steht besser“.
Wir haben mit Absicht ein Beispiel gewählt, in welchem der Kampf um die offene Linie kein deutlich erkennbares Resultat gebracht hat, d. h. keine vollständig offene Linie, auf der ein Turm bereits seinen Einfluss ausübt. Denn derart unbefriedigende Beispiele sind für die Eröffnungen charakteristisch. Ein hundertprozentiges Resultat in der Eröffnung kann nur bei schwachem Gegenspiel erreicht werden. Wir wählen lieber realitätsnahe Beispiele und setzen in jedem Falle voraus, dass beide Spieler vernünftige Züge tun. Nur auf diese

Art lernt man die Schwierigkeiten begreifen, die dem Spieler in der Praxis entgegentreten; Schwierigkeiten, die für eine mehr mechanische Auffassung der Prinzipien stets ein Hindernis bilden werden.

V. Die Bedeutung einer offenen Linie

Im vorigen Abschnitt haben wir gesehen, wie der Kampf um offene Linien beginnt, wie er bereits in der Eröffnung die Manöver beeinflusst, wie er mit einer Anzahl von Nebendrohungen verbunden werden kann und wie er – sofern der Gegner grobe Fehler vermeidet – schließlich langsam zum Erfolg führt.

Nun müssen wir untersuchen, was die wirkliche Bedeutung der offenen Linie ist und wie sie genutzt werden kann. Mit anderen Worten: wenn wir Gelegenheit haben, eine Linie zu öffnen und mit den Türmen zu beherrschen, wie müssen wir dann fortsetzen, um unseren Vorteil zu realisieren?

Wir beginnen mit Diagramm 32. Dies ist eine Stellung, die in der Praxis leicht vorkommen kann. Materiell stehen die Spiele gleich und die Bauern scheinen nahezu festgefahren. Von den Figuren sind nur die Türme übrig geblieben; es ist schwierig, Angriffsmöglichkeiten zu entdecken. Deshalb ist die Neigung groß, die Stellung als hoffnungslos öde anzusehen und ohne Weiteres Remis zu geben. Wenn Weiß dies jedoch hier tun würde, so wäre das ein großer Fehler: die Stellung ist nämlich reif für einen entscheidenden Durchbruch!

Diagramm 32

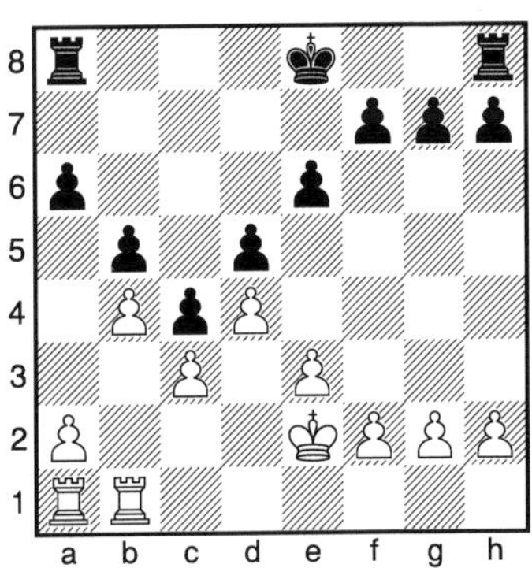

Weiß am Zuge
Der entscheidende Kampf um eine

1. a2-a4!

Droht einesteils die a-Linie zu öffnen und anderenteils mit 2. ab5:

nicht weniger als zwei Bauern zu gewinnen. Schwarz befindet sich plötzlich in Schwierigkeiten. Wie soll er diese Drohung parieren? Er kann hierzu zwei Wege wählen: a) Deckung des a-Turmes, wodurch die Drohung 2. ab5: mehr oder weniger ungefährlich wird, oder b) Tausch auf a4 und dann Deckung seines dadurch schwach gewordenen Bauern auf a6.

Wir wollen zuerst Methode a) untersuchen.

1. ... ♔e8-d7

„Lass ihn nur machen", denkt Schwarz, „ich bringe meinen König nach b7 und was will er dann mit seiner offenen Linie anfangen? Schlägt er auf b5, so öffnet sich die a-Linie ja für uns beide!" Wir werden bald sehen, dass dies doch nicht so einfach ist.

2. ♖a1-a2

Unmittelbares Schlagen auf b5 führt zu nichts. Deshalb verdoppelt Weiß seine Türme auf der a-Linie, was Schwarz nicht nachmachen kann; 2. ... ♖a7? würde nämlich wieder den Turm ungedeckt lassen und nach 3. ab5: zu entscheidenden Bauernverlusten führen.

Hieran merken wir bereits, dass Schwarz viel weniger Bewegungsfreiheit als sein Gegner hat.

2. ... ♔d7-c7

3. ♖b1-a1

Weiß hat nun den ersten Teil seines Planes durchgeführt. In derartigen Stellungen muss man stets mit der Verdoppelung der Türme beginnen. Wenn die Damen noch auf dem Brett sind, ist oft sogar Verdreifachung der schweren Figuren anzuraten, bevor die Stellung aufgebrochen wird (Dame und Türme müssen dabei also auf eine Linie gebracht werden). Jetzt droht Weiß abermals mit 4. ab5: zu entscheiden.

3. ... ♔c7-b7

Pariert die Drohung erneut. Wie kann Weiß seine Stellung nun noch weiter verstärken? Er muss einen auf folgenden Überlegungen basierten Plan ausführen: der Kampf um die offene a-Linie hat eine Anzahl Figuren beider Parteien gebunden, für Weiß beide Türme, für Schwarz obendrein auch noch den König. Wohl kann der schwarze König ohne unmittelbaren Verlust nach b6 gehen, aber nach der weißen Antwort ab5: muss Schwarz dann mit dem König wiedernehmen, wobei eine ähnliche Stellung entsteht, als wenn Schwarz auf 1. a4 sofort ba4: erwidert hätte. Dieser Zug führt zu einem ganz anderen Spiel und wird darum gesondert besprochen.

Diagramm 33

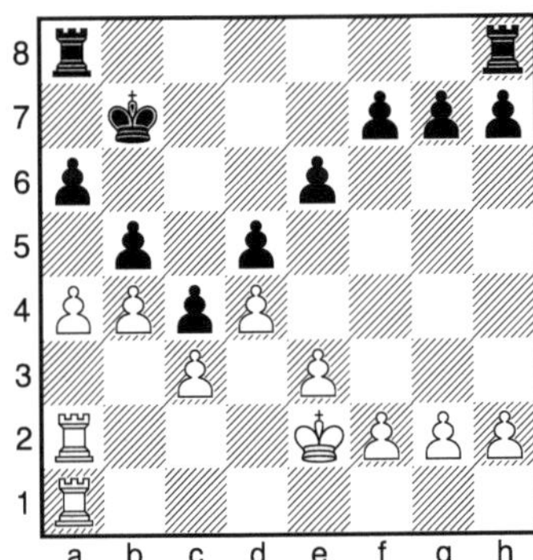

Wie kann Weiß seine Stellung weiter verstärken?

Der weiße Vorteil besteht also darin, dass sein König für den Angriff verfügbar ist. Es ist klar, dass der König auf der a-Linie nicht helfen kann; also geht er zum anderen Flügel. Der Plan ist ganz einfach. Weiß muss mit seinem König so manövrieren, dass – nach dem Tausch auf b5 und dem Tausch aller Türme – ein gewonnenes Bauernendspiel verbleibt. Wenn der weiße König z. B. auf e5 steht, entscheidet der Tausch bereits unmittelbar, weil der König danach ein Gemetzel unter den schwarzen Bauern anrichten kann (♔d6 ♔e7 usw.).

Darum zieht Weiß

4. ♔e2-f3

Eine andere starke Fortsetzung wäre 4. ab5: ab5: 5. ♖a5! gewesen; Schwarz muss dann seinen Bauern auf b5 durch 5. ... ♖a5: 6. ♖a5: ♔b6 retten, wonach Weiß immer noch 7. ♔f3 spielen kann. Doch ist der Textzug stärker, weil so die schwarzen Figuren ohne Bewegungsfreiheit bleiben.

In Stellungen wie dieser darf man die Spannungen auf der kritischen Linie erst dann aufheben, wenn ein entscheidender (oder wenigstens klarer) Vorteil in Sicht ist.

„Aufheben der Spannungen“ bedeutet das Ausführen des kritischen Zuges (hier ab5: von Weiß), das den begonnenen Durchbruch vollendet.

4. ... f7-f6

Am besten für Schwarz wäre es schließlich doch, wenn er selbst auf a4 schlägt (4. ... ba4:). Aber verfolgen wir den originellen Plan von Schwarz bis zum Schluss. Mit dem Textzug versucht er, den weißen König an der Besetzung des Feldes e5 zu hindern.

5. e3-e4

Weiß strebt nach Bauerntausch im Zentrum oder auf dem Königsflügel, um Raum für seinen König zu schaffen.

5. ... ♖h8-d8

Nach 5. ... de4:+ 6. ♔e4: droht bereits 7. ab5: ab5: 8. ♖a8: ♖a8: 9. ♖a8: ♔a8: 10. f4 (Nicht 10. d5 wegen e5!) ♔b7 11. d5 ed5:+ 12.

♔d5:, wonach der weiße König der Held des Tages ist. Damit ist jedoch nicht gesagt, dass der Textzug Schwarz rettet. Kein einziger Zug kann dies mehr tun.

6. a4xb5

Es ist so weit!

6. ... a6xb5
7. ♖a2xa8 ♖d8xa8
8. ♖a1xa8 ♔b7xa8
9. e4xd5 e6xd5
10. ♔f3-f4

Nun droht 11. ♔f5 nebst ♔e6 usw., wogegen nur der folgende Zug hilft.

10. ... g7-g6
11. g2-g4

Droht g5 mit Eindringen des weißen Königs über e5 bzw. g5.

11. ... h7-h6
12. h2-h4

Und das Spiel ist aus, denn auf 12. ... ♔b7 folgt 13. h5 und der weiße König kommt nach f5. (Bemerkt muss aber werden, dass Weiß mit 13. g5 wegen fg5:+ 14. hg5: h5 nicht gewinnen kann, weil Schwarz dann durch seinen gedeckten Freibauern sogar im Vorteil wäre.) Ein typisches Beispiel von der Wichtigkeit einer offenen Linie.

Es war übrigens nicht die Linie selbst, die die Entscheidung brachte, sondern die Bindung der schwarzen Figuren durch die Drohung, die Linie zu öffnen.

* *
*

Kehren wir nun zurück zum Diagramm 32 und besprechen wir die Verteidigungsmethode, wenn Schwarz auf a4 schlägt.

1. a2-a4 ♔e8-d7

Dieser Vorbereitungszug ist notwendig, denn sofort ba4: verliert unmittelbar den ♙a6: 1. ... ba4: 2. ♖a4: ♔d7 3. ♖ba1 usw.

2. ♖a1-a2 b5xa4

Jetzt spielbar, weil der schwarze König rechtzeitig herankommt, um den a-Bauern zu schützen.

3. ♖a2xa4

Diagramm 34

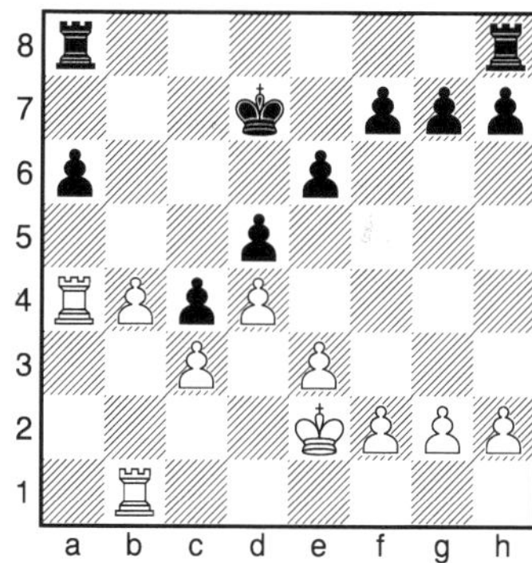

Schwarz hat zwar die Aktion der Türme auf der a-Linie zunichte gemacht, doch entfalten diese nun große Kraft auf der 5. Reihe

Durch das Schlagen auf a4 hat Schwarz die Öffnung der a-Linie vorläufig unmöglich oder wenigstens unwirksam gemacht. Aber nun treten bald zwei andere Nachteile seiner Stellung in Erscheinung.

Weiß wird auch jetzt die Türme auf der a-Linie verdoppeln und den schwarzen a-Bauern unter Druck halten. Der vordere Turm wird nach a5 gestellt, wo er nicht nur den a-Bauern blockiert, sondern auch auf der 5. Reihe einen Druck ausübt.

Wohl ist es wahr, dass der schwarze d-Bauer im Augenblick noch geschützt ist; aber Weiß kann ihn nach genügender Vorbereitung durch e3-e4 (und vielleicht sogar durch Verdoppelung der Türme auf der 5. Reihe, z. B. auf c5 und a5) angreifen.

Früher oder später wird Schwarz gezwungen, auf e4 zu tauschen, wonach sein c-Bauer schwach wird, zumal Weiß noch über die Möglichkeit d4-d5 und ♔d4 verfügt. Wenn beide Parteien korrekt spielen, scheint die Position für Schwarz auf die Dauer doch nicht zu halten zu sein.

3. ... ♔d7-c7
4. ♖b1-a1 ♔c7-b7
5. ♖a4-a5 ♖h8-c8

Schwarz kann auch in dieser Variante sehr wenig unternehmen, obwohl die Möglichkeit einer für Weiß günstigen Öffnung der a-Linie nicht besteht.

Wenn er 5. ... ♔b6 zieht, muss er ständig mit der Möglichkeit b4-b5 rechnen, weil der a-Turm dann ungenügend gedeckt und dadurch der a-Bauer gefesselt ist. Weiß macht sich nun daran, die Wirksamkeit seines vorderen Turmes auf die oben angegebene Weise zu erhöhen.

6. ♔e2-f3

Es gibt hier noch mehr gute Züge, etwa f3 oder e4. Wir wählen aber den Textzug wegen der Übereinstimmung mit der anderen Hauptvariante.

6. ... ♖c8-d8

6. ... f5 (mit der Absicht, e3-e4 zu verhindern) wäre schlecht. Einmal kann Weiß doch wohl e3-e4 spielen, wenn er dies mit f2-f3 vorbereitet, zum anderen kann der König nach e5 gehen, gefolgt von b4-b5, wonach entweder der schwarze Bauer auf a6 oder der auf e6 verloren geht.

7. e3-e4 d5xe4+

Schwarz hat nichts Besseres. Er kann auf die Dauer nicht gleichzeitig seine Bauern auf a6 bzw. d5 decken.

8. ♔f3xe4

Weiß hat bereits beträchtliche Fortschritte gemacht. Wohl ist es Schwarz gelungen, die a-Linie

Diagramm 35

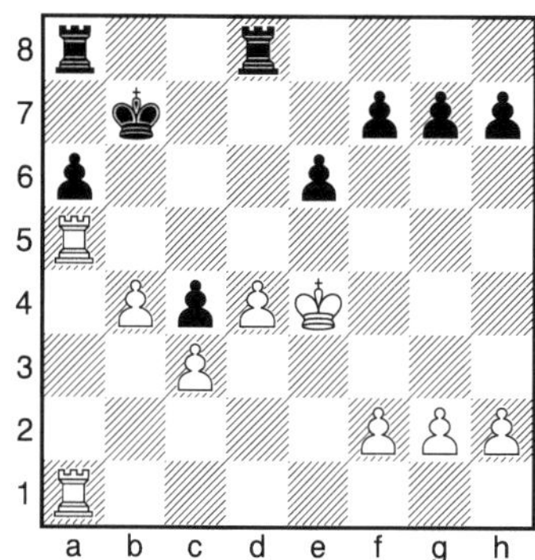

Weiß hat die 5. Reihe geöffnet und beginnt nun, von verschiedenen Punkten längs dieser Reihe einen Druck auszuüben

geschlossen zu halten, doch konnte er nicht verhindern, dass die weißen Türme eine offene Reihe besetzt haben, auf der ihnen eine schöne Zukunft winkt. Die hauptsächlichste Drohung ist (nach genügender Vorbereitung) d4-d5, wonach der schwarze c-Bauer zum Tode verurteilt wäre.

8. ... ♖d8-c8

9. ♖a5-e5

9. ♖c5 ist wohl ebenfalls gut, führt aber doch zu einigen weniger schönen Möglichkeiten, z. B. 9. ... ♖c5: 10. dc5: ♖d8! und der schwarze Turm hat eine offene Linie. Oder 10. bc5: und Weiß gewinnt wohl den c-Bauern, muss aber dem Gegner einen freien a-Bauern überlassen, der ihm unter Umständen Schwierigkeiten bereiten könnte.

9. ... ♖c8-c6

10. ♖a1-a5 ♖a8-c8

11. d4-d5

Dies ermöglicht Weiß, mit ♔d4 den schwarzen c-Bauern anzugreifen, dessen Schicksal nun wohl besiegelt ist.

Diagramm 36

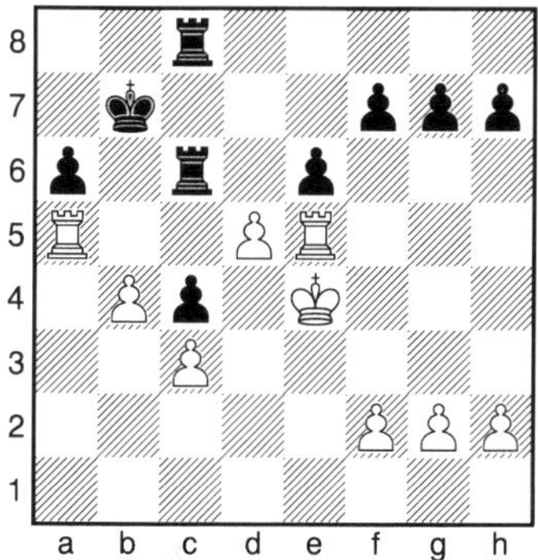

Der entscheidende Durchbruch, der den weißen Türmen sowohl horizontal als auch vertikal maximale Wirkung verschafft

11. ... e6xd5+

12. ♖a5xd5

Die weißen Anstrengungen sind glänzend belohnt worden, denn beide Türme haben nun eine offene Linie, während die schwarzen schlecht stehen. Unter anderem droht Weiß beide Türme auf die 7. Reihe zu bringen (♖e7+ und ♖d7).

Weil die Bauern ursprünglich auf der 7. Reihe stehen, sind meistens noch ein paar zu finden, die noch nicht gezogen haben. Die Besetzung dieser Reihe durch einen Turm ist daher immer sehr stark und zumeist entscheidend.

12. ... ♖c6-c7

Was Schwarz auch zieht, er muss in jedem Fall etwas verlieren.

13. ♔e4-d4

Droht Gewinn des c-Bauern durch 14. ♖c5.

13. ... ♔b7-b6

Um 14. ♖c5 mit ♖c5: 15. ♖c5: ♖c5: 16. bc5:+ ♔c6 beantworten zu können, wonach der materielle Vorteil von Weiß wertlos wäre. Schwarz muss nämlich so spielen, dass Weiß nicht mit seinem König auf c5 wiedernehmen kann.

Schwächen Sie Ihre Bauernstellung nicht unnötig!

14. f2-f4

Weiß macht vom „Zugzwang“ Gebrauch, um seinen Vorteil zu vergrößern.

14. ... ♖c7-c6
15. g2-g3 ♖c8-c7
16. h2-h4 ♖c7-c8

Auf 16. ... ♖g6 folgt einfach 17. ♖g5 ♖g5: 18. ♖g5: g6 oder f6 19. ♖d5 und Schwarz ist verloren, weil er im Zugzwang ist. Den König darf er wegen ♖c5 nicht ziehen; die Türme müssen auf der c-Linie bzw. 7. Reihe bleiben (sonst folgt ♖d7).

17. h4-h5 ♖c8-c7
18. b4-b5

Weiß hat seine Bauern am Königsflügel so aufgestellt, dass der schwarze Turm sich nicht unter gleichzeitigem Angriff auf einen ungedeckten weißen Bauern (♖f6, ♖g6 oder ♖h6) zurückziehen kann. Weiß schickt sich nun an, den schwarzen König zu vertreiben. Natürlich gibt es schon verschiedene Wege, die zum Gewinn führen.

18. ... a6xb5

Oder 18. ... ♖e6 19. ba6: usw.

19. ♖d5xb5+ ♔b6-a6
20. ♖e5-c5

Und die Sache ist entschieden, denn Weiß gewinnt den c-Bauern.

In dieser zweiten Hauptvariante, in der Schwarz so schnell wie möglich ba4: spielt, lernen wir ein interessantes Manöver kennen, das im Kampf um offene Turmlinien stets eine wichtige Rolle spielt. Die Türme wirken erst vertikal (längs der a-Linie). Wenn Schwarz durch Tausch auf a4 die Öffnung dieser Linie unmöglich macht, um den bei der ersten Methode gezeigten Verlust zu vermeiden, dann setzt er die weißen Türme in die Lage, auf der 5. Reihe einzugreifen. Der Durchbruch auf dieser Reihe mit-

tels d4-d5 erfolgt ganz logisch und gibt den Türmen einen maximalen Wirkungskreis, sowohl horizontal als auch vertikal.

Das ist der typische Verlauf der Dinge in derartigen Stellungen, den man unbedingt kennen muss.

VI. Direkter Angriff auf den König. (Einige Winke)

Direkte Angriffe auf den König sind oft sehr aufregend im Schach. Sie sind einem Endspurt zu vergleichen, in welchem der Schnellläufer seine Zielflagge vor sich sieht; jeder Augenblick, jeder Zug kann die letzte unwiderrufliche Entscheidung bringen.

Weil die Motive hier am deutlichsten sind und die Ziele zum Greifen nahe liegen, können weniger erfahrene Schachspieler diese Partiephase am leichtesten verstehen. Oft starten Anfänger einen direkten Königsangriff, ohne eine Spur der Vorbereitungen zu treffen, die wir in den vorangegangenen Abschnitten besprochen haben. Eine solche Taktik ist natürlich vollkommen falsch, und gegen einen starken Gegner wird man damit unweigerlich den Kürzeren ziehen.

Bevor man einen Königsangriff unternimmt, muss man – wie Steinitz dargelegt hat – den einen oder anderen Vorteil erzielt haben.

Ein Angreifer muss im Stande sein, den feindlichen König mit überwältigenden Streitkräften anzugreifen.

Er muss entweder mehr Figuren entwickelt (und also ein materielles Übergewicht) oder seine Figuren besser postiert (und damit ein dynamisches Übergewicht) haben.

Auf zahlreiche Arten kann man ein solches Übergewicht bekommen. Wir werden einige davon jetzt vorführen.

Vorsprung in der Entwicklung

Ein ungeübter Spieler sündigt oft gegen die Grundsätze der Entwicklung. Er versucht bloß, so bald als möglich „etwas zu gewinnen". Er jagt auf jeden Bauern, der ihm vor die Füße kommt; um ihn zu erobern, verliert er mitunter verschiedene wertvolle Züge (Tempi). Allerdings muss sein Gegner die Extra-Züge, die er auf diese Weise gewinnt, so nützlich wie möglich verwenden, um seinem Angriff Auftrieb zu geben; denn würde er etwa ruhig zu Werke gehen, dann könnte der materielle Vorteil des „Bauernfängers" schließlich doch den Ausschlag geben.

Es ist vor allem Schwarz, der sich im Anfangsstadium der Partie vor Zeitverlusten hüten muss, denn er steht ja sowieso schon hinter seinem Gegner zurück und hat deshalb mehr Sorgen mit der Deckung der schwachen Punkte. In der Eröffnung ist es oft das Feld f7, das Sorgen bereitet: es ist nur vom König gedeckt und kann sehr schnell von verschiedenen weißen Figuren (♗, ♘ oder ♕) bedroht werden.

Aber auch wenn es Schwarz glückt, f7 durch eine baldige Rochade zu verstärken, sind die Gefahren eines Entwicklungs-Rückstandes nicht zu unterschätzen.

Siehe Diagramm 37. Diese Stellung kann aus dem Dänischen Gambit entstehen: 1. e4 e5 2. d4 ed4: 3. c3 dc3: 4. ♗c4 cb2: 5. ♗b2: usw. Dieses Gambit gibt Weiß auf Kosten von zwei Bauern einen starken Angriff. In der Diagrammstellung hat Schwarz die Eröffnung nicht zum Besten behandelt. Er hat nichts für die Entwicklung des Damenflügels getan, er hat Weiß das Läuferpaar überlassen und sei-

Diagramm 37

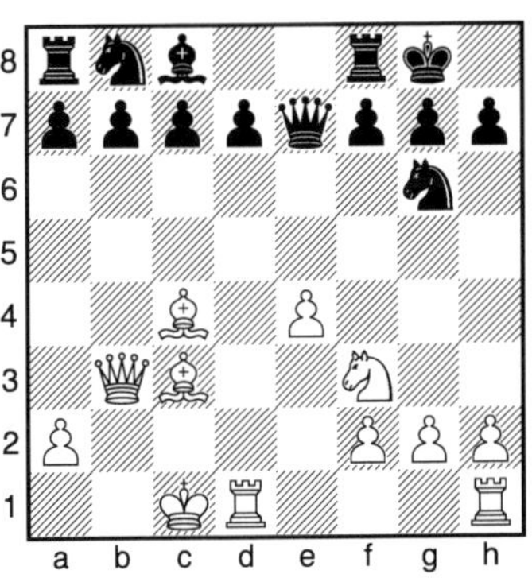

Weiß am Zuge

nen Königsspringer auf etwas gekünstelte Art entwickelt (über e7 nach g6). Weiß verfügt nun über eine größere Anzahl von Angriffsmöglichkeiten.

1. The1 ist sehr stark, um ein eventuelles 1. ... d6 mit 2. e5 zu beantworten, wodurch jede Figur prächtig zur Wirkung kommt. Aber Schwarz kann auf d6 zunächst verzichten und seinen Läufer mit 1. ... b6 und 2. ... ♗b7 entwickeln.

Im Hinblick hierauf kommt eine scharfe Fortsetzung für Weiß in Betracht: 1. h4, mit der Drohung 2. h5 ♘h8 (2. ♘f4 ist nicht viel besser) 3. h6 g6 4. ♕b2 mit Eroberung des Springers auf h8. Dieses letztere bringt uns aber auf den besten Gedanken: wenn Weiß sofort 1. ♕b2! zieht, gibt es für Schwarz keine Möglichkeit, seinen g-Bauern zu decken. Wohl kann er 1. ... ♕c5 2. ♗b3 ♔h8 3. ♔b1 f6 versuchen, aber dies macht die Situation noch schlechter für Schwarz, denn seine Königsstellung ist nun unheilbar geschwächt. Weiß macht sich dies mittels 4. e5 zu Nutze und gewinnt leicht.

Es ist nicht so sehr die Eroberung des schwarzen g-Bauern, die dem Zuge 1. ♕b2 seine Kraft gibt. Darum brauchte sich Schwarz keine großen Sorgen zu machen, wenn nicht der Verlust dieses Bauern alle schwarzen Felder rund um den schwarzen König unwiderruflich schwächen würde.

Ein anderes Beispiel ist Diagramm 38. Schwarz hat einen Bauern mehr. Aus der Stellung können wir entnehmen, dass Schwarz ♕b6 und ♕b2: gespielt hat, wonach seine Dame angegriffen und gezwungen wurde, zum Ausgangspunkt zurückzukehren. Ein ungeübter Spieler kommt oft in die Versuchung, dergleichen Dinge zu tun, besonders wenn scheinbar keine direkte Gefahr damit verbunden ist.

Hier wird Weiß mit 1. ♘e5 ♗e7 2. ♕e2 fortsetzen, wonach Schwarz bereits ernstlich mit der Möglich-

Diagramm 38

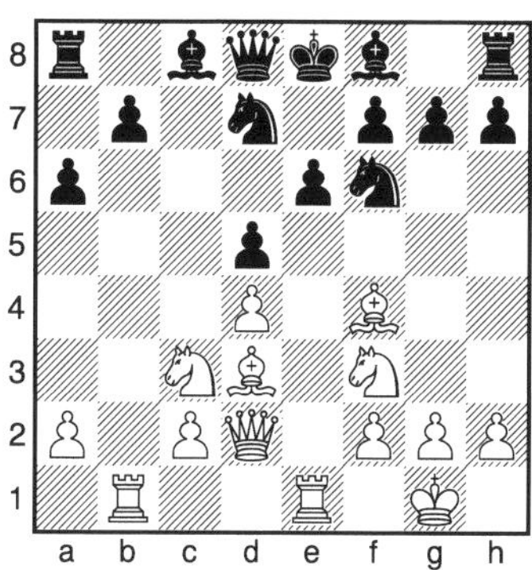

Weiß am Zuge

keit eines Opferdurchbruchs rechnen muss: 3. ♘f7: ♔f7: 4. ♕e6:+ ♔f8 5. ♗c7 ♕c7: 6. ♕e7:+ ♔g8 7. ♗f5 usw. Schwarz ist also verpflichtet, sogleich zu rochieren, worauf Weiß mit g4 nebst g5 die Jagd auf den schwarzen Königsspringer eröffnet, entweder sofort oder erst, nachdem er seine Dame nach h3 gebracht hat.

Bei einem Angriff ist es von Wichtigkeit, die dritte Reihe mehr oder weniger von Bauern freizuhalten, damit in gewissen Fällen die Türme über b3 bzw. e3 zur Verstärkung des Angriffs zum Königsflügel gebracht werden können.

Wir wollen hier nicht näher auf die Art der Angriffsvorbereitungen eingehen, sondern nur bestimmte Typen von Stellungen zeigen, die für eine Erstürmung „reif“ sind.

Übergewicht im Zentrum

Ein Übergewicht im Zentrum ist oft Grundlage eines erfolgreichen Angriffs auf die Königsstellung. Diagramm 39 führt einen solchen Fall vor. Die Tatsache, dass Weiß das Läuferpaar hat, erhöht seine Chancen. Der Angriff kann mit e4-e5 beginnen, wodurch der schwarze Königsspringer aus seiner idealen Position auf f6, wo er die Königsstellung sicherte, vertrieben wird. Außerdem würde der Bauernvorstoß das Feld e4 für einen weißen Springer freimachen, der als neue Kraft an dem Angriff teilnehmen könnte.

Diagramm 39

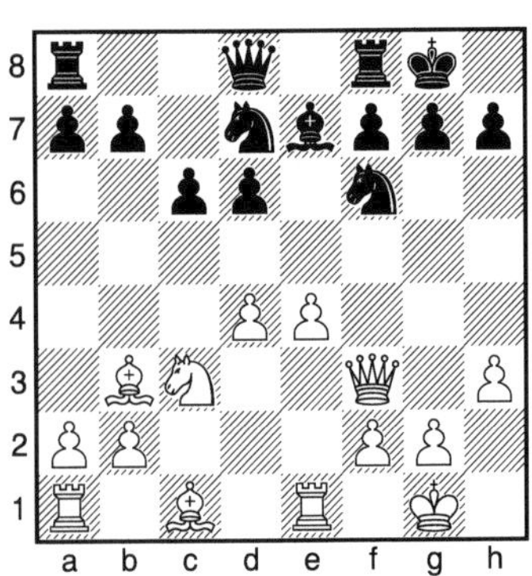

Weiß am Zuge

Sieht also ein unmittelbares e4-e5 in der Diagrammstellung bereits vielversprechend aus, so ist seine Vorbereitung durch ♗f4 und ♖ad1 vielleicht sogar noch besser: die vollständige Erstürmung der schwarzen Position kann dann nicht mehr lange auf sich warten lassen. Weiß kann zum Beispiel, wenn er den schwarzen Springer durch e4-e5 vertrieben hat, den Punkt h7 unter Feuer nehmen (mittels ♗c2 und einem Zug mit der Dame). Dies wird Schwarz zwingen, einen die Königsstellung schwächenden Bauernzug zu tun, worauf wir so allmählich über ein paar Opferkombinationen nachdenken können ...

Es ist durchaus zu empfehlen, dass Sie selbst die Stellungen dieses Abschnittes zu analysieren versuchen. Sie müssen dann nachprüfen, wie Weiß seinen Angriff gegen die verschiedenen Verteidigungsmöglichkeiten, die Schwarz zur Verfügung stehen, zum Erfolg führen kann. Dies ist eine sehr gute Übung, aus der Sie viel lernen können. Bemerkt werden muss, dass in allen diesen Stellungen der weiße Vorteil nachweislich entscheidend und die schwarze Position auf die Dauer unhaltbar ist.

Diagramm 39 zeigt speziell, wie hoffnungslos eine Stellung sein kann, wenn sie nicht genügenden Einfluss auf das Zentrum hat.

Übergewicht am Königsflügel

Dieses entsteht meistens durch sorgloses Spiel der verteidigenden Partei, die in einem falschen Augenblick rochiert, oder, nach der Rochade, dem Schutz ihrer Rochadestellung durch Figuren nicht genügende Aufmerksamkeit geschenkt hat.
Den besten Schutz gewährt ein Springer, der auf f6 oder f8 (für Weiß natürlich f3 oder f1) steht.
Dieser Schutz ist von entscheidender Wichtigkeit, wenn die feindlichen Figuren so postiert sind, dass sie für einen direkten Königsangriff schnell zur Verfügung stehen. Siehe Diagramm 40.
Schwarz steht im Zentrum und auf dem Damenflügel prächtig, aber er hat soeben im unrechten Augenblick kurz rochiert. Weiß erzwingt nun mit einer hübschen Opferkombination den Gewinn: 1. ♗h7:+ ♔h7: (Auf 1. ... ♔h8 folgt 2. ♘g5 nebst ♕h5 bzw. ♕f3 nebst ♕h3) 2. ♘g5+ ♔g8 3. ♕h5 und gewinnt; oder 2. ... ♔g6 3. ♕d3+ und gewinnt.
Das Läuferopfer auf h7 ist so bekannt, dass seine Erwähnung hier überflüssig erscheinen mag. Aber die Tatsache, dass manchmal auch

Diagramm 40

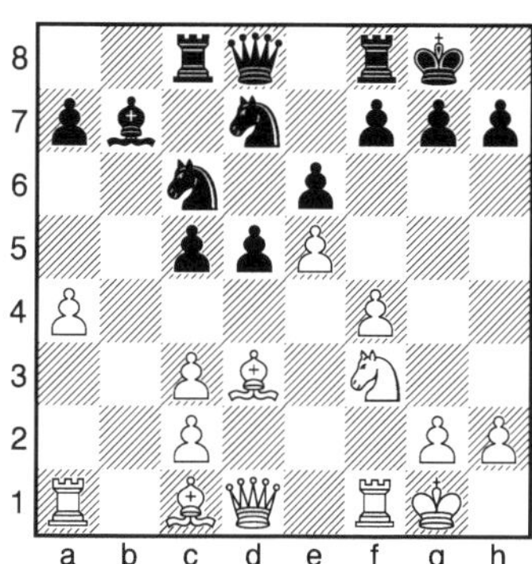

Weiß am Zuge

verhältnismäßig geübte Spieler darauf hereinfallen, macht es doch notwendig, darauf hinzuweisen.

Diagramm 41

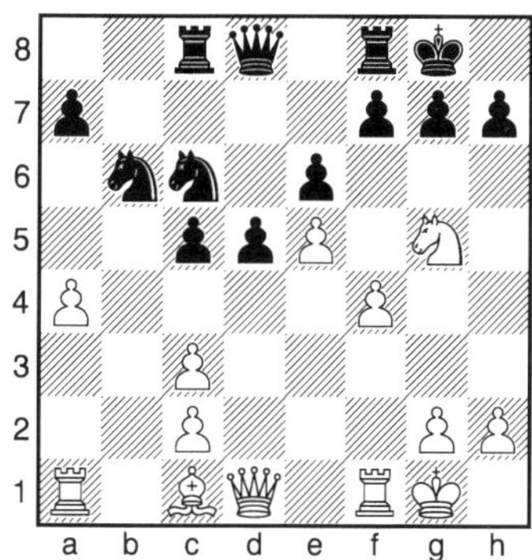

Weiß am Zuge

In Diagramm 41 sehen wir etwas Ähnliches: der schwarzen Königsstellung mangelt es an dem notwendigen verteidigenden Springer. Weiß kann hier seinen Vorteil selbst ohne Opferkombination zur Geltung bringen. Wohl sieht 1. ♘h7: ♔h7: 2. ♕h5+ ♔g8 3. ♖f3 für Schwarz schlimm genug aus, aber er kann sich mit 3. ... f5 gerade noch verteidigen. Weiß hat dann nur Dame und Turm für den Angriff zur Verfügung, und das reicht nicht aus.

Weiß kann aber einfach 1. ♕d3 g6 2. ♕h3 h5 3. g4 mit durchschlagendem Angriff spielen; z. B. 3. ... ♔g7 4. gh5: ♖h8 5. h6+, und Schwarz darf nicht 5. ... ♖h6: antworten wegen 6. ♕h6:+ ♔h6: 7. ♘f7:+ nebst 8. ♘d8: mit Qualitätsgewinn für Weiß.

In diesem Beispiel fällt die Entscheidung dadurch, dass Weiß eine fatale Schwächung der feindlichen Königsstellung erzwingt (... g6 und ... h5). Um dies tun zu können, müssen die Züge in der richtigen Reihenfolge geschehen, also ♕d3 vor ♕h3; nicht etwa unmittelbar ♕h5, denn dann antwortet Schwarz h6 und Weiß hat nichts erreicht, wenigstens vorläufig.

Es ist wohl klar, dass der eine erzwungene Zug ... h6 die schwarze Verteidigung nicht so aus den Fugen hebt wie die zwei Züge ... g6 und ... h5; obendrein muss Weiß im ersten Falle mit dem Zurückziehen des angegriffenen Springers Zeit verlieren.

Organisch geschwächte Königsstellungen

Solche Schwächen entstehen, wenn die Bauern, die den König schützen, nicht mehr auf der 2. Reihe nebeneinander stehen. Wenn einer von ihnen vorgerückt ist oder geschlagen wurde, ist die Königsstellung organisch geschwächt.

Eine solche Schwäche kann besonders dann gefährlich werden, wenn der Gegner noch nicht rochiert hat, so dass er leicht eine Angriffslinie öffnen kann. Dasselbe gilt natürlich, wenn der Gegner (wie in Diagramm 42) nach der anderen Seite rochiert hat.

Diagramm 42

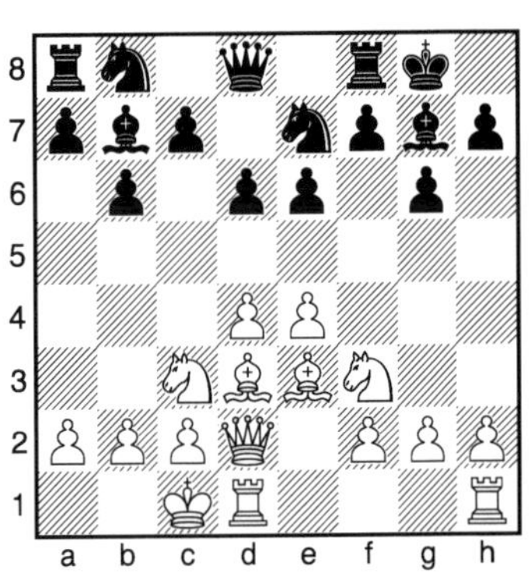

Weiß am Zuge

Hier hat Schwarz seine Läufer nach beiden Seiten fianchettiert, aber er hat wenig für sein Zentrum getan; das Ergebnis ist, dass nun allein die schwachen Seiten der fianchettierten Läufer zu Geltung kommen, während von ihren Vorteilen nichts zu merken ist.
Weiß beginnt mit 1. h4 und droht durch 2. h5 nebst 3. hg6: die h-Linie zu öffnen. Hiergegen kann Schwarz wenig tun. Auf 1. ... h5 etwa wird Weiß bald mittels g2-g4 die Stellung aufbrechen.

Diagramm 43

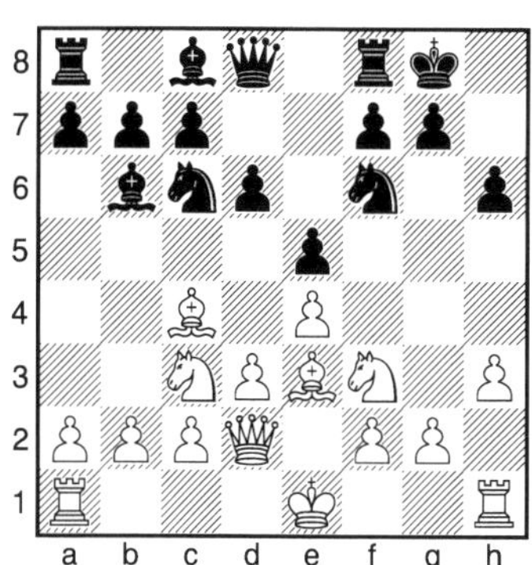

Weiß am Zuge

In Diagramm 43 ist die Sache weniger klar. Es ist für Weiß sehr verlockend, das Opfer ♗h6: zu versuchen. In vielen ähnlichen Stellungen schlägt das Opfer durch, aber hier ist der Ausgang zweifelhaft. Wohl erhält Weiß drei Bauern für die Figur, aber sein Angriff kommt zum Stillstand: 1. ♗h6: gh6: 2. ♕h6: ♘h7 (sonst folgt 3. ♘g5) 3. ♕g6+ ♔h8 4. ♗f7: ♕f6 und Weiß muss die Dame tauschen.
Der Schlüssel der Stellung liegt auch hier wieder einmal in einem Bauernsturm mit dem Ziel, eine offene Linie für die Türme zu bekommen: 1. g4 Die hauptsächlichste Drohung ist nun g4-g5, aber auch die ursprüngliche Idee ♗h6: liegt von neuem in der Luft, denn nun könnte Weiß den vorhin erwähnten Zug ... ♘h7 mit g4-g5 (drohend g5-g6) beantworten.
Schwarz kann sich zäh verteidigen, indem er den Durchbruch g4-g5 so lange wie möglich zu verhindern sucht: 1. ... ♗e3: 2. ♕e3: ♘h7 3. 0-0-0 ♗e6 4. ♖dg1 ♗c4: 5. dc4: f6 6. h4 und der weiße Angriff geht weiter. Anstelle von 5. ... f6 kann auch 5. ... ♘g5 geschehen, wonach Weiß natürlich den Springer nicht nimmt, sondern ihn mit 6. h4 zurücktreibt, was außerdem gut in seinen Plan passt.
Auch hier muss der Angriff schließlich durchdringen.
Wir schließen diesen Abschnitt mit der wichtigen Richtigstellung eines weit verbreiteten Irrtums, nämlich dass es nötig sein soll, die Partie durch direkten Königsangriff zu beenden.

Es ist absolut nicht nötig, alle Brücken hinter sich abzubrechen; das ist nur Verzweiflungstaktik, und ein gut fundierter Angriff auf den feindlichen König ist keine Verzweiflung, sondern ein logisches Glied in der Kette strategischer Gedanken.

Unzählige Male haben wir die Chance, durch einen Königsangriff bleibenden positionellen Vorteil zu erhalten und danach die Entscheidung mittels ruhigen und langsamen Positionsspiels zu erzwingen.

Die Lehren, die wir aus den vorausgegangenen Abschnitten gezogen haben, können auch auf die heftigsten und unmittelbarsten Angriffe Anwendung finden.

VII. Etwas über Kombinationen

Es ist gebräuchlich, zwischen Kombinationsspiel und Positionsspiel einen scharfen Unterschied zu machen. Man nimmt an, dass mit Kombinationsspiel ein ungestümer Angriff gemeint ist und dass ein Spieler mit einem kombinatorischen Stil bereits vom ersten Zuge an auf das Kombinieren ausgeht.

Der Spieler, der eine Kombination nur nach gehöriger Vorbereitung ausführt oder der die rechte Gelegenheit dazu abwartet, ist kein Kombinationsspieler im eigentlichen Sinne des Wortes. Kombinationen sind für den Positionsspieler unentbehrlich, denn ohne Kombination kann oft ein selbst ins Auge springender positioneller Vorteil nicht zum Gewinn verdichtet werden. Ja, wir können sogar als Tatsache festhalten, dass die Kombination die natürliche Steigerung der positionellen Partie ist. Morphy, der König des Kombinationsspiels, war ebenso sehr ein Meister im positionellen Manövrieren. In letzterer Hinsicht war er seinen Zeitgenossen um Jahre voraus. Anderssen, zum Beispiel, war ein prächtiger Kombinationsspieler, wahrscheinlich ebenso gut wie Morphy, aber in der Wahl des Partieaufbaus, in der positionellen Vorbereitung der Kombination war er dem Amerikaner unterlegen. Demzufolge hatte er in seinen Begegnungen mit Morphy weit weniger Chancen, sein Kombinationstalent zur Geltung zu bringen.

In den voraufgegangenen Abschnitten sind wir bereits zahlreichen einfachen Kombinationen begegnet.

Dieses Mal wollen wir ein paar schwierige Beispiele untersuchen, unter besonderer Berücksichtigung der positionellen Vorbereitung, die erst die Kombination möglich machte.

Ein Versuch, die verschiedenen Arten der Kombinationen zu klassifizieren, würde zu weit führen. Für unsere Zwecke eignet es sich mehr, einige Punkte wie Vorsprung in der Entwicklung, wirksame Aufstellung der eigenen Figuren bzw. unzweckmäßige der gegnerischen, usw. zu besprechen. Einen sehr wichtigen – eigentlich sogar den entscheidenden – Anteil an den

meisten Fällen hat die sogen. „überlastete“ Figur, d. i. eine Figur, die schon eine besondere Aufgabe hat (z. B. Deckung eines Bauern) und plötzlich noch eine andere dazunehmen soll; oder die angegriffen wird und an die eigene Sicherheit denken muss, so dass sie ihren Posten verlassen muss und die Aufgabe nicht mehr erfüllen kann. Die folgenden Beispiele werden dies deutlicher als eine ausführliche Erklärung zeigen.
Zu allererst eine kleine Partie, die zeigt, wie man nicht und wie man doch kombinieren soll.

1. e2-e4 e7-e5
2. ♘g1-f3 ♘b8-c6
3. ♗f1-c4 ♗f8-c5
4. ♗c4xf7+? ♔e8xf7
5. ♘f3xe5+ ♘c6xe5
6. ♕d1-h5+

Anfänger machen oft solche Kombinationen. Sie sind froh, wenn sie ihrem Gegner „Schach“ bieten können. Und wenn ein Anfänger hier Schwarz hat, so kann er leicht in die Versuchung kommen, seinen materiellen Vorteil mittels 6. ... ♔f6 festzuhalten, während er damit doch nur unnötig seine Stellung in Gefahr bringen würde. Z. B. 6. ... ♔f6? 7. d4 und Weiß steht ausgezeichnet. Er droht nicht nur mit seinem d-Bauern eine Figur zurückzugewinnen, sondern auch durch 8. ♗g5+ die feindliche Dame zu erobern.

6. ... g7-g6!
7. ♕h5xe5 d7-d6!

So kombinieren Meister! Schwarz macht keinen Versuch, seinen materiellen Vorteil zu behaupten, sondern geht sogar noch weiter: er opfert selber Material, um dadurch ein dynamisches Übergewicht zu erlangen. Die schwarzen Steine in dieser Partie führte kein geringerer als J. H. Blackburne.

8. ♕e5xh8 ♕d8-h4
9. 0-0

Ein geübter Spieler würde hier – koste es, was es wolle – 9. d4 gespielt haben, um seinen Damenläufer entwickeln zu können.

9. ... ♘g8-f6
10. c2-c3

Auch hier noch war 10. d4 besser, eventuell gefolgt von 11. ♘d2. In kritischen Stellungen ist Schnelligkeit bei der Mobilisation Ihrer eigenen Truppen das erste Erfordernis. Nach dem Textzug ist Weiß verloren, denn eine gewaltige Übermacht rückt nun gegen seine Königsstellung an.

10. ... ♘f6-g4
11. h2-h3 ♗c5xf2+
12. ♔g1-h1 ♗c8-f5!
13. ♕h8xa8 ♕h4xh3+!
14. g2xh3 ♗f5xe4#

Ein prächtiger Sieg! Die schlechte Behandlung der Eröffnung durch Weiß wäre vielleicht gegen einen minder geübten Spieler ungestraft geblieben, die Katastrophe in dieser Partie jedoch wirft ein deutliches Licht darauf. So ist es stets bei Kombinationen – das Geheimnis des Erfolges liegt in dem Erkennen des positionell schwachen Zuges. Schwarz sah hier, dass nach seinem Qualitätsopfer seine Figuren in eine gute Stellung kamen, während die weiße Dame vorübergehend eingeschlossen blieb.

Das Sich-Vorstellen einer kommenden Situation und das Erkennen einer Kombination in einer bestimmten Stellung ist eine Kunst, die die Mühe der Entwicklung wert ist.

Es folgen nun einige Stellungen aus Meisterpartien.

Diagramm 44

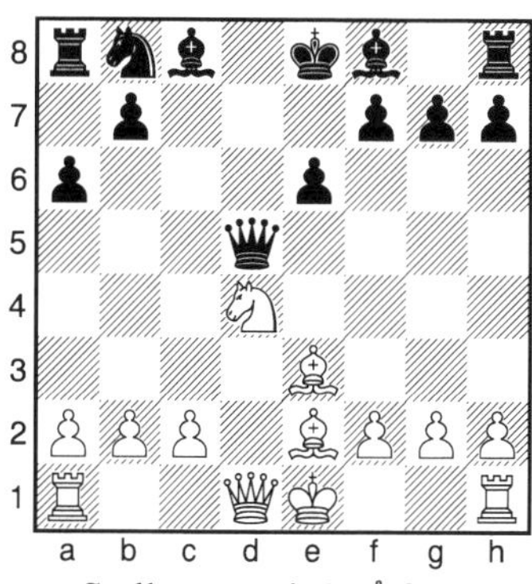

Stellung nach 9. ♗f1-e2

Stellung 44 entstand in einer Partie zwischen Nimzowitsch und Alapin. Schwarz steht schlecht, denn seine einzige entwickelte Figur ist die Dame, während Weiß drei Figuren im Spiel hat.

9. ... ♛d5xg2?

Eine unverzeihliche Sorglosigkeit. Obwohl Schwarz in der Entwicklung weit zurück ist, geht er auf Bauernraub aus und verliert dadurch noch mehr Zeit. Der weiße Entwicklungsvorsprung wird nun so groß, dass seine Figuren bald von sich aus an das Kombinieren denken können.

10. ♗e2-f3 ♛g2-g6
11. ♕d1-d2 e6-e5
12. 0-0-0!

Ein vollkommen korrektes Opfer!

12. ... e5xd4
13. ♗e3xd4

Werfen wir einmal einen Blick auf die Stellung. Weiß hat alle Figuren im Spiel und beherrscht beide Zentrumslinien. Schwarz dagegen hat nur die Dame entwickelt; seine Mehrfigur ist wertlos und sein erschreckender Entwicklungsrückstand wird sich bald äußerst ungünstig bemerkbar machen.

13. ... ♘b8-c6

Gibt dem Gegner Gelegenheit zu einem hübschen Schluss.

14. ♗d4-f6!!

Droht 15. Dd8+ nebst Matt. Auf

14. ... Le7 oder 14. ... gf6: spielt Weiß erst15. Lc6:+.

14. ... ♕g6xf6

15. ♖h1-e1+ ♗f8-e7

Schwarz kann das Matt auf keine Weise verhindern.

16. ♗f3xc6+ ♔e8-f8

Oder 16. ... ♗d7 17. ♕d7:+ ♔f8 18. ♕d8+ und Matt in zwei Zügen. Ein Triumph der Entwicklung!

17. ♕d2-d8+ ♗e7xd8

18. Te1-e8#

Das folgende Beispiel ist, wenn möglich, noch schöner.

Stellung 45 entstand in einer Partie Rosanes – Anderssen. Mit seinem letzten Zuge 9. ♗c4-b5+ gab Weiß einem Schachgebot den Vorzug vor der weiteren Entwicklung seiner Figuren. Schwarz findet nun eine prächtige Methode, um sein dynamisches Übergewicht am Königsflügel entscheidend zu verstärken.

9. ... c7-c6

10. d5xc6 b7xc6

11. ♘e5xc6 ♘b8xc6

12. ♗b5xc6+ ♔e8-f8!

13. ♗c6xa8 ♘h5-g3

14. ♖h1-h2 ♗c8-f5

Schwarz ist nun einen ganzen Turm schwächer, aber man kann bereits sehen, wie richtig er die Stellung beurteilt hat: auf dem Königsflügel ist alles „schwarz".

Diagramm 45

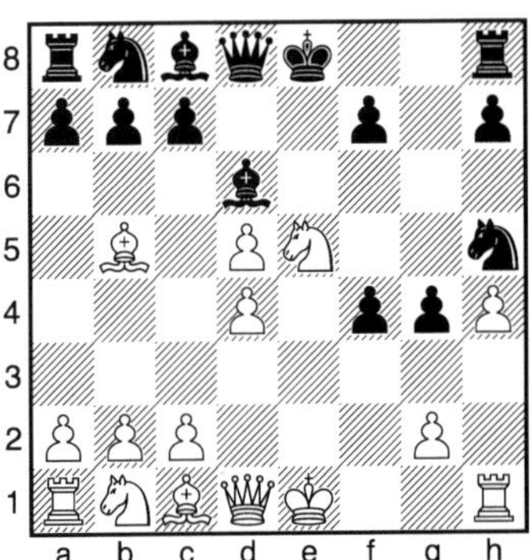

Stellung nach 9. ♗c4-b5+

Der weiße Königsturm ist lebendig begraben, so dass Weiß nur eine Figur im Spiel hat: den Läufer auf a8, der angegriffen ist und mit seinem Rückzug ein weiteres Tempo verlieren muss. Dadurch kann Schwarz auch die offene e-Linie mit seinem Turm besetzen und zugleich durch ein Schachgebot noch ein Tempo gewinnen. Man sieht also, dass das Opfer sich auf allgemeine positionelle Erwägungen gründete und es deshalb nicht nötig war, die unzähligen Möglichkeiten und Varianten auszuarbeiten.

15. ♗a8-d5 ♔f8-g7

16. ♘b1-c3 ♖h8-e8+

17. ♔e1-f2

Schwarz muss nun gewinnen; es handelt sich für ihn nur noch darum, den richtigen Zug zu finden.

Anderssen löst dieses Problem in prächtiger Weise.

17. ... ♕b8-b6!

Verhindert 18. Ld2 und droht 18. ... ♗e5.

18. ♘c3-a4 ♕b6-a6!

Greift den Springer an und droht Matt durch 19. ... ♕e2+. Falls Weiß nun 19. c4 spielt, dann folgt 19. ... ♕a4: 20. ♕a4: ♖e2+ und Matt in zwei Zügen (21. ♔g1 ♖e1+ usw.).

19. ♘a4-c3 ♗d6-e5!

Ein Problemzug. Der Läufer darf wegen 20. ... ♕b6+ nicht genommen werden.

20. a2-a4 ♕a6-f1+!!

21. ♕d1xf1 ♗e5xd4+

22. ♗c1-e3 ♖e8xe3

nebst Matt durch 23. ... ♖e2, 23. ... ♖e1 oder 23. ... ♖f3, je nach dem 23. Zug von Weiß.

In dieser glänzenden Partie gewann Schwarz durch das auf geistreiche Weise herbeigeführte materielle Übergewicht auf dem wichtigsten Teil des Brettes. Er gab einen Turm her, um dies zu erreichen, erhielt aber dadurch Gelegenheit, den Königsturm seines Gegners einzuschließen und dessen ganzen Damenflügel lahm zu legen.

Diagramm 46 entstand in einer Partie Kotrc – Weigl. Der schwarze König befindet sich in einem Mattnetz, so dass praktisch jedes

Diagramm 46

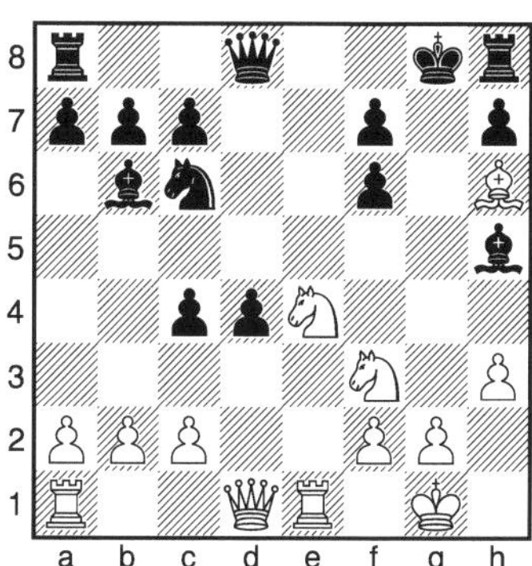

Stellung nach 13. ... ♗c5-b6

Schach, das ihm gegeben werden kann, tödlich ist. Die Folge war sehr hübsch:

14. ♘f3xd4! ♗h5xd1

15. ♘d4xc6 b7xc6

16. ♖a1xd1 ♕d8-e7

17. ♘e4-g3 ♕e7-c5

18. ♖e1-e3 f6-f5

19. ♘g3-e4!

und Schwarz gab auf, denn er wird matt gesetzt oder verliert seine Dame.

Das war nun ein Beispiel von „Überbelastung“: die schwarze Dame war nicht im Stande, zu gleicher Zeit den schwarzen König und sich selbst zu schützen.

Diagramm 47 entstand in einer Wettkampfpartie zwischen Salwe und Rubinstein. Es ist klar, dass Schwarz besser steht; weniger klar ist jedoch, ob der Angriff durchdringen wird. Wie kann er verhindern, dass die Stellung sich „festfährt“?

Diagramm 47

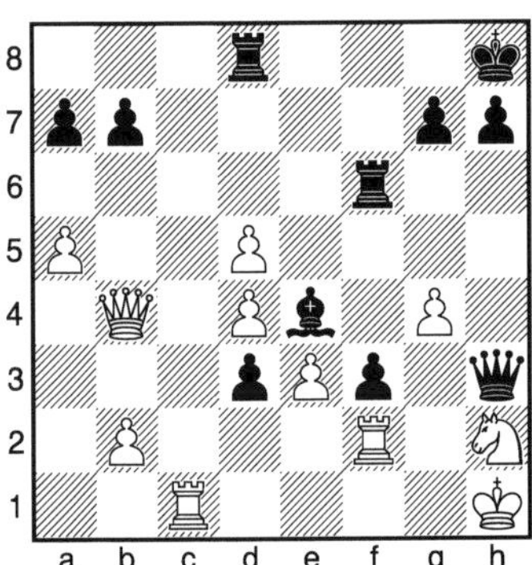

Stellung nach 32. ♕d2-b4

32. ... d3-d2
33. ♖c1-d1

33. ♕d2: verliert wie folgt: 33. ... ♖h6 (droht 34. ♕h2:+!) 34. ♔g1 ♕g3+35. ♔f1 ♖h2:! 36. ♖h2: ♗d3+ 37. ♕d3: ♕h2: und der schwarze Freibauer ist zu stark.

33. ... ♕h3-g3!
34. ♕b4-e7 ♖d8-c8
35. ♖f2xd2 ♕g3-e1+!

Sehr wichtig: der Bauer soll, wenn er mit Abzugsschach vorrückt, gleichzeitig einen Turm angreifen!

36. ♖d1xe1 f3-f2+
37. ♕e7xe4 f2xe1♕+

und Weiß gab auf.

Wir sehen hieran, wie wertvoll es ist, aus einer besseren Stellung mit Hilfe einer Kombination Nutzen zu ziehen. Wenn Schwarz nicht im Stande gewesen wäre, die Sache zu forcieren, dann hätte Weiß mit seiner Dame eine Menge Gegendrohungen schaffen können.

Diagramm 48

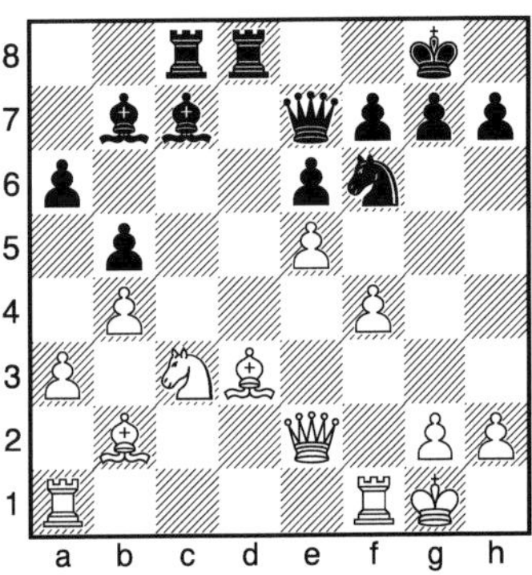

Stellung nach 19. e4-e5

Diagramm 48 zeigt uns zum Schluss eine Stellung aus Rubinsteins unsterblicher Partie gegen Rotlewi. Schwarz hat einen nicht zu bestreitenden Entwicklungsvorsprung; seine Türme sind – im Gegensatz zu den weißen – bereits im Spiel und sein Damenläufer ist wirkungsvoller postiert als der weiße, der von dem eigenen Springer und dem e-Bauern blockiert wird.

Unter diesen Umständen ist der vorgerückte e-Bauer von Weiß keine Stärke, sondern eine Schwäche, genau wie der f-Bauer.

Schwarz wusste seinen Vorteil auf wunderbare Weise zur Geltung zu bringen.

19. ... ♗c7-b6+

20. ♔g1-h1 ♘f6-g4!

„Überbelastung!" Die weiße Dame ist an die Deckung ihres eigenen Läufers gebunden. Nach 21. ♕g4: ♖d3: bricht die Stellung schnell zusammen.

21. ♗d3-e4 ♕e7-h4

22. g2-g3

Auf 22. h3 gewinnt ♖c3:. Nach dem Textzug sehen wir ein eindrucksvolles Beispiel von Überbelastung: die weiße Dame hat tausendundeine Verpflichtungen.

22. ... ♖c8xc3!!

23. g3xh4

Weiß hat wenig Wahl. Nach 23. ♗c3: gewinnt ♗e4:+, während 23. ♗b7: an ♖g3: scheitert.

23. ... ♖d8-d2!!

24. ♕e2xd2

Die Dame kann unmöglich gleichzeitig h2 und e4 – und sich selbst beschützen.

24. ... ♗b7xe4+

25. ♕d2-g2 ♖c3-h3!

und Weiß kann das drohende Matt höchstens noch einige Züge hinauszögern.

Es folgen nun noch ein paar Hinweise für die verteidigende Partei. Wenn man eine ungenügende Zahl von Figuren entwickelt hat und der Gegner die Initiative ergreift, dann besteht die Gefahr, dass man seine Figuren „überbelastet". Die wenigen entwickelten Figuren müssen dann ja auch die Arbeit der nicht entwickelten Figuren mit übernehmen.

Versuchen Sie deshalb, die Arbeit unter den einzelnen im Spiel befindlichen Figuren so viel wie möglich zu verteilen. Vor allem aber: versäumen Sie keine einzige Chance, Ihre anderen Figuren auch zu entwickeln, denn jeder Rückstand kann fatale Folgen haben.

Kombinieren ist reizvoller als auf Position zu spielen. Aber es ist nun einmal eine Tatsache, dass man ohne Positionsspiel im Schach nur selten die Chance erhält, mit Erfolg zu kombinieren. Es ist kein Zufall, dass zwei der schönsten Kombinationen, die wir hier angeführt haben, von Rubinstein stammen, der einer der berühmtesten Positionsspieler aller Zeiten war.

VIII. Der Durchbruch

Über dieses Thema haben wir bereits flüchtig im 5. und 6. Abschnitt geschrieben.
Der Turm bahnt sich seinen Weg in die Freiheit wie ein Küken, das aus seinem Ei schlüpft, und der Augenblick, in dem die Schale bricht, ist der Moment des „Durchbruchs".
Da die Bauern leicht die Bewegungsfreiheit der Türme behindern können, ist diese Figur mehr als die anderen von offenen Linien abhängig. Aber es gibt unzählige Positionen, in denen auch die anderen Figuren ihre volle Aktivität nur durch Öffnen der Stellung entwickeln können. Es ist deshalb von größtem Wert, eine Methode zu finden, um Linien, Reihen oder Diagonalen auf feindlichem Gebiet zu öffnen.
Die Vorbereitung eines „Durchbruchs" erfordert die größtmögliche Sorgfalt. Alle Figuren müssen zuvor so aufgestellt werden, dass sie bei der erfolgenden Linienöffnung unmittelbar zum Einsatz bereitstehen; anders ist kein Vorteil zu erzielen. Sie müssen sich natürlich vergewissern, dass Ihr Gegner nicht womöglich mehr Vorteil aus dem Durchbruch erzielt als Sie selbst. In der Regel ist es so, dass derjenige, der vor dem Durchbruch das meiste Terrain beherrscht, auch im Stande sein wird, seine Figuren nach dem Durchbruch wirkungsvoller zur Geltung zu bringen.
Der Durchbruch entsteht meistens durch einen Bauernzug, der zum Tausch einiger Bauern führt und damit zur Öffnung der Linien. Manchmal wird der Bauer, der den entscheidenden Zug macht, geopfert; manchmal ist es ein Figurenopfer, das die Linien öffnet.
Es liegt natürlich in der Natur der Sache, dass ein „Durchbruch" nur in einer völlig oder jedenfalls fast völlig blockierten Stellung unternommen wird. Sind bereits Linien offen, dann ist das Öffnen anderer Linien häufig überflüssig, manchmal sogar schlecht, besondere Fälle freilich ausgenommen.
Bevor wir nun einige Beispiele aus der Praxis des Durchbruchs besprechen, müssen wir uns noch ein wenig mit dem Bauerngerüst beschäftigen. Wir unterstellen,

dass auf beiden Seiten noch Figuren vorhanden sind, obwohl diese aus Gründen der Übersichtlichkeit in die Diagramme nicht aufgenommen wurden.

Diagramm 49

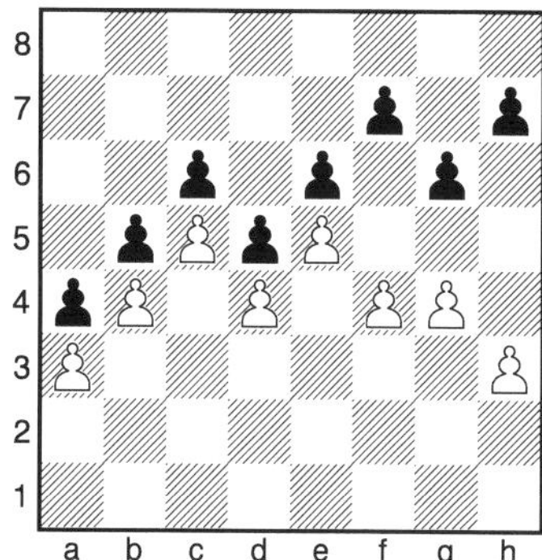

Weiß hat gute Chancen auf einen Durchbruch, und zwar im Besonderen durch f4-f5

Diagramm 49: Hier hat Weiß eine ausgezeichnete Position. Er kann seine Figuren leicht in Stellung bringen (wie stets in solchen Situationen), so dass sie nach dem Durchbruch zu 100% wirksam sind. Unter besonderen Umständen wird Weiß auch mit h3-h4-h5 (wozu als Vorbereitung g4-g5 in Betracht kommt) einen „Durchbruch" erzwingen können. Schwarz hat ebenfalls Chancen auf einen Durchbruch, z. B. durch f7-f6 und evtl. g6-g5. Dagegen würde ein sofortiges h7-h5 nichts ergeben, da Weiß dann mit g4-g5 die Stellung blockieren kann.

Es wird aber nur selten vorkommen, dass Schwarz aus einem solchen Durchbruch Nutzen zu ziehen vermag, weil beide kritischen Felder (f6-f5) in seiner eigenen Stellung liegen.

Dagegen liegt der weiße Durchbruchspunkt auf feindlichem Gebiet und ist daher viel wertvoller. Das größere Maß an Bewegungsfreiheit spielt für Weiß eine entscheidende Rolle.

Diagramm 50

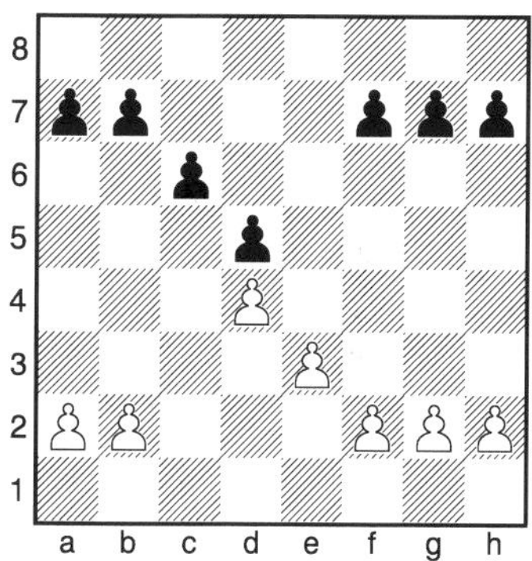

Weiß strebt nach einem Durchbruch mittels b2-b4-b5, Schwarz mittels f7-f5-f4

Diagramm 50 entsteht häufig in der Praxis, etwa nach den Zügen 1. d4 d5 2. c4 e6 3. cd5: ed5: 4. e3 c6. Meistens geschehen diese Züge in

anderer Reihenfolge oder wechseln mit Figurenzügen ab, aber das ist für unsere Zwecke unerheblich.
Wir nennen Diagramm 50 eine „halb offene“ Stellung weil keine ganz offenen Linien vorhanden sind.
Beide Spieler haben eine halb offene Linie zu ihrer Verfügung: Weiß die c-Linie, Schwarz die e-Linie. Achten Sie auf die Bedeutung der Felder b5 und f4, die die Träger des Durchbruchs sein werden.
Weiß steht aus folgenden Gründen etwas besser: die beiden Könige werden sich wahrscheinlich auf g1 bzw. g8 befinden. Schwarz wird den weißen Durchbruch (b5) zunächst mit a7-a6 verhindern, so dass Weiß erst noch a2-a4 spielen muss. Wenn Schwarz aber auf dem Königsflügel etwas Ähnliches unternehmen will, dann muss er – nach dem weißen Zuge g2-g3 – mit g7-g5 fortsetzen und damit praktisch seinen König des Bauernschutzes berauben.
Solche Überlegungen sind von großer Wichtigkeit, wenn wir untersuchen wollen, ob ein angestrebter Durchbruch wünschenswert ist oder nicht.
Beachten wir auch, dass die Öffnung der c-Linie in der Diagrammstellung nicht absolut erzwungen ist: dies hängt davon ab, ob Schwarz c6xb5 spielt, sobald der weiße Bauer nach b5 gelangt. Tut er dies aber nicht, so spielt Weiß b5xc6 und hat nach ... b7xc6 eine offene b-Linie sowie Angriffschancen auf den schwachen schwarzen c-Bauern.
Umgekehrt ist es ähnlich, wenn Weiß nach einem schwarzen Durchbruchsversuch nicht e3xf4 zieht; dann folgt ... f4xe3 mit offener f-Linie und Angriffsaussichten gegen den schwachen weißen e-Bauern.

Diagramm 51

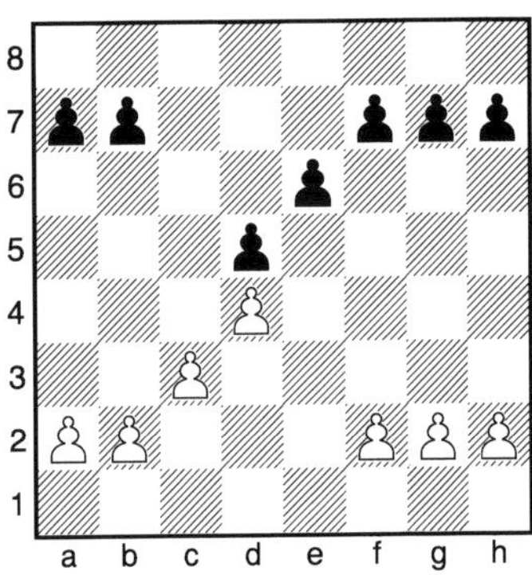

Tauschvariante der Caro-Kann Verteidigung. Weiß strebt nach einem Durchbruch mittels f2-f4-f5, Schwarz mittels b7-b5-b4.

Diagramm 51: Verglichen mit Diagramm 50 sind die Rollen vertauscht: Weiß wird mit f2-f4-f5 durchzubrechen versuchen, Schwarz mit b7-

b5-b4. Diese Stellung entsteht nach den folgenden Bauernzügen: 1. e4 c6 2. d4 d5 3. ed5: cd5: 4. c3 e6. Ausgehend von dem, was wir bei Diagramm 50 gesagt haben, müssen wir nun annehmen, dass Schwarz etwas besser steht. Doch wird dies hier wesentlich durch die Tatsache gemindert, dass Weiß den „Anzug“ und die Initiative hat.

Diagramm 52

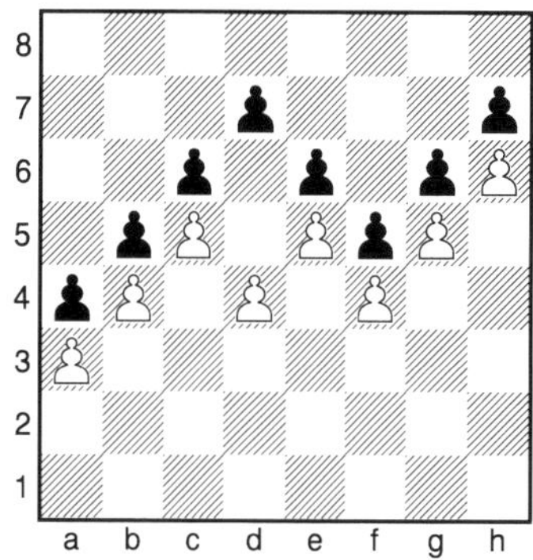

Der Durchbruch kann nur durch ein Bauernopfer erreicht werden: d5 von Weiß, d6 von Schwarz. Weiß steht besser

Diagramm 52: Hier haben wir eine vollständig blockierte Position, in der ein Durchbruch nur durch das eine oder andere Opfer zustande kommen kann. Weiß hat nur einen Bauernzug zur Verfügung: d5; Schwarz hat die Wahl zwischen zwei Zügen: d6 und d5. Alle drei bedeuten jedoch ein Bauernopfer. *Warum bedeutet das Opfer des weißen Bauern ständig eine Gefahr für Schwarz, während das Opfer des schwarzen Bauern nur in einigen speziellen Fällen gut ist? Die Erklärung liegt in einer belangreichen allgemeinen Regel: wenn die Grundbedingungen für einen Durchbruch erfüllt sind, besonders wenn der Spieler, der die Initiative ergreift, das meiste Terrain zu seiner Verfügung hat, führt ein Bauernopfer wie d4-d5 zu weiteren Möglichkeiten, das Spiel aufzubrechen.*

In unserem Falle sehen wir den großen Unterschied zwischen dem weißen und dem schwarzen Durchbruch: wenn Schwarz das Bauernopfer nach 1. d4-d5 annimmt, muss er ständig mit der Möglichkeit c5-c6 (bzw. e5-e6, je nachdem, ob er mit dem c- oder e-Bauern schlägt) rechnen.

Ist Schwarz dagegen derjenige, welcher mit ... d7-d6 opfert, dann kommt er damit nur höchst selten etwas weiter, denn ein etwa darauf folgendes ... c6-c5 oder ... e6-e5 würde lediglich Selbstmord bedeuten, abgesehen natürlich von einigen ganz besonderen Fällen, die auf der Position der weißen und schwarzen Figuren beruhen.

Um nun eine Idee von der Kraft des Zuges d4-d5 zu geben, fügen wir in Diagramm 52 die folgenden Figuren hinzu: Weiß: ♔d3 und ♘f3; Schwarz: ♔h8 und ♗f8. Weiß am Zuge gewinnt dann wie folgt:

1. d4-d5

Droht einfach 2. dc6: nebst 3. Sd4 usw. Also muss Schwarz das Opfer annehmen. Er darf jedoch nicht 1. ... cd5: wegen 2. Sd4 und 3. Sb5: spielen. Somit ist

1. ... e6xd5

erzwungen. Nun folgt

2. ♘f3-d4

mit einer neuen Durchbruchsdrohung: nämlich 3. e6, und gegen diese Drohung hat Schwarz keine Verteidigung. Es könnte folgen:

2. ... ♔h8-g8
3. e5-e6 d7xe6
4. ♘d4xe6 ♗f8-e7
5. ♘e6-d4

nebst

6. ♘d4xc6

mit einer klaren Gewinnstellung für Weiß.

In Diagramm 53 ist kein einziger Bauernzug möglich. Diese Stellung kann nur durch ein Figurenopfer geöffnet werden. In den meisten derartigen Stellungen steht Weiß durch sein Übergewicht an Raum besser. Weil seine Bauern so weit vorgerückt sind, kann er oft eine Chance haben, mit Hilfe eines Figurenopfers einen seiner Bauern zur Umwandlung zu bringen.

Diagramm 53

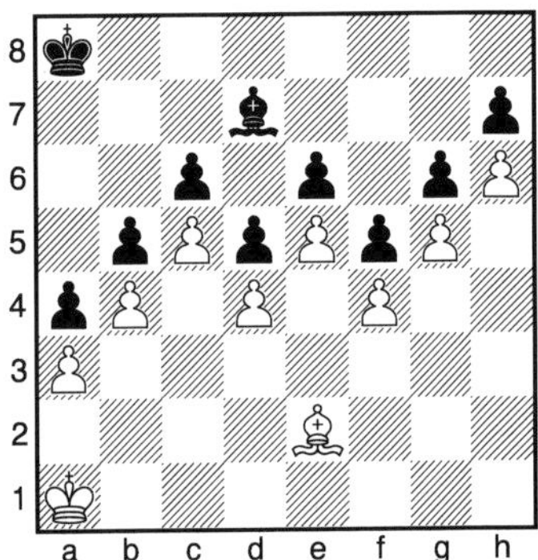

Völlig blockierte Stellung. Durchbruch nur unter Figurenopfer möglich

Unser Diagramm gibt ein Beispiel dazu. Schwarz ist am Zuge. Wenn er einen Königszug macht oder 1. ... ♗e8 spielt, bleibt die Stellung remis. Zieht er jedoch 1. ... ♗c8?, dann verliert er, weil Weiß 2. ♗h5 antwortet. Dies droht 3. ♗g6: nebst 4. h7 usw., während 2. ... gh5: wegen 3. g6 usw. verliert.

Wenn in der Stellung des Diagramms 53 noch verschiedene andere Figuren auf dem Brett stehen, kann Weiß manchmal eine Figur opfern, um zwei oder sogar drei vorgerückte Freibauern zu erhalten.

Ein solches Opfer ist häufig korrekt, selbst wenn es nicht unmittelbar zur Umwandlung eines dieser Bauern führt. Wenn z. B. die vorgerückten Bauern zwei schwarze Figuren mit der Aufgabe belasten, diese Bauern zu stoppen, dann hat Weiß gute Kompensation für die geopferte Figur.

Der gefährdete Punkt in der schwarzen Stellung ist b5. Wenn Weiß etwa einen Springer auf c3 und einen Läufer auf d3 hat, muss Schwarz das Schlagen seines b-Bauern auf jede nur mögliche Weise zu verhindern suchen.

Zum Schluss geben wir noch das Beispiel eines „Durchbruchs“ in einer Meisterpartie. Die folgende Stellung entstand in einer Partie zwischen Grünfeld und Mattison, Debreczen 1925.

Weiß spielt nun auf einen Durchbruch durch f4 und macht sich dabei geschickt die größere Bewegungsfreiheit und bessere Aufstellung seiner Figuren zu Nutze. Für Schwarz hingegen wäre ein Durchbruch mittels ... f5 in Anbetracht seiner unentwickelten und eingeengten Stellung schlecht.

13. Sf3-e1

Um das Vorrücken des f-Bauern zu ermöglichen. Der Springer strebt nach d3, wo er das wichtige Feld e5 kontrolliert.

Diagramm 54

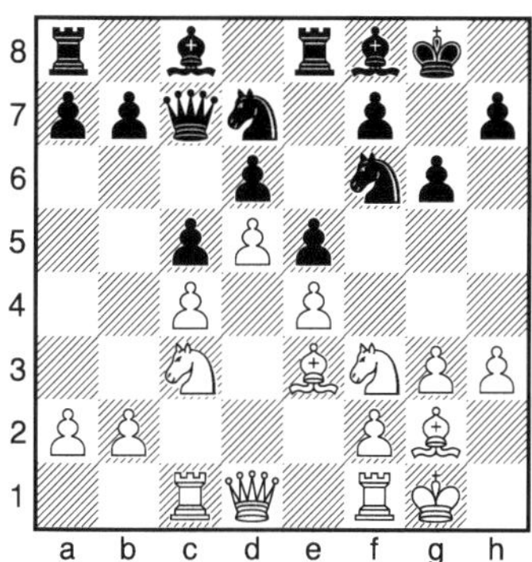

Schwarz hat gerade 12. ... c5 gespielt und damit der Stellung einen geschlossenen Charakter gegeben

13. ...	**♘d7-b6**
14. b2-b3	**♗f8-g7**
15. ♘e1-d3	**a7-a6**
16. ♔g1-h2	**♘f6-d7**
17. ♕d1-d2	**♘d7-f8**
18. ♖c1-e1	**f7-f6**
19. f2-f4	

Der Durchbruch. Die harmonische Aufstellung der weißen Figuren steht im scharfen Gegensatz zu der unzweckmäßigen Entwicklung von Schwarz: alles eine Folge des größeren Raumes, den Weiß zu seiner Verfügung hat. Wenn Schwarz nun auf f4 schlägt, folgt gf4: und Weiß droht schon wieder einen neuen Durchbruch (e4-e5!), gegebenenfalls nach vorhergegangenem ♗f2 und ♗g3. Für diesen (eventuellen!) zweiten Durchbruch traf Weiß bereits mit seinem 18. Zuge Vorbereitungen, also noch bevor er zu dem ersten Durchbruch (f4) überging.

19. ... ♗c8-d7

Nach 19. ... ♘bd7 kann Weiß zwar nicht mit 20. fe5: fortsetzen (weil Schwarz dann mit dem Springer wiedernimmt und dadurch ein sehr gutes Figurenfeld auf e5 bekommt), wohl aber kann Weiß 20. f5 spielen mit der möglichen Folge 20. ... g5 21. h4 (21. ♗g5: ist gleichfalls stark), und wenn Schwarz nun 21. ... g4 antwortet, folgt erst 22. h5! (um 22. ... h5 zu verhindern) und dann 23. ♕e2 mit Eroberung des schwarzen g-Bauern.

20. f4xe5 f6xe5

Der Durchbruch hat eine Linie geöffnet. Nicht nur die Türme, sondern auch alle anderen weißen Figuren können hieraus Nutzen ziehen.

21. ♖f1-f3 ♖e8-b8
22. ♖e1-f1 ♗d7-e8
23. h3-h4!

Der weiße Läufer, der auf g2 bisher wenig zu bestellen hatte, nimmt gleich eine starke Stellung auf h3 ein.

23. ... h7-h5
24. ♗g2-h3 ♘b6-d7
25. ♗h3-e6+

Nach 25. ... ♘e6: 26. de6: ♘f8 gewinnt 27. ♘d5 sofort.

25. ... ♔g8-h7
26. ♗e3-g5

Nun beunruhigt auch der andere Läufer die schwarze Stellung, auch wieder dank des Durchbruchs.

26. ... b7-b5

Diese Gegenaktion kommt zu spät, um an dem Gang der Dinge noch etwas ändern zu können.

27. ♗g5-e7! b5-b4
28. ♘c3-d1 ♘f8xe6

Der angegriffene Springer kann nicht mehr verteidigt werden. Immerhin hat Schwarz durch sein Manöver b7-b5-b4 sehr geschickt verhindert, dass der weiße Springer nach dem Schlagen auf e6 auf das Feld d5 kommen kann. Aber dies bringt nur einen Augenblick Erleichterung.

29. d5xe6 ♘d7-b6
30. ♗e7-f8

Macht die Felder f6 und f8 für die weißen Türme frei.

30. ... ♖b8-b7
31. e6-e7 ♔h7-g8
32. ♕d2-f2 ♗g7-h8

Es drohte 33. ♗g7: ♔g7: 34. ♖f7+ usw.

33. ♖f3-f7 ♕c7-d7
34. ♖f7-f6 ♘b6-c8
35. ♘d1-e3! ♘c8xe7
36. ♗f8xe7 ♕d7xe7
37. ♖f6-f8+ ♔g8-h7
38. ♘e3-d5

Zum Schluss erreicht der Springer doch das ideale Feld d5. Dieser Zug ist wohl ein Bauernopfer wert.

38. ... ♕e7-e6

39. ♕f2-e3

Droht 40. ♖h8:+ ♔h8: 41. ♕h6+ ♖h7 42. ♖f8+ ♕g8 43. ♘f6! nebst Matt.

39. ... ♗h8-g7

40. ♘d5-f6+

Zwingt Schwarz, den Beschützer seines Königs (den Läufer) zu tauschen.

40. ... ♗g7xf6

41. ♖f8xf6 ♕e6-d7

42. ♘d3-e1 ♕d7-d8

43. ♕e3-d2!

Wenn Schwarz nun seinen d-Bauern mit 43. ... ♖d7 deckt, folgt 44. ♕d5 und danach 45. ♖f8! Der Rest ist leicht zu verstehen.

43. ... ♗e8-c6

44. ♖f6xd6 ♕d8-c7

45. ♘e1-f3 ♖a8-e8

46. ♘f3-g5+ ♔h7-g7

47. ♖f1-f7+

In dieser Partie hatte Weiß immer eine gewonnene Stellung, dank seines gut berechneten Durchbruchs, der ihm zu Genüge Gelegenheit gab, aus seiner größeren Bewegungsfreiheit Nutzen zu ziehen.

* *
*

Der Durchbruch bedeutet oft das Ende des Positionsspiels und den Beginn des Kombinationsspiels. Ein gut berechneter Durchbruch gewinnt häufig schnell, während ein Durchbruch im falschen Augenblick oft wie ein Bumerang auf den Angreifer zurückschlägt. Sorgen Sie dafür, dass die Umstände für Sie so günstig wie möglich sind, wenn die Position geöffnet wird. Machen Sie bereits vorher von Ihrer größeren Bewegungsfreiheit Gebrauch, damit Ihre Figuren ohne Verzug ihre höchste Wirkung erreichen können. Auf der anderen Seite dürfen Sie aber auch nicht zu viel Zeit mit Vorbereitungen vergeuden, da sonst Ihr Gegner – ungeachtet seiner eingeengten Stellung – die Chance bekommt, seine Figuren auf gute defensive Posten zu führen.

IX. Die Bauernmehrheit am Damenflügel

Ein wesentlicher, oft sogar entscheidender Faktor in einer Partie ist die Bauernmehrheit auf dem Damenflügel. Warum kann diese so wesentlich sein? Warum ist sie ein Vorteil? Ist das immer so oder nur unter besonderen Umständen? Diese Fragen werden wir in diesem Abschnitt beantworten. Für Weiß ist die linke Hälfte des Brettes der Damenflügel und die rechte Hälfte der Königsflügel. Mit Bezug auf die Frage der Bauernmehrheit ist es die Position des Königs, welche entscheidet. Wenn der weiße König zur linken Hälfte des Brettes geht, wird diese Hälfte der „Königsflügel“[1]. Oder mit anderen Worten: wenn wir das Brett vertikal in zwei Hälften teilen, dann ist die Hälfte, die den weißen König enthält, auch der weiße Königsflügel; die andere Hälfte ist der Damenflügel, selbst wenn überhaupt keine Dame mehr vorhanden ist.

1) Anm. d. Übers.:
Nach unserem Sprachgebrauch sind „Damenflügel“ und „Königsflügel“ unverrückbare Begriffe, gebildet auf Grund der Anfangsstellung. Wo sich der König später befindet, spielt dabei keine Rolle.

Die Diagramme 55 und 56 illustrieren das. In beiden Diagrammen sehen wir eine Bauernstellung, die oft in der Praxis vorkommt. Vergleiche z. B. eine Partie Spielmann – Petrow, die wie folgt verlief: 1. e4 e6 2. d4 d5 3. ♘c3 de4: 4. ♘e4: ♘d7 5. ♘f3 ♘gf6 6. ♘f6:+ ♘f6: 7. ♗d3 c5 8. dc5: ♗c5: und die Bauernstellung von Diagramm 55 ist erreicht. Einige Züge später machte Spielmann indessen diesen Vorteil durch die lange Rochade wieder zunichte: 9. ♗g5 ♗e7 10. ♕e2 0-0 11. 0-0-0, und wir haben die Bauernstellung des Diagramms 56. Man kann diesen Entschluss von Spielmann natürlich kritisieren. Eine Stellung kann jedoch verschiedene Angriffsmöglichkeiten bieten und die Wahl zwischen einer ruhigen und einer scharfen Fortsetzung ist mehr oder weniger eine Sache des persönlichen Geschmacks.

Eine Mehrheit auf dem Damenflügel fällt am meisten im Mittelspiel ins Gewicht, wenn die Figuren durch Tausch noch nicht so weit reduziert sind, dass die Könige in den Kampf geworfen werden müssen.

Diagramm 55

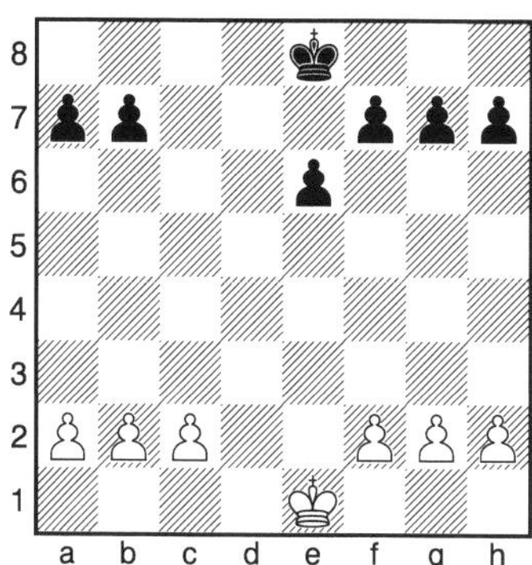

Weiß hat die „Mehrheit auf dem Damenflügel“. Dieser Vorteil kommt noch mehr zur Geltung, wenn beide Spieler kurz rochieren, so dass die Könige auf g1 bzw. g8 zu stehen kommen.

Diagramm 56

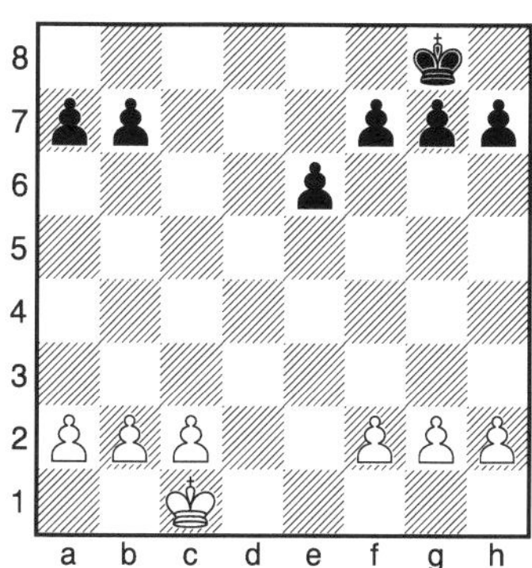

Weiß hatte zunächst die Mehrheit auf dem Damenflügel. Weil er jedoch lang rochierte, ist sein Damenflügel nun Königsflügel geworden.

Falls die Partien materiell gleich stehen und die Bauernstellungen keine ausgesprochenen Schwächen enthalten (etwa Weiß: Bauern auf h2 und g2 gegen Schwarz: Bauern auf f7 und f6, wobei Weiß also schon einen Freibauern hätte), dann bedingt eine Bauernmehrheit für Weiß auf dem einen Flügel stets eine für Schwarz auf dem anderen Flügel.

Eine Mehrheit auf dem Damenflügel lässt sich aber viel leichter zur Geltung bringen als eine Mehrheit auf dem Königsflügel.

Die Mehrheit auf dem Königsflügel ist „blockiertes Kapital“. Die Bauern des Damenflügels können unbekümmert vorrücken und schließlich einen Freibauern erzeugen; aber der Vormarsch der Bauern des Königsflügels ist sehr gefährlich.

Entblößt von seinem Bauernschutz ist der König im Mittelspiel hilflos. Daher die Regeln: „Ziehen Sie die Bauern vor dem König nur im äußersten Notfall“ und „Es ist oft ein Figurenopfer wert, den König mitten auf das Brett vor seine Bauern zu treiben“.

Darum ist die Mehrheit auf dem Damenflügel gewöhnlich ein großer Vorteil. Zu guter Letzt kann hieraus die Umwandlung eines Bauern resultieren.

Ein praktisches Beispiel hierzu ist die 8. Partie aus dem ersten Wettkampf Aljechin – Euwe, gespielt im Jahre 1927.

Weiß: E u w e
Schwarz: A l j e c h i n

1.	**♘g1-f3**	**d7-d5**
2.	**c2-c4**	**d5-d4**
3.	**b2-b4**	**g7-g6**
4.	**e2-e3**	**a7-a5**
5.	**b4-b5**	**c7-c5**
6.	**e3xd4**	**♗f8-g7**
7.	**d2-d3**	**c5xd4**

Weiß hat nun die Mehrheit auf dem Damenflügel: Bauern auf a2, b5 und c4 gegen schwarze Bauern auf a5 und b7.

Zwei dieser weißen Bauern sind bereits ziemlich weit vorgerückt. Die Frage, ob Schwarz den Zug c4-c5 verhindern kann, ist nun von größter Bedeutung. Kann er es nicht, dann wird der Vormarsch der Bauern tödlich; kann er es doch, dann besteht wenig Gefahr. Als Kompensation steht dem gegenüber, dass Schwarz das Übergewicht auf dem Königsflügel hat. Hier ist es eine Art erweiterter Königsflügel, der auch eine Reihe des Damenflügels umfasst: schwarze Bauern auf d4, e7, f7, g6 und h7; weiße Bauern auf d3, f2, g2 und h2.

Im Allgemeinen ist eine Mehrheit auf dem Königsflügel um so wertvoller, je mehr Bauern auf diesem Flügel vorhanden sind.

Mindestens zwei Bauern sind nötig, um einen Freibauern zu erzwingen, und mindestens zwei Bauern müssen zurückbleiben, um den König zu beschützen.

Demzufolge müssen wenigstens vier Bauern auf dem Königsflügel vorhanden sein, um einen Vormarsch auf diesem Flügel zu rechtfertigen. Mit drei Bauern gegen zwei (z. B. schwarze Bauern auf f7, g7 und h7 und weiße auf g2 und h2) ist es nur selten möglich, eine Offensive zu starten; denn wenn zwei schwarze Bauern vorrücken, bleibt nur einer übrig, um den König zu schützen.

In unserem Beispiel ist Schwarz also alles in allem nicht ohne Gegenchancen. Aber das Vorrücken des weißen c-Bauern ist nicht aufzuhalten, so dass Weiß bald mit gefährlichen Drohungen arbeiten kann.

8.	**g2-g3**	**♘b8-d7**
9.	**♘b1-d2**	**♘d7-c5**
10.	**♘d2-b3**	

Der Kampf um das Feld c5 ist entbrannt. Wenn Schwarz nun den Springer mit 10. ... b6 deckt, dann erreicht Weiß mit 11. ♘c5: bc5: bereits sein erstes Ziel: einen Freibauern. Freilich wird es nicht leicht sein, daraus Nutzen zu ziehen, denn der unmittelbare Vormarsch des b-Bauern kann ohne viel Mühe verhindert werden. Der richtige Plan besteht für Weiß in solchen Situationen darin, Angriffsobjekte in der Nähe des Freibauern zu suchen. Hier z. B. kann Weiß den schwarzen a- oder b-Bauern angreifen und, wenn möglich, einen Druck auf der e-Linie ausüben. Schwarz hingegen darf den Freibauern nicht aus den Augen verlieren und ist dadurch natürlich in der Bewegungsfreiheit seiner Figuren etwas eingeschränkt. Das Vorrücken des Freibauern wird vielleicht möglich, wenn die schwarzen Figuren irgendwo anders in Anspruch genommen sind.

10. ... ♕d8-b6
11. ♘b3xc5 ♕b6xc5

Der weiße Vorteil hat sich vergrößert, denn sein c-Bauer ist nun von einer „schweren“ Figur anstatt von einer leichten Figur blockiert. Diese schwere Figur (die Dame) muss bei einem Angriff durch Läufer oder Springer sofort weichen, wonach der c-Bauer vorgehen kann.

12. ♗f1-g2 ♘g8-h6
13. 0-0 0-0
14. a2-a4

Weiß vollendet erst sorgfältig seine Entwicklung, bevor er die Operationen am Damenflügel fortsetzt. Es droht nun 15. ♗a3 nebst 16. c5, was Schwarz nicht durch 14. ... b6 verhindern kann, denn abgesehen von verschiedenen Springerzügen (womit der Läufer auf g2 zugleich den ♖a8 angreift) erlangt Weiß mit der einfachen Variante 15. ♗a3 ♕c7 16. ♖c1 nebst 17. c5 praktisch ein gewonnenes Spiel.

14. ... ♖f8-e8
15. ♖f1-e1

Es eilt nicht mit dem Vormarsch am Damenflügel, denn Schwarz kann nichts tun, um diesem Angriff zuvorzukommen.

15. ... ♗c8-f5
16. ♗c1-a3 ♕c5-c7
17. c4-c5

Diagramm 57

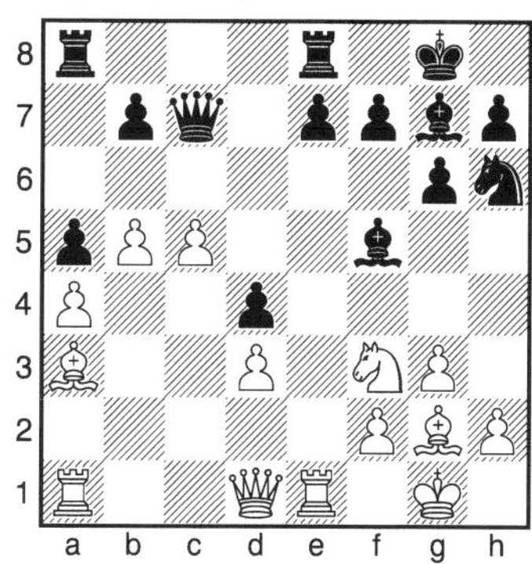

Weiß hat entscheidenden Vorteil: eine weit vorgerückte Bauernmehrheit am Damenflügel

Weiß steht viel besser: seine Bauernmehrheit auf dem Damenflügel ist weit aufgerückt, während Schwarz nicht im Stande ist, mit seinen Bauern am Königsflügel etwas zu unternehmen. Die weißen b- und c-Bauern, die im Begriff sind, einen Freibauern zu erzwingen, stehen nebeneinander und haben damit die ideale horizontale Position auf dem Brett inne, so dass Weiß nach Belieben mit einem der beiden vorgehen kann. Solange sie auf b5 und c4 standen, konnten sie durch Figuren blockiert werden.

17. ... ♖a8-d8
18. ♘f3-g5 ♗g7-f6
19. ♘g5-e4

Schwarz ist bereits um gute Züge verlegen.

20. ♕d1-d2

Entwicklung mit einer Drohung: 21. b6 nebst 22. ♕a5:.

20. ... ♘h6-g4

Eine passive Verteidigung (z. B. 20. ... ♖a8) wäre aussichtslos. Schwarz opfert nun seinen a-Bauern in der Hoffnung, am Königsflügel Gegenchancen zu erhalten.

21. b5-b6 ♕c7-c8
22. c5-c6

Stärker als unmittelbar ♕a5:, wonach Schwarz noch einige Zeit die Bildung eines Freibauern verhindern könnte.

22. ... b7xc6

Schwarz muss natürlich schlagen. Auf 22. ... ♕c6: folgt 23. ♘d6 ♕b6: 24. ♘e8: ♖e8: 25. ♖ab1 oder 25. ♖e7: und Weiß gewinnt mühelos durch sein materielles Übergewicht.

23. ♕d2xa5

Nun sieht man die Pointe von 22. c6. Weiß hat zwei verbundene Freibauern am Damenflügel, die schnell gewinnen.

23. ... ♘g4-e5
24. ♕a5-d2 ♕c8-a6
25. a4-a5 ♘e5xd3
26. ♘e4-c5 ♘d3xc5
27. ♗a3xc5 ♕a6-b5
28. ♗c5xe7 ♖d8-c8
29. ♗g2-f1

Um den Gegner zu 29. ... d3 zu verlocken, worauf Weiß mit 30. ♖ab1 und 31. b7 fortfahren konnte.

29. ... ♕b5-b3
30. ♖a1-a3 ♕b3–d5
31. b6-b7 ♖c8-b8
32. a5-a6

und Weiß gewann, da die Drohung a6-a7 entscheidend ist.

Wir sehen, dass die Mehrheit auf dem Damenflügel von ausschlaggebender Bedeutung war. Zum Schluss folgen noch ein paar typische Beispiele, die in der Praxis oft vorkommen können.

Diagramm 58

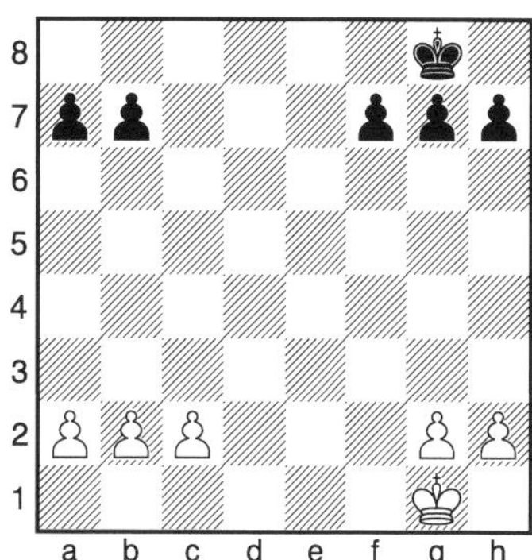

In derartigen Stellungen steht Weiß im Mittelspiel besser, denn es ist für Schwarz sehr riskant, mehr als einen seiner Königsflügelbauern zu ziehen.

Mit drei Bauern gegen zwei hat Schwarz, wie wir bereits ausführten, wenig oder keine Chance, im Mittelspiel einen Freibauern zu erzwingen. Zwei Bauern sind nötig, um den König zu schützen: nur der f-Bauer kann gezogen werden. Schwarz hat allerdings gewisse Gegenchancen, die jedoch von anderer Art sind als die von Weiß. Infolge der Tatsache, dass der weiße König nur den minimalen Schutz zweier Bauern genießt, könnte Schwarz Angriffschancen gegen den weißen König bekommen, wenn er seinen f-Bauern vorzurücken und gegen den weißen g-Bauern zu tauschen vermag. Es wird aber nicht immer glücken, dieses Ziel zu erreichen.

Diagramm 59

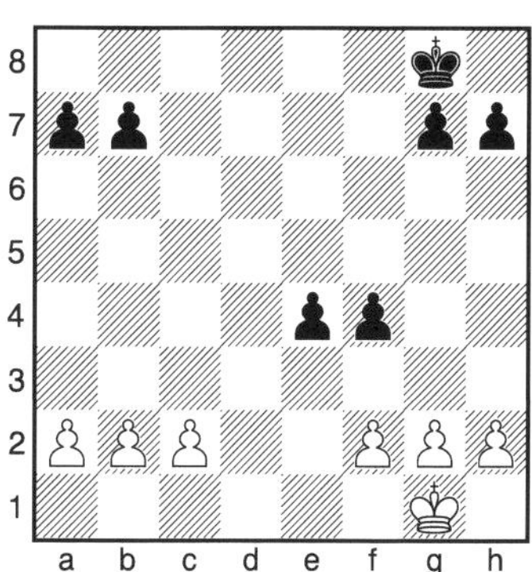

Dieses Diagramm zeigt die Stellung, nach der Schwarz streben muss, wenn er seine Mehrheit auf dem Königflügel geltend machen will.

Diagramm 59 ist ein ausgezeichnetes Beispiel für die Ausnutzung der schwarzen Mehrheit auf dem Königsflügel. Die Stellung könnte aus den Diagrammen 55 und 56 entstehen, jedoch nur durch schwaches Spiel von Weiß. Wenn Schwarz im Mittelspiel eine derartige Stellung erreicht, ohne dass dem andere Nachteile gegenüberstehen, dann hat er meist vortreffliche Chancen, einen entscheidenden Königsangriff einzuleiten.

Diagramm 60

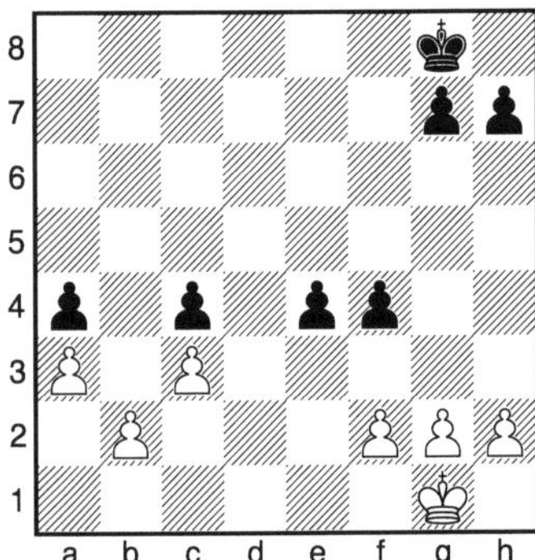

Weiß hat schlecht gespielt; seine Mehrheit auf dem Damenflügel ist wegen seines rückständigen b-Bauern wertlos. Dagegen sind die schwarzen Bauern gut beweglich.

Diagramm 61

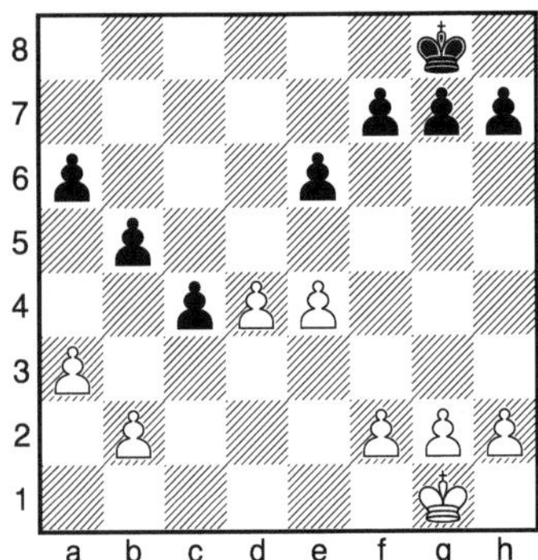

Eine schwierige Stellung, die oft aus einem Damengambit entsteht. Weiß hat die Mehrheit auf dem „erweiterten Königsflügel“ (Königsflügel + Zentrum), Schwarz auf dem Damenflügel. Die weiße Stellung verdient meist den Vorzug.

In Diagramm 61 steht Weiß gut, denn er kann aus seiner Mehrheit Nutzen ziehen, ohne seine eigene Königsstellung zu schwächen. „Direkter Angriff auf den König“ muss das Motto von Weiß sein; „Ein Freibauer“ das von Schwarz.

X. Der Damenläufer im Damengambit

Wir sprechen von „offenen“, „halb offenen“ und „geschlossenen“ Spielen. Die offenen Spiele beginnen mit 1. e2-e4 e7-e5. Die halb offenen Spiele entstehen, wenn Schwarz 1. e2-e4 mit einem anderen Zuge als e7-e5 beantwortet. Geschlossen nennt man ein Spiel, wenn Weiß einen anderen ersten Zug als e2-e4 wählt. Die bedeutendste der geschlossenen Eröffnungen ist das Damenbauernspiel mit seinen zahllosen Verzweigungen: 1. d2-d4 d7-d5. Es ist heutzutage die gebräuchlichste Eröffnung, wenigstens in der Praxis der Meister. Die beiden großen Unterabteilungen sind: 1. das „Damengambit“, wenn Weiß sofort oder später c2-c4 spielt; 2. das echte „Damenbauernspiel“, wenn Weiß diesen Zug unterlässt. (Es entsteht auch ein „Damenbauernspiel“, wenn Schwarz als Antwort auf 1. d2-d4 zunächst davon absieht, selbst d7-d5 zu spielen.)

Wir wollen aber nicht zu viel Zeit mit der Nomenklatur der Eröffnungen verlieren, sondern lieber den Ausdruck „ein geschlossenes Spiel“ näher erklären.

In einem „geschlossenen Spiel“ können die Figuren nicht so bequem wie in einem „offenen Spiel“ entwickelt werden.

Nach 1. e2-e4 e7-e5 kann Weiß mit einem weiteren Bauernzug (d2-d4) beiden Läufern einen vollständigen Wirkungskreis verschaffen. Selbst wenn er d2-d4 ein oder zwei Züge zurückstellt, wie in der Schottischen Partie (1. e2-e4 e7-e5 2. ♘g1-f3 ♘b8-c6 3. d2-d4), kommen seine Läufer schnell ins Spiel. Und schließlich gibt es noch einige Eröffnungen, in denen Weiß nach 1. e2-e4 e7-e5 zuerst seinen Königsläufer entwickelt (nach c4 oder b5) und erst im weiteren Verlauf (nach dem ruhigen d2-d3) seinen Damenläufer.

Schwarz dagegen kann in einem „offenen Spiel“ nach e7-e5 nur selten d7-d5 ohne Risiko spielen.

Gewöhnlich muss er sich mit ... e7-e5 und ... d7-d6 zufrieden geben. Dessen ungeachtet hat er meist nicht allzu viel Mühe, seine beiden Läufer zu entwickeln, indem er nach ... e7-e5 zuerst seinen Königsläufer und dann nach dem folgenden ... d7-d6 seinen Damenläufer ins Spiel bringt.

Eine weitere Charakteristik der offenen Spiele ist die baldige Öffnung von Linien, insbesondere der e-Linie, die von den Türmen besetzt werden kann, sobald eine der Parteien rochiert hat. (siehe Abschnitt IV).

Diese schnelle Mobilisation der Streitkräfte ist im Damenbauernspiel und anderen geschlossenen Eröffnungen unmöglich, weil nach 1. d2-d4 d7-d5 keine der beiden Parteien unbedenklich e2-e4 bzw. ... e7-e5 folgen lassen kann.

In der Regel müssen sich hier beide Spieler mit e2-e3 oder ... e7-e6 bescheiden – wenigstens vorübergehend.

Eine Konsequenz hiervon ist, dass die Zentrumslinien eine Zeit lang durch Bauern blockiert bleiben.

Die wichtigste Folge von all dem ist jedoch, dass die Königsbauern – insbesondere der schwarze – oft ein Feld vorgerückt werden müssen, bevor der Damenläufer entwickelt ist. Das beste Beispiel hierzu bietet die „klassische" oder „orthodoxe" Form des Damengambits (siehe Diagramm 62).

Weiß hat nach 1. d2-d4 d7-d5 mit 2. c2-c4 fortgesetzt. Die Absicht ist, einen der schwarzen Zentrumsbauern mit 3. c4xd5 zu beseitigen. Schwarz hat die gesündeste Antwort gewählt, indem er den angegriffenen Bauern mit einem anderen Bauern deckte. Sein Zug 2. ... e7-e6 ist jedoch nicht der naheliegendste, wenn man ihn im Hinblick auf die Entwicklung der Läufer betrachtet. 2. ... c7-c6 nebst ... ♗f5, ... e7-e6 und Entwicklung des Königsläufers scheint denn auch den Vorzug zu verdienen.

Diagramm 62

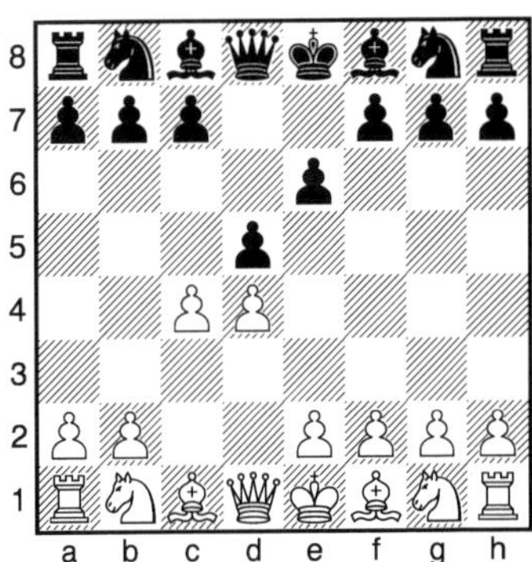

Diese letzte Verteidigung (2. ... c7-c6 usw.) wird die Slawische Verteidigung genannt.

Obwohl diese Verteidigung zweifellos korrekt ist, lehrt uns die Praxis doch, dass sie Schwarz vor viel schwierigere Probleme als die klassische Verteidigung (2. ... e7-e6) stellt.

Es würde zu weit führen, hierauf jetzt näher einzugehen; wir können nur kurz auf die Gefahren hinweisen, vor denen Schwarz auf der Hut sein muss. So würde Weiß

Diagramm 63

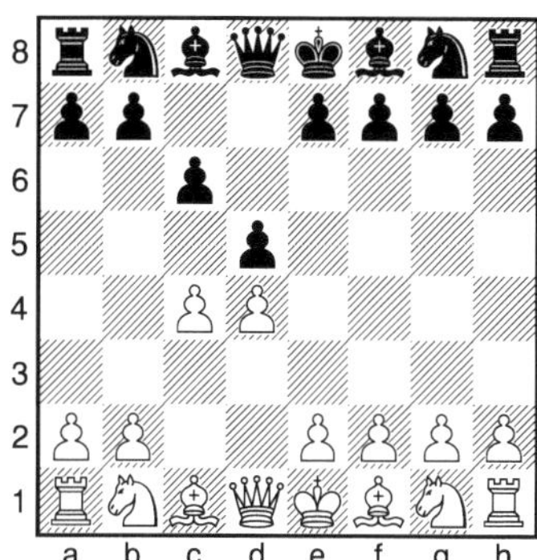

z. B. nach

1.	**d2-d4**	**d7-d5**
2.	**c2-c4**	**c7-c6**
3.	**♘b1-c3**	**♗c8-f5?**
4.	**c4xd5**	**c6xd5**
5.	**♕d1-b3**	

einen wertvollen Bauern gewinnen. Wir entnehmen hieraus, dass Schwarz seinen Damenläufer nicht zu schnell entwickeln darf. 3. ... ♘g8-f6 4. ♘g1-f3 ♗c8-f5? wäre immer noch schlecht. *Es ist notwendig, erst ... d5xc4 zu spielen, damit der Damenläufer unbesorgt gezogen werden kann. Doch in diesem Falle bekommt Weiß (sobald er den Bauern c4 erobert) eine Bauernmehrheit im Zentrum.* Jetzt aber müssen wir uns wieder dem Diagramm 62 widmen und uns tatsächlich mit dem Problem des eingeschlossenen Damenläufers beschäftigen. Wie kann diese Figur auf eine gute Diagonale gebracht werden? Welche Diagonale muss Schwarz für diese Figur öffnen? Zwei Diagonalen kommen in Betracht: c8-h3 und a8-h1. Zwei verschiedene Hindernisse müssen aus dem Weg geräumt werden: die eigenen Bauern von Schwarz, die diese weißfeldrigen Diagonalen blockieren, und die weißen Bauern, die sie blockieren könnten. *Es ist von größter Wichtigkeit, dass der Wirkungsbereich eines Läufers nicht durch dazwischen stehende Bauern eingeschränkt wird, z. B. ein schwarzer Läufer auf b7 durch einen eigenen Bauern auf d5 oder einen feindlichen auf e4.* Wenn ein Läufer über die zentrale Zone hinweg auf die Stellung des Gegners einen Druck ausübt, erfüllt er seine Aufgabe zu 100%. Die schönste Leistung wäre die vollständige Beherrschung einer langen Diagonalen (z. B. von a8 nach h1), doch das lässt sich nur selten erreichen.

Um die Diagonale c8-h3 zu öffnen, ist es notwendig, c7-c5 zu spielen oder Weiß zu c4xd5 zu verleiten (was natürlich mit e6xd5 beantwortet würde). Um die Diagonale a8-h1 zu öffnen, müssen die schwarzen Bauern auf b7 und d5 vorgerückt oder getauscht werden. Außerdem ist es in dem letzte-

ren Falle nötig, einen der weißen Zentrumsbauern zu tauschen, da Weiß sonst (z. B. nach ... d5xc4, ... b7-b6 und ... ♗c8-b7) einen großen Vorteil im Zentrum bekommen würde.

D. h.: Im oben stehenden Fall könnte Weiß e4 spielen, womit er alle Zentrumsfelder beherrschen und den Wirkungsbereich des schwarzen Damenläufers neutralisieren würde.

Die Aufgabe von Schwarz ist deshalb nicht einfach; er wird die Entwicklung seines Damenläufers vorübergehend zurückstellen müssen, bis andere Figuren herausgebracht sind. Die gebräuchlichen Züge im Damengambit lauten:

1.	**d2-d4**	**d7-d5**
2.	**c2-c4**	**e7-e6**
3.	**♘b1-c3**	**♘g8-f6**
4.	**♗c1-g5**	

Der weiße Vorteil ist deutlich: er braucht seinen Damenläufer nicht einzuschließen.

4.	**...**	**♗f8-e7**
5.	**e2-e3**	**0-0**
6.	**♘g1-f3**	**♘b8-d7**

6. ... ♘b8-c6? würde Weiß erlauben, ungehindert seine Pläne fortzusetzen. Wir haben gelernt, dass die Entwicklung des schwarzen Damenläufers verschiedene Bauernzüge nötig macht. Im Hinblick hierauf hat der Bauer c7 eine wichtige Aufgabe zu erfüllen; es wäre daher unklug, ihn daran durch 6. ... ♘b8-c6 zu hindern.

7. ♖a1-c1

Dieser Zug ist gegen c7-c5 gerichtet, was eine wertvolle Vorbereitung für die Entwicklung des schwarzen Damenläufers sein würde. Schwarz muss immer, wenn er diese Figur entwickelt, darauf achten, dass Weiß nicht eine Bauernmehrheit im Zentrum bekommt. Wenn Schwarz ohne weiteres c7-c5 spielen könnte, würde er eine symmetrische Bauernstellung im Zentrum erreichen, d. h. also: gleiches Spiel. Außerdem wäre er dann in der Lage, günstig mit b7-b6 und ♗c8-b7 fortzusetzen. Er müsste nur darauf achten, dass er (wenn Weiß c4xd5 spielt) mit einer Figur (einem Springer) auf d5 wiedernehmen kann; das Zurückschlagen mit einem Bauern würde die wichtige Diagonale a8-h1, die er gerade besetzen wollte, nachhaltiger denn je blockieren. Nach dem Textzug kann Schwarz nicht gut 7. ... c7-c5 spielen, weil Weiß sofort auf c5 und d5 tauscht und danach seinen Damenturm besonders wirksam zur Geltung bringt. Schwarz läuft Gefahr, mit einem isolierten verwundbaren Bauern auf d5 belastet zu werden.

7. ... c7-c6

Sieht paradox aus, ist jedoch in Wirklichkeit wohl durchdacht. Schwarz setzt alles daran, e6-e5 durchzuführen.

8. ♗f1-d3 d5xc4

Hiermit beginnt die Befreiung des schwarzen Damenläufers. Jetzt darf Schwarz keine Zeit mehr verlieren! Er hat sein Bollwerk im Zentrum (Bauer d5) aufgegeben und muss nun den weißen Vorteil im Zentrum wieder rückgängig machen (indem er einen der weißen Zentrumsbauern tauscht) sowie ferner ohne weitere Verzögerung seinen Damenläufer herausbringen. Andernfalls käme er viel schlechter zu stehen als bei der Textfortsetzung.

9. ♗d3xc4 ♘f6-d5
10. ♗g5xe7 ♕d8xe7

Hier sehen wir, warum 7. ... c7-c6 notwendig war. Stünde der Bauer jetzt noch auf seinem ursprünglichen Felde, müsste Schwarz 10. ... ♘d5xe7 spielen und durch den Rückzug dieser gut postierten Figur Terrain verlieren.

11. 0-0 ♘d5xc3
12. ♖c1xc3 e6-e5!

Hiermit wird der eingeschlossene Läufer endgültig befreit, kein einziger Bauer ist auf der Diagonalen c8-h3 übrig geblieben. Wohl kann der schwarze Läufer nicht sofort ziehen (und ebenso wenig der Springer, der ihm im Wege steht), doch hat dies nichts zu bedeuten. Schwarz wird im folgenden Zuge e5xd4 oder e5-e4 spielen, wonach der Springer nach f6 und der Läufer anschließend nach f5 oder g4 gehen kann.

Diagramm 64

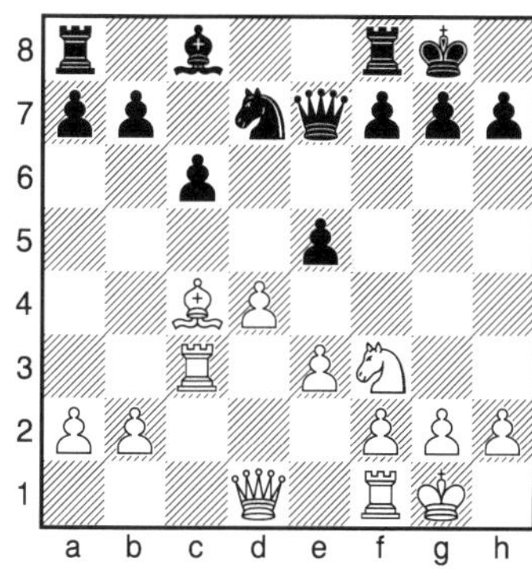

Mit (Diagramm 64)

13. d4xe5 ♘d7xe5
14. ♘f3xe5 ♕e7xe5
15. f2-f4 ♕e5-f6
16. f4-f5

kann Weiß einen letzten gewaltsamen Versuch unternehmen, um den schwarzen Damenläufer eingeschlossen zu halten; doch das gehört bereits in das Reich der Kombinationen. Eine kennzeichnende Fortsetzung ist

16. ... b7-b5
17. ♗c4-b3 b5-b4
18. ♖c3-c2 ♗c8-a6

und Weiß hat sein Ziel nicht erreicht.

Lassen Sie uns jetzt eine andere Methode untersuchen, bei der Schwarz seinen Damenläufer nach b7 entwickelt.

1.	**d2-d4**	**d7-d5**
2.	**c2-c4**	**e7-e6**
3.	**♘b1-c3**	**♘g8-f6**
4.	**♗c1-g5**	**♗f8-e7**
5.	**e2-e3**	**0-0**
6.	**♘g1-f3**	**♘b8-d7**
7.	**♖a1-c1**	**c7-c6**
8.	**♗f1-d3**	**d5xc4**
9.	**♗d3xc4**	

Bis hierher dieselbe Zugfolge wie in dem vorigen Beispiel.

9.	**...**	**b7-b5**
10.	**♗c4-d3**	**a7-a6**

Schwarz setzt jetzt mit ... c6-c5 und ... ♗c8-b7 fort, z. B.:

11.	**0-0**	**c6-c5**
12.	**♕d1-d2**	**♗c8-b7**

(Diagramm 65) und das Problem des schwarzen Damenläufers ist gelöst.

Wir haben gesehen, dass das geschilderte befreiende Manöver mit dem Schlagen des weißen c-Bauern verbunden wurde. Das ist wichtig. Wenn dieses Nehmen unterlassen wird, kann Weiß im kritischen Augenblick dem Gegner mit c4xd5 die Suppe versalzen. Es entstehen dann Positionen wie die der Diagramme 66 und 67.

In Diagramm 66 hat Schwarz zwar seinen Damenläufer nach b7 gebracht, doch ist dieser nicht „entwickelt", da Schwarz im entscheidenden Moment den weißen c-Bauern nicht schlug. Dies benutzte Weiß, um die Bauern selbst auf d5 zu tauschen; als Folge davon ist der schwarze Läufer nun hoffnungslos eingeschlossen. Gewiss, er kann auf die jetzt geöffnete Diagonale c8-h3 zurückgehen, al-

Diagramm 65

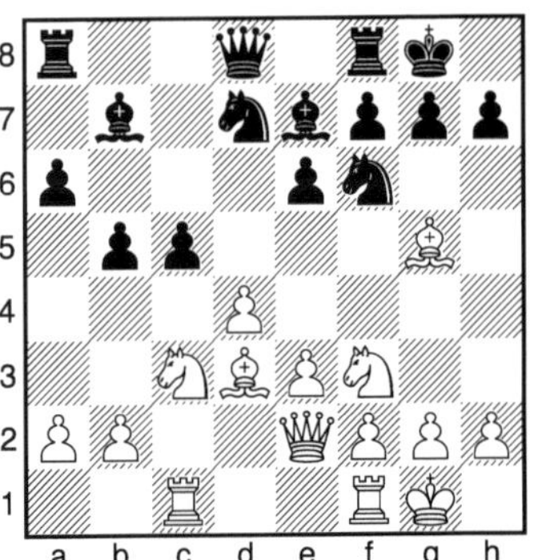

Diagramm 66

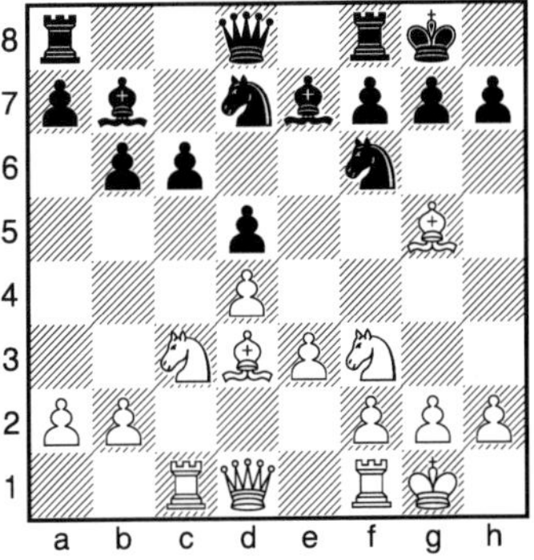

lein dann hat Schwarz zumindest drei Züge verloren (... b7-b6, ... ♗c8-b7 und ... ♗b7-c8). Außerdem aber hätte in diesem Falle das Vorrücken des b-Bauern den c-Bauern seiner natürlichen Unterstützung beraubt und ihn gegen Angriffe verwundbar gemacht. Die Situation ist für Schwarz – wenn auch nicht gerade hoffnungslos – so doch recht schwierig.

Diagramm 67

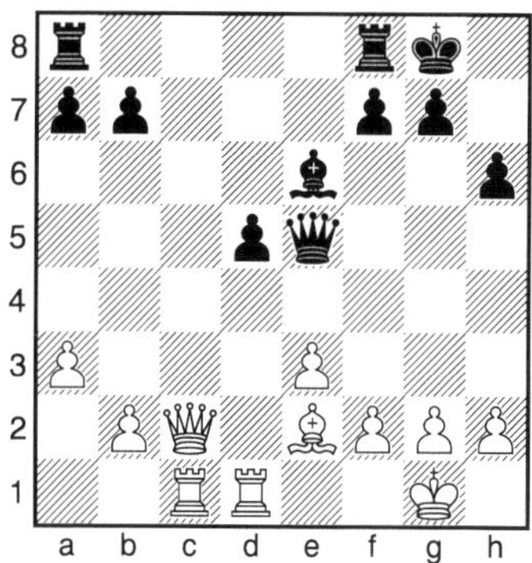

Auch Positionen wie die von Diagramm 67 können als Antwort auf das Problem des schwarzen Damenläufers nicht befriedigen. Sie entstehen, wenn Schwarz c7-c5 oder e6-e5 zu früh spielt, oder wenn er d5xc4 unterlässt, obwohl dieser Zug geboten war. Weiß kann dann durch Tausch auf d5 und c5 (bzw. e5) dem Gegner einen isolierten Bauern anhängen, wodurch dieser einen mühsamen Kampf um das Remis führen muss.

Schwarz ist auch bei verschiedenen anderen geschlossenen Eröffnungen gezwungen, bei der Entwicklung seines Damenläufers langsam vorzugehen. Aber er hat doch nicht so viele Schwierigkeiten wie im Damengambit zu überwinden, weil ihn hier der 2. Zug von Weiß (c2-c4) nötigt, den Damenläufer sofort einzuschließen, will er sich das Bollwerk auf d5 erhalten. Darum haben wir unsere Beispiele aus dieser Eröffnung genommen. Vielleicht haben unsere Ausführungen minder geübten Spielern geholfen, die tieferen Grundsätze der Verteidigung zu würdigen und die elementaren Eröffnungsfehler, die wir so oft sahen, zu vermeiden.

B. Zusammenfassung

Im theoretischen Teil haben wir über verschiedene positionelle Merkmale sowie über einige Arten von Kombinationen gesprochen. Wir sahen dabei – worauf auch in der Einleitung und an anderen Stellen hingewiesen wurde – dass bei allen Fragen die Bauernstellung die wichtigste Rolle spielt.

Aus diesem Grunde geben wir nun die Zusammenfassung in Form von Testfragen über bestimmte Bauernformationen.

Das Positionsspiel basiert jederzeit auf der Bauernstellung; wenigstens sollte es so sein. Ob das Zentrum stark oder schwach ist, ob die Königsstellung angreifbar ist oder nicht, ob offene Linien für die Türme vorhanden sind oder ob diese geöffnet werden müssen, ob ein Läufer „gut" oder „schlecht" ist – alle diese Fragen hängen von der Stellung der Bauern ab. Hierunter folgen zwanzig Testfragen, deren korrekte Beantwortung eine richtige Bewertung der Bauernposition voraussetzt.

Die Antworten geben wir gesondert, um dem Leser eine ruhige Überlegung zu ermöglichen.

Indessen sei noch vermerkt, dass diese Testfragen den behandelten Stoff nur zum Teil umfassen. Der Rest wird bei der Besprechung der erläuternden Partien resümiert (siehe C).

Testfragen

68. Ein ideales Bauernzentrum für Weiß – die Bauern nebeneinander. Die schwarzen Zentrumsbauern haben noch nicht gezogen.

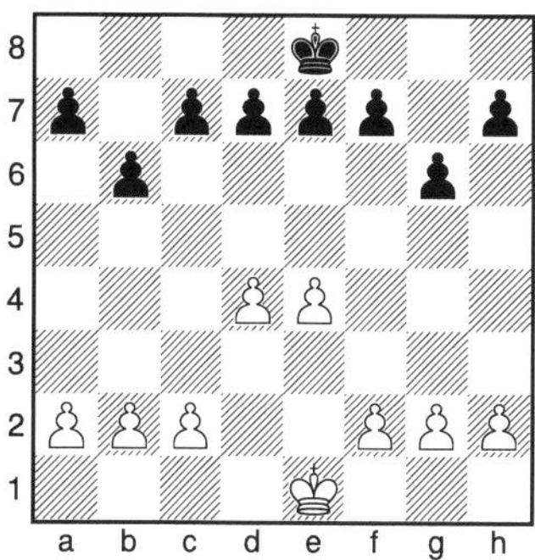

Frage: In welchem Stadium oder welchen Stadien der Partie (Eröffnung, Mittelspiel oder Endspiel) ist diese Stellung für Weiß vorteilhaft?

69. Weiß hat mehr Einfluss auf das Zentrum und steht etwas besser.

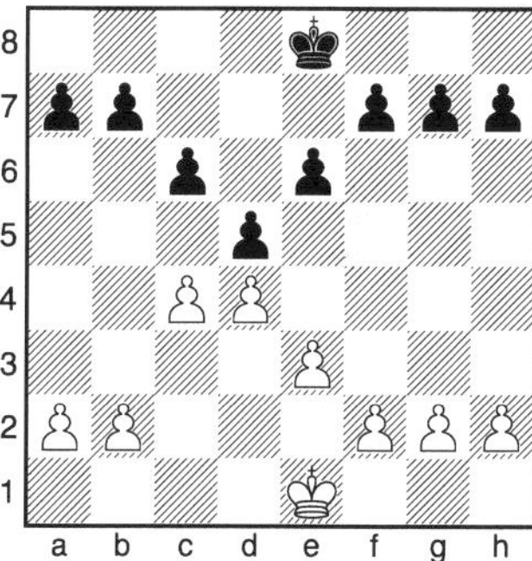

Fragen: Was ist präzise das „Zentrum“? Warum hat Weiß mehr Einfluss im Zentrum? Welche Auswirkung hat das? In welchem Stadium der Partie bedeutet dies einen Vorteil?

70. Weiß hat das „Vier-Bauern-Zentrum“, das bekanntlich riskant ist.

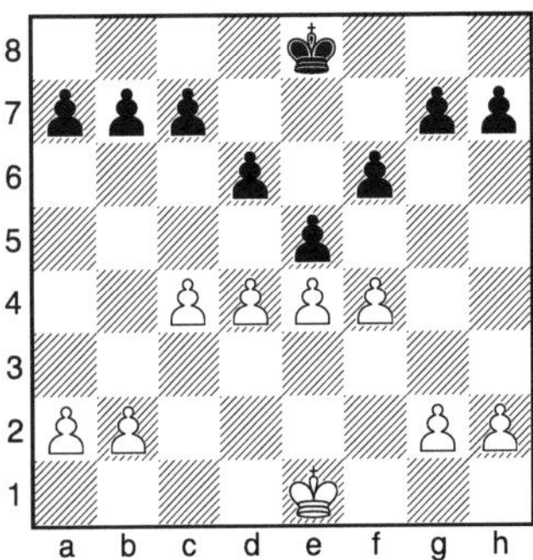

Frage: Warum ist die weiße Stellung riskant und für welches Stadium der Partie gilt dies am meisten?

71. Ein Bauer, der das Zentrum passiert hat (hier der Bauer d5), stellt beide Spieler vor schwierige Probleme.

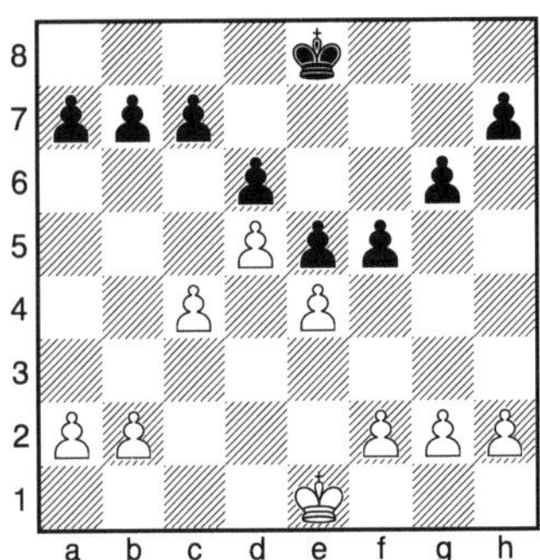

Frage: Was sind die Vor- und Nachteile dieser Stellung und wann treten diese am deutlichsten zu Tage?

72. Ein weißer Bauer auf e5 bildet für Schwarz ein bequemes Angriffsobjekt.

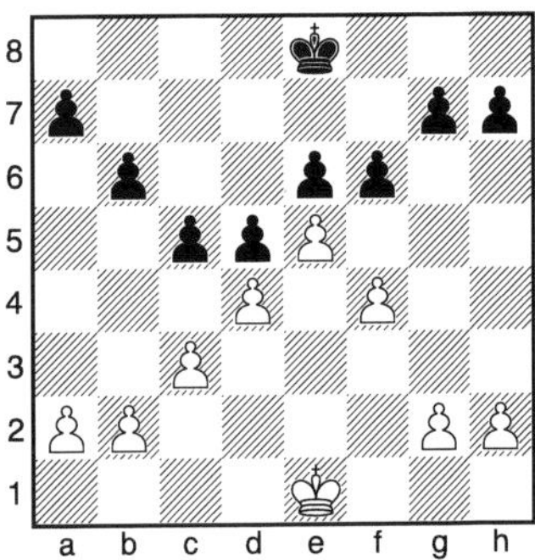

Frage: Was sind die starken und schwachen Seiten der Bauernstellung c3, d4, e5, f4 und wann sind diese am deutlichsten?

73. Der Durchbruch auf c5; das Ziel des Weißen in Stellung 71.

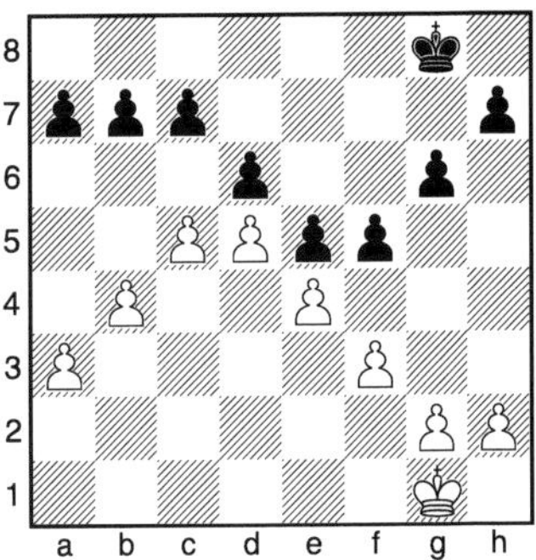

Frage: Wann und warum hat dieser Durchbruch die meiste Wirkung?

74. Der „normale“ Doppelbauer, der durch Schlagen in Richtung Zentrum entstanden ist.

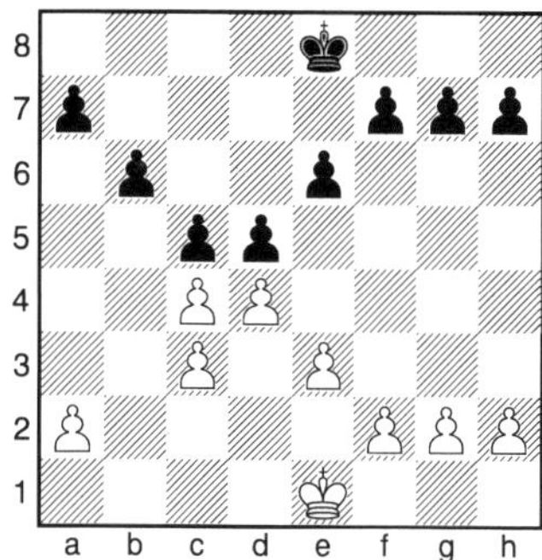

Frage: Ist dieser Doppelbauer schlecht? Wenn ja, wann und weshalb?

75. Ein Doppelbauer, welcher nicht aufgelöst werden kann; eine besonders zweischneidige Formation.

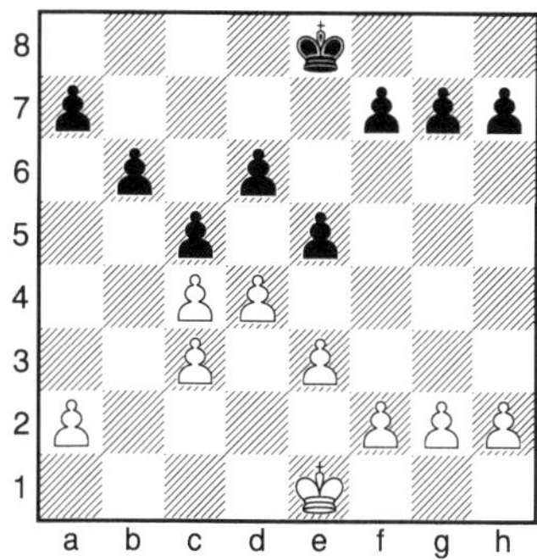

Frage: Was verstehen wir unter „aufgelöst“? Wann ist diese Stellung ausgesprochen schlecht?

76. Ein Doppelbauer, der durch Schlagen aus dem Zentrum heraus entstanden ist, bedeutet oft eine deutliche Schwäche.

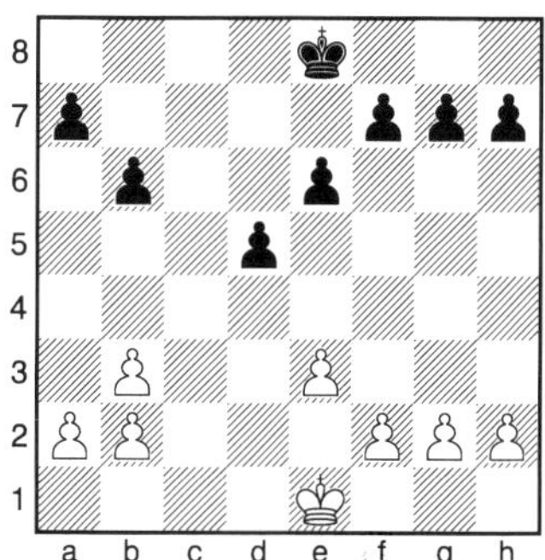

Frage: Ist der Doppelbauer hier schlecht? Wenn ja, in welchem Teil der Partie vor allem?

77. Ein isolierter Doppelbauer, der nicht aufgelöst werden kann, ist schlecht.

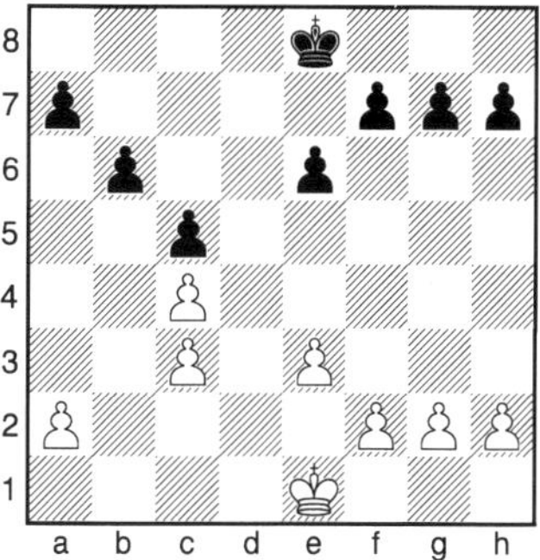

Frage: Nehmen wir an, es befinden sich noch einige Figuren auf dem Brett und Sie führen die schwarzen Steine: wie würden Sie dann Ihren Vorteil festhalten?

78. Ein isolierter Doppelbauer auf einer offenen Linie ist sehr schlecht.

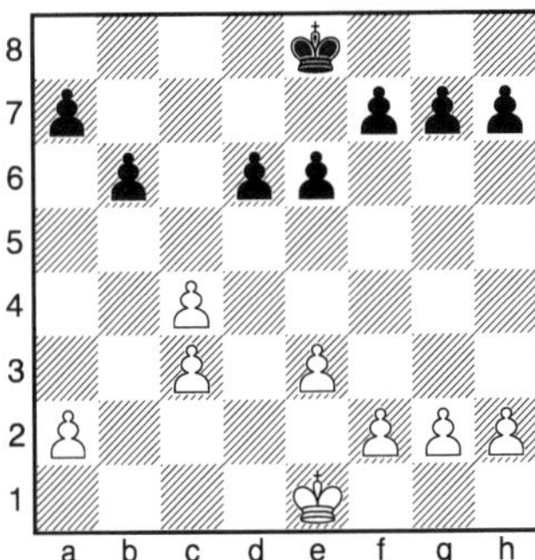

Frage: Wie muss Weiß unter der Voraussetzung, dass noch keine Figuren getauscht sind und die oben stehende Bauernstellung erreicht ist, spielen, um seinen Nachteil zu verringern?

79. Ein isolierter Bauer ist gewöhnlich eine Schwäche.

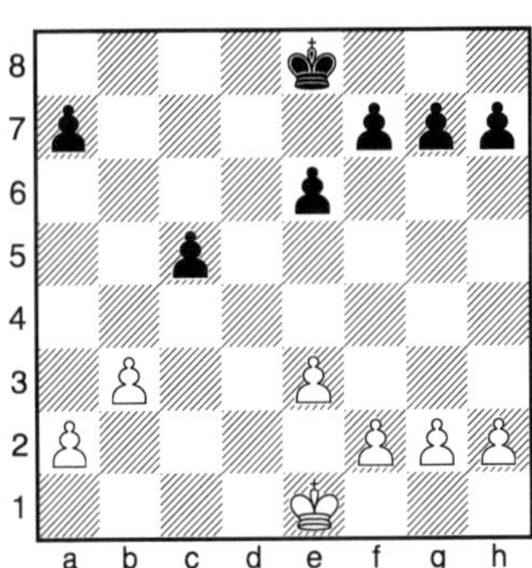

Frage: Wann fällt diese Schwäche am meisten ins Gewicht?

80. Ein pseudo-isolierter Bauer, wie hier der weiße d-Bauer, bedeutet eine Schwäche.

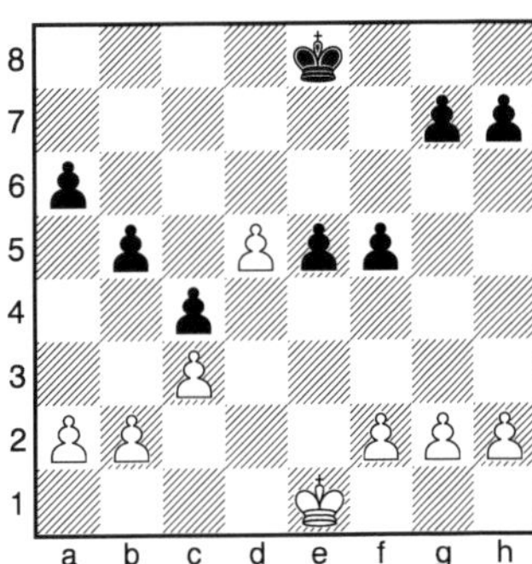

Frage: Was ist ein „pseudo-isolierter“ Bauer?

81. Hängende Bauern (wie nachstehend c5 und d5) sind oft schlecht.

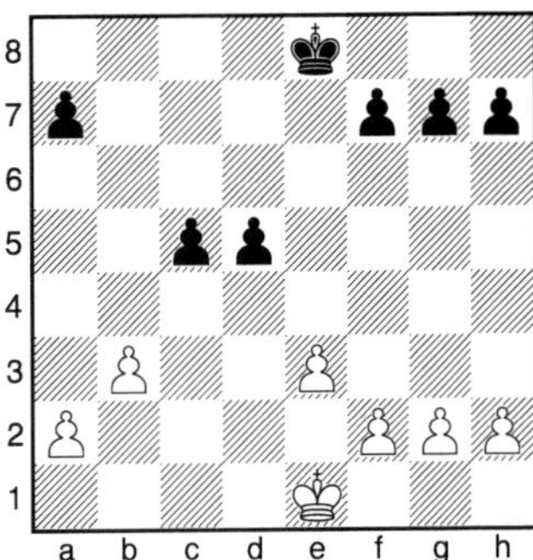

Frage: Beurteilen Sie oben stehende Stellung. Worauf muss jede der Parteien spielen, wenn sich noch alle Figuren auf dem Brett befinden?

82. Ein rückständiger Bauer (c6) bedeutet eine Schwäche.

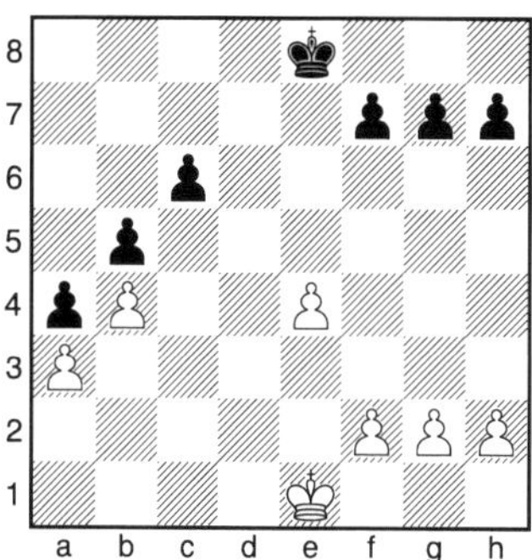

Frage: Beurteilen Sie die gegenseitigen Chancen in der oben stehenden Stellung. Wie verändert sich die Lage, wenn noch einige Figuren auf dem Brett bleiben?

83. In der Regel (wenn auch nicht immer) ist es schlecht, die eigene Königsstellung zu schwächen.

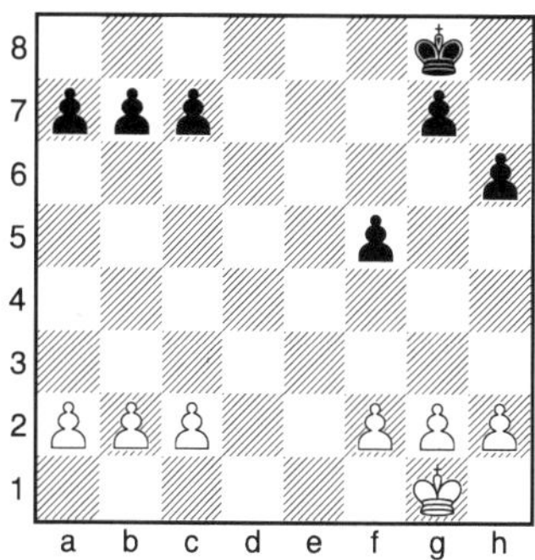

Frage: Was halten Sie (wieder unter der Voraussetzung, dass noch viele Figuren im Spiel sind) von der Stellung des schwarzen Königs?

84. Asymmetrische Schwächung der beiderseitigen Königsstellungen, welche zu einem wilden Spiel führen kann.

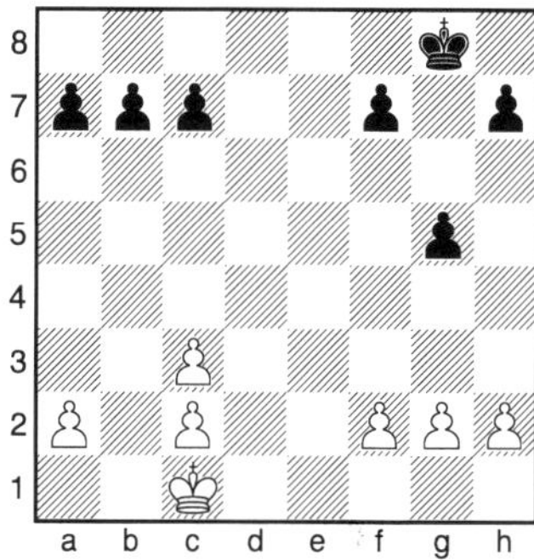

Frage: Welche Königsstellung ist im Hinblick auf das Mittelspiel am meisten entblößt, die von Weiß oder die von Schwarz?

85. Freibauern auf beiden Seiten: Schnelligkeit gewinnt.

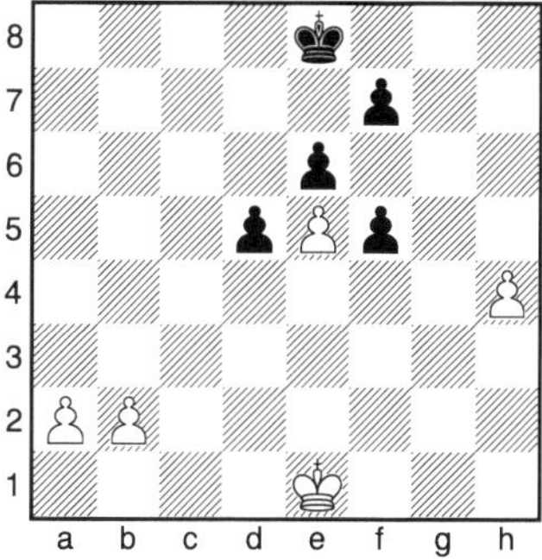

Frage: Welche Arten von Freibauern sind hier vorhanden? Wer steht besser?

86. Die Unterminierung einer Bauernkette. Weiß gewinnt.

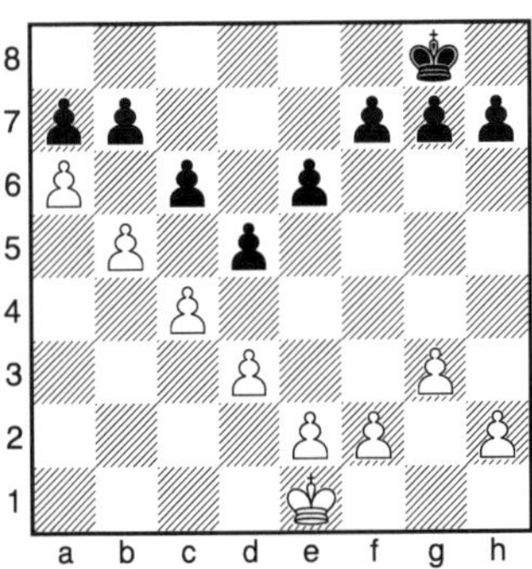

Frage: Welches war der letzte Zug von Weiß und was der entscheidende Fehler von Schwarz?

87. Blockierte Bauern, welche den Wirkungskreis der Läufer beschränken.

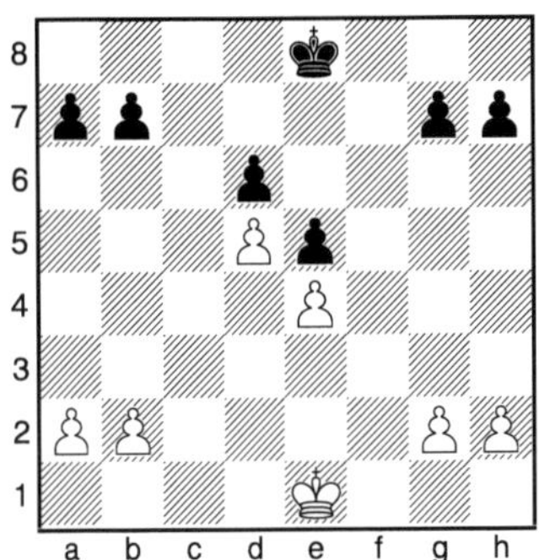

Frage: Setze einen weißen Läufer entweder auf d2 oder auf e2, und einen schwarzen Läufer entweder auf d7 oder e7, und zwar jeweils so, dass 1. Weiß besser steht, 2. Schwarz besser steht, 3. das Spiel gleich steht.

Man beachte die stets mit Nachdruck vertretene Auffassung, dass die Bauernstellung ein Gerüst ist, in welchem die Figuren Gelegenheit zum Manövrieren haben müssen. Es empfiehlt sich daher, eine Stellung unter zwei Gesichtspunkten zu betrachten: einmal, ob Figuren vorhanden sind, das andere Mal, ob sich nur Bauern auf dem Brett befinden. Die Auflösungen dieser Art Testfragen bilden eine wertvolle Anleitung für die Probleme, denen man stets in der Partie begegnet: „Wann muss ich tauschen?“, „Wie muss ich tauschen?“, „Wie weit soll ich den Tausch fortsetzen?“. Außerdem werfen sie ein helles Licht auf zahlreiche andere Probleme strategischer Art.

Antworten

Diagramm 68.
In der Eröffnung und im Mittelspiel. Im Endspiel hat der weiße Vorteil wenig Bedeutung.

Diagramm 69.
Die vier Felder e4, d4, e5 und d5 bilden das Zentrum. Weiß hat mehr Einfluss im Zentrum, weil die beiderseitigen c-Bauern das Feld d5 kontrollieren, *welches sich in der schwarzen Hälfte des Brettes befindet.* Oder um es anders zu sagen: Weiß beherrscht mit seinen Bauern drei oder vier Zentrumsfelder (nämlich d4, d5 und e5); Schwarz nur zwei (d5 und e4). Dies gibt Weiß die Initiative. Er kann z. B. im geeigneten Moment c4xd5 spielen, ohne damit sein eigenes Zentrum zu schwächen. Wenn Schwarz dagegen d5xc4 spielt, verschwindet der einzige Zentrumsbauer, den er besitzt. Der weiße Vorteil macht sich besonders in Eröffnung und Mittelspiel geltend; weniger jedoch im Endspiel.

Diagramm 70.
Das Vier-Bauern-Zentrum ist deswegen riskant, weil Weiß vier Züge benötigt, um es zu erreichen. Hiervon kann er sicher einen oder zwei viel besser für die Entwicklung der Figuren verwenden. Außerdem können die eigentlichen Zentrumsbauern (d4 und e4) nun nicht mehr durch f3 bzw. c3 verteidigt werden.
Am größten ist das Risiko in der Eröffnung und im frühen Mittelspiel, weil Schwarz meist einen Entwicklungsvorsprung erlangt haben wird. Kann Weiß dies aber überleben, dann wird er oft das bessere Spiel bekommen.

Diagramm 71.
Der Vormarsch d4-d5 gibt Weiß mehr Raum – das ist ein Vorteil. Ein Nachteil dagegen ist, dass er nun mehr Zeit verbrauchen muss, um eine Linie für die Türme zu öffnen; denn der natürliche Durchbruch c4-c5 bedarf sorgfältiger Vorbereitung.
Schwarz dagegen ist in der Lage, mittels f7-f5 schneller eine Linie zu öffnen. Er darf dies aber nicht tun, bevor er vollständig entwickelt ist. In der Praxis sehen wir Schwarz mitunter f7-f5 spielen, ohne dass die Figuren des Damenflügels entwickelt sind. Dadurch erhält Weiß Gelegenheit, f2-f4 zu spielen und damit erheblich in Vorteil zu kommen, weil sein Entwicklungsvorsprung ein sehr belangreicher Faktor ist.

Weiß hat im Mittelspiel die besseren Chancen.

Diagramm 72.
Diese Formation ist von zweifelhaftem Wert. Weiß beherrscht zwar mehr Terrain, doch seine vorgerückten Bauern erfordern ständige Aufmerksamkeit, weil sie leichter als die schwarzen d- und e-Bauern angegriffen werden können. Aus demselben Grunde kann Schwarz mit c5xd4 und f6xe5 schnell Linien öffnen und damit gute Angriffschancen bekommen.
Die Nachteile dieser Formation kommen am meisten in der Eröffnung und im Mittelspiel zum Vorschein. Die weiße Stellung ist viel riskanter als in dem voraufgegangenen Beispiel.

Diagramm 73.
Im Mittelspiel. Der Durchbruch öffnet die c-Linie. Um hieraus Nutzen zu ziehen, muss Weiß seine „schweren“ Figuren anrücken lassen; je mehr, je besser. („Schwere“ Figuren sind Türme und Dame.)

Diagramm 74.
Ein solcher Doppelbauer ist im Allgemeinen kein Nachteil. Wenn Weiß c4xd5 spielt, kann Schwarz eine Bauernmehrheit auf dem Damenflügel erlangen, die im Mittelspiel gefährlich sein kann, weniger jedoch im Endspiel.
Wenn man im Zweifel ist, tut man gut daran, Doppelbauern so weit wie möglich zu vermeiden.

Diagramm 75.
Die Methode, einen Doppelbauern-Komplex (wie hier c3 und c4) zu liquidieren, ist der Tausch eines dieser Bauern. In dem vorliegenden Fall jedoch kommt Weiß niemals zum Tausch seiner c-Bauern, wenn Schwarz es nicht zulässt. Sein größerer Einfluss im Zentrum gibt Weiß einige Angriffschancen; aber er muss sehr energisch spielen, um die Schwäche seiner Bauernstellung zu kompensieren.

Diagramm 76.
Der weiße Nachteil ist hier sehr deutlich, denn er kann von seiner Bauernmehrheit am Damenflügel keinen Freibauern erwarten, während Schwarz ohne jede Schwierigkeit am Königsflügel einen solchen bilden kann.
Der schwarze Vorteil wird umso klarer hervortreten, je mehr Figuren vom Brett verschwinden. Wenn alle Figuren getauscht und nur die Könige mit ihren Bauern übrig geblieben sind, hat Schwarz eine glatt gewonnene Stellung.

Diagramm 77.
Schwarz muss danach streben, gerade die Figuren auf dem Brett zu behalten, die am leichtesten den weißen Doppelbauern angreifen können. Hierzu sind Dame und Springer am geeignetsten. Von seinen Läufern kommt der Läufer, der die weißen Felder beherrscht, am meisten in Betracht, da dieser den vorderen weißen Bauern auf c4, der am schwierigsten zu verteidigen ist, angreifen kann. Die Türme sind viel weniger zum Angriff auf diese Bauern zu verwenden, so dass es Schwarz am schwersten in einem Turmendspiel (mit Bauern) haben wird, den Gewinn zu erzwingen. Auch in einem Endspiel von nur Königen und Bauern würde der schwarze Vorteil nur minimal sein.

Diagramm 78.
Weiß muss mit seinem a-Bauern nach a5 vorrücken, um Schwarz schließlich selbst eine Schwäche in Form eines isolierten Bauern auf a7 oder b6 anzuhängen, je nachdem ob Schwarz selbst tauscht oder Weiß tauschen lässt. Andere Pläne für Weiß sind: a) ständiger Druck auf den schwarzen d-Bauern; b) ein direkter Angriff auf die schwarze Königsstellung; c) ein Endspiel mit Läufern von ungleicher Farbe oder ein Springerendspiel anzustreben.

Diagramm 79.
Im Mittelspiel und in den Endspielen, in denen Weiß mit seinem König das Feld dicht vor dem isolierten Bauern (hier also Feld c4) besetzen kann.
Nur der schwarze c-Bauer ist eine Schwäche; sein a-Bauer ist viel schwieriger anzugreifen.

Diagramm 80:
Ein isolierter Bauer ist, wie wir wissen, ein Bauer, der auf den zwei angrenzenden Linien keinen Kollegen neben sich hat. Das Diagramm zeigt uns einen Bauern, der auf eine andere Art „isoliert" ist. Der d-Bauer ist faktisch tatsächlich isoliert, obschon ein Kollege von ihm auf der c-Linie steht. Dieser Bauer auf c3 ist nämlich nicht im Stande, den d-Bauern zu stützen, weil ein feindlicher Bauer auf dem Feld c4 fest verankert ist. Bauer d5 ist deshalb „pseudoisoliert" und sehr schwach.

Diagramm 81:
In der Diagrammstellung stehen die Parteien gleich. Wenn sich alle oder wenigstens die meisten Figuren noch auf dem Brett befinden,

muss Weiß seine Türme nach c1 und d1 stellen und die schwarzen c- und d-Bauern mit den anderen Figuren angreifen. Seine Dame wird in der Regel sehr gut auf a5 oder f5 stehen. Schwarz muss danach streben, der eben genannten Aufstellung der weißen Figuren zuvorzukommen – vielleicht wird es ihm gelingen. Es würde für Weiß einen Vorteil bedeuten, wenn es ihm glücken sollte, einen der schwarzen Bauern ein Feld vorzulocken; denn dann würde das Feld d4 oder das Feld c4 frei für die weißen Figuren. Schwarz darf auf keinen Fall passiv bleiben. Er muss versuchen, einen Springer nach e4 zu bringen und unter Zuhilfenahme direkter Drohungen auf Königsangriff zu spielen. Er kann dabei aus seiner größeren Bewegungsfreiheit Nutzen ziehen (nur einige Felder auf der 4. Reihe von Weiß sind für die weißen Figuren verfügbar), weil er seine Figuren etwas schneller als Weiß wirksam aufzustellen vermag.

Eine teilweise Vereinfachung (Abtausch von 2 oder 3 Figuren) hilft Weiß, die Angriffschancen seines Gegners zu verringern; aber ein allgemeiner Abtausch führt, wie wir gesehen haben, zu gleichem Spiel.

Diagramm 82.

Alles hängt von der Frage ab: „Wer ist am Zuge?“ Wenn es Weiß ist, wird er ♔d2-d3-d4 spielen, einen Freibauern auf dem Königsflügel erlangen und diesen schließlich opfern, um dann seinen König schnell nach c5 zu bringen, die schwarzen Bauern auf dem Damenflügel zu erobern und leicht zu gewinnen.

Schwarz am Zuge gewinnt durch 1. ... c5! 2. bc5: b4 3. ab4: a3 usw. Nach 1. ... c5 hat Weiß keine Möglichkeit, die Partie zu retten. Dies ist ein drastisches Beispiel für die Gefahr, die ein anscheinend hilflos zurückgebliebener Bauer doch noch bedeuten kann. Man muss solch einen Bauern stets im Zaume halten und ihn wenn möglich blockieren, indem man das Feld davor besetzt. Die Anwesenheit von einer oder mehrerer Figuren gibt Weiß meist einen großen Vorteil, es sei denn, dass es sich um Läufer von ungleicher Farbe handelt: diese würden Remis ergeben. In dem einzigen Ausnahmefall, dass Weiß den „schlechten“ Läufer hat (hier den Läufer, der die schwarzen Felder beherrscht) und Schwarz den „guten“ Läufer (hier ebenfalls den Läufer, der die schwarzen Felder beherrscht), hat Schwarz sogar einen kleinen Vorteil.

Diagramm 83.
Wir sehen hier eine „harmonische" Schwäche, die aber – vom Standpunkt des Weißen aus gesehen – sehr schwierig auszunutzen ist. Der schwarze König kann sowohl auf g8, h8 als auch auf h7 sicher stehen.

Diagramm 84.
Das liegt letzten Endes daran, wo die Figuren sich befinden. In einer solchen Position haben beide Spieler eine schlechte Stellung! Vergleichen Sie die Lage des schwarzen Königs mit der aus dem vorigen Diagramm: hier hat der schwarze König kein einziges „sicheres" Feld.

Diagramm 85.
Es sind drei Arten von Freibauern: ein normaler Freibauer auf h4; zwei verbundene Freibauern auf a2 und b2, sowie gedeckte Freibauern auf d5 und f5 (mit einem „gedeckten" Freibauern bezeichnen wir einen Bauern, der durch einen anderen Bauern gedeckt ist – doch dieser letztere ist, wie in unserem Beispiel, blockiert; sonst würden wir von „verbundenen" Freibauern sprechen).
Weiß gewinnt leicht, denn er kann mit beiden Randbauern vorrücken, während der schwarze König nur einen von ihnen aufzuhalten vermag. Die schwarze Möglichkeit, mit ... f7-f6 drei verbundene Freibauern zu bilden, hat nur wenig Bedeutung; denn es dauert zu lange, bis diese Bauern zur Umwandlung kommen.
Wenn noch Figuren (z. B. Türme) auf dem Brett sind, ist für Schwarz noch Gegenspiel möglich.

Diagramm 86.
Der letzte Zug von Weiß war offensichtlich a5-a6. Schwarz hätte die Sprengung seiner Bauernkette durch rechtzeitiges a7-a6 oder c6xb5 verhindern müssen. Das Unterlassen dieser Züge war verhängnisvoll.

Diagramm 87.
Mit einem weißen Läufer auf d2 und einem schwarzen auf e7 steht Weiß überlegen, weil sein Läufer „gut" ist (die Felder beherrscht, auf denen die Bauern des Gegners stehen), während der schwarze Läufer „schlecht" ist (die Felder beherrscht, auf denen seine eigenen Bauern stehen, so dass seine Bewegungsfreiheit beschränkt ist). Dagegen hat Schwarz das bessere Spiel, wenn sein Läufer auf d7 steht und der von Weiß auf e2. Die beiden anderen Möglichkeiten ergeben gleiches Spiel; die Läufer

sind dann immer von ungleicher Farbe, eine Tatsache, die alle anderen Überlegungen in den Schatten stellt.

C. Zwanzig erläuternde Partien

Partie Nr. 1
Turnier um die Weltmeisterschaft, Moskau 1948, 11. Runde

Weiß: W. Smyslow
Schwarz: S. Reschewsky
Spanische Eröffnung:
Neo-Steinitz-Variante

1. e2-e4 e7-e5
2. ♘g1-f3 ♘b8-c6
3. ♗f1-b5 a7-a6
4. ♗b5-a4 d7-d6
5. c2-c3 ♘g8-e7
6. d2-d4 ♗c8-d7

Wir haben hier den Zentrumtyp 3 des Abschnittes I. Weiß hat nur einen kleinen Vorteil im Zentrum: zwei Bauern gegen „anderthalb". Die weiße Strategie ist nun u. a. darauf gerichtet, den Gegner zu e5xd4 zu zwingen, wonach die Antwort c3xd4 den Zentrumtyp 2 und die Antwort ♘f3xd4 den Zentrumtyp 4 ergeben würde – in beiden Fällen eine für Weiß vorteilhafte Position.

7. ♗a4-b3

Droht mit 8. ♘g5 den ♙f7 ein zweites Mal anzugreifen. Wie im Abschnitt VI vermerkt, bedeutet f7 im Anfangsstadium der Partie einen sehr verwundbaren Punkt für Schwarz, vor allem in den offenen Spielen.

7. ... h7-h6

Pariert die soeben genannte Drohung.

8. ♘b1-d2

Weil der direkte Weg über c3 nicht frei ist, wird der weiße Springer auf dem Umweg d2-c4-e3 nach d5 gebracht. Weiß muss diesen Zeitverlust hinnehmen, um auf e5xd4 die Antwort c3xd4 zur Verfügung zu haben.

8. ... ♘e7-g6

Verstärkung von e5.

9. ♘d2-c4 ♗f8-e7
10. 0-0 0-0
11. ♘c4-e3

Mit direkten Mitteln kann Weiß seinen Gegner nicht zwingen, das Zentrum aufzugeben, denn e5 ist viel leichter zu decken als anzugreifen.

11. ... ♗e7-f6
12. ♘e3-d5 ♖f8-e8?

Ein Fehlzug, welcher Weiß ermöglicht, eine vorteilhafte Abwicklung im Zentrum zu erzwingen.

13. d4xe5!

Diagramm 88

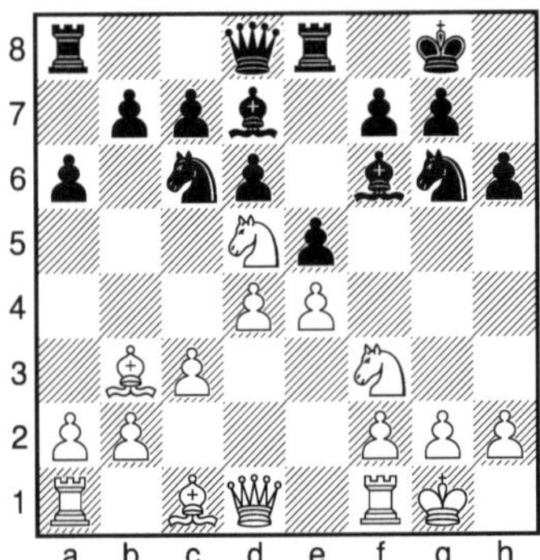

Weiß hätte auch in anderer Reihenfolge abwickeln können, und wir werden später sehen, welche Unterschiede sich daraus ergeben hätten.

13. ... ♗f6xe5

Die Kraft des vorigen Zuges von Weiß beruht darauf, dass Schwarz nicht auf natürliche Weise zurückschlagen kann: 13. ... de5:? 14. ♘f6:+ ♕f6: 15. ♕d7: oder 14. ... gf6: 15. ♗h6:. Damit hat Weiß also – abgesehen von anderen Möglichkeiten – in jedem Falle bereits den Vorteil des halben Zentrums erreicht (Typ 4). Untersuchen wir noch die anderen Arten des Wiedernehmens auf e5:

1) 13. ... ♘ce5: 14. ♘e5:

1a) 14. ... de5:? 15. ♘f6:+ usw.

1b) 14. ... ♗e5: 15. f4 ♗f6 16. ♘f6:+ ♕f6: 17. e5 mit großem Vorteil für Weiß, z. B. 17. ... ♕e7 18. ed6: ♕d6: 19. ♕d6: cd6: 20. f5 ♘e5 21. f6 und Weiß hat das Läuferpaar.

1c) 14. ... ♘e5: 15. f4

1c1) 15. ... ♘g6 16. ♘f6:+ ♕f6: 17. e5, siehe 1b.

1c2) 15. ... ♘c6 16. ♘f6:+ ♕f6: 17. e5 usw.

1c3) 15. ... ♘g4 16. h3 mit Figurengewinn.

1d) 14. ... ♖e5: 15. ♕f3! ♗g5 (sonst folgt 16. ♘f6:+) 16. ♘c7:! ♕c7: 17. ♗f7:+ ♔h7 18. ♗g6:+ ♔g6: 19. ♕g3 und Weiß gewinnt die Figur mit Vorteil zurück.

2) 13. ... ♘ge5: 14. ♘e5: mit etwa denselben Möglichkeiten wie 1). Es macht nur für 1d) einigen Unterschied aus, ob der schwarze Springer auf c6 oder g6 steht. Beschränken wir uns also auf

2d) 14. ... ♖e5: 15. ♕d3 (15. ♕f3 ♗g5 16. ♘c7: ♕c7: 17. ♕f7:+ ♔h7 18. f4 ♖e7 ist nicht klar) 15. ... ♖e8 16. f4 mit Positionsvorteil: das bessere Zentrum und das Läuferpaar, das Weiß sich im gewünschten Augenblick verschaffen kann. Kehren wir nun zu der oben stehenden Diagrammstellung zurück und wählen wir die bereits angedeutete andere Reihenfolge der Abwicklung: 13. ♘f6:+ ♕f6: 14. de5: ♘ce5: 15. ♘e5: ♖e5:. Wir sehen dann, dass Weiß auch in diesem Falle im Besitz des besseren Zentrums und des Läuferpaares ist, so dass der einzige Unterschied zu der untersuchten Variante darin besteht, dass Weiß sich in der letzteren den rechten Augenblick des Tausches noch vorbehalten hat, was einen Vorteil bedeuten kann.

14. ♘f3xe5

Gibt dem Gegner Gelegenheit, sein Zentrum zu rehabilitieren, aber nicht ohne dass sich dadurch ein anderer Nachteil für Schwarz ergibt.

14. ... d6xe5

Nach 14. ... ♘ce5:, ♘ge5: oder ♖e5: bekommen wir das bekannte Thema: „Weiß hat das bessere Zentrum (Typ 4) und das Läuferpaar".

15. ♕d1-f3!

Macht Platz für die Türme und bedroht f7, so dass Schwarz mit Zügen wie 16. ♘c7: und 16. ♘b6 rechnen muss.

15. ... ♗d7-e6

16. ♖f1-d1

Siehe unsere Theorie von der offenen Linie, Abschnitte IV und V. „Öffnen Sie nur dann eine Linie, wenn Sie mehr Nutzen als Ihr Gegner daraus ziehen können", und das ist hier bestimmt der Fall. Vorläufig droht 17. ♗h6: gh6: 18. ♘f6+.

Diagramm 89

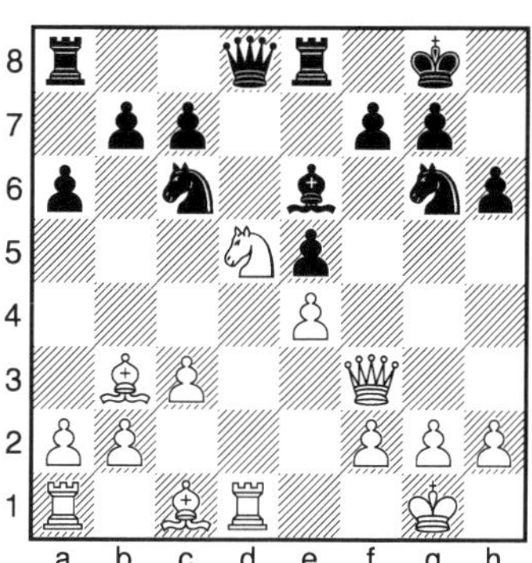

16. ... ♗e6xd5

In Betracht kam 16. ... ♕c8, obgleich Schwarz dabei mit Verwicklungen wie 17. ♘f6+?! gf6: 18. ♕f6: ♘f4 (18. ... ♗b3:? 19. ♗h6:!) 19. ♖d3 rechnen muss. Wodurch kommt diese Kombination zustande? Nun, Weiß hat ein Übergewicht im angreifenden Material und der schwarze Königsflügel ist geschwächt (h7-h6), zwei Hinweise für die Möglichkeit eines direkten Angriffs auf den König (Abschnitt VI). Das Übergewicht ist nicht groß, aber das Resultat ist auch nicht klar.

17. ♖d1xd5

Unlogisch ist 17. ed5:, denn damit verstopft Weiß die offene d-Linie und behindert obendrein die Bewegungsfreiheit des ♗b3. Nach 17. ... e4! 18. ♕e2 (oder ♕g4) ♘a5 steht Schwarz befriedigend.

17. ... ♕d8-e7

18. ♕f3-f5

Droht 19. ♖d7 mit sofortiger Entscheidung. Feld f7 ist noch immer ein sehr verwundbarer Punkt in der schwarzen Stellung.

18. ... ♘g6-f8

Das auf der Hand liegende 18. ... ♖ad8? würde einen ernstlichen Fehler bedeuten: 19. ♖d8: ♖d8: und nun nicht

1) 20. ♕g6:? ♖d1+! 21. ♗d1: fg6:,

sondern

2) 20. ♗h6:!

2a) 20. ... gh6: 21. ♕g6:+ usw.

2b) 20. ... ♘h4 21. ♕g5 usw.

Überlegung verdiente 18. ... ♕e6, worauf Weiß zwei starke Fortsetzungen hat:

1) 19. ♖d7 ♕f5: 20. ef5: ♖e7! 21. ♖e7: ♘ge7: 22. f6 mit klarem Vorteil für Weiß (Läuferpaar und bessere Bauernstellung).

2) 19. ♗e3 ♕f5: 20. ef5: ♘f4 21. ♖d7 ♖e7 22. ♖ad1, ebenfalls mit großem Vorteil für Weiß.

19. ♗c1-e3 ♘f8-e6

20. ♖a1-d1

Verdoppelung der Türme auf der offenen Linie; es droht 21. ♖d7 mit Entscheidung.

20. ... ♖e8-d8?

Richtig war 20. ... ♖ad8. Bereits bei oberflächlicher Betrachtung ist klar, dass ein schwarzer Turm auf e8 etwas mehr ausrichtet als auf a8, aber der Verlauf der Partie lehrt, dass die Folgen noch viel ernster sind, als man hier vermuten kann. Schwarz wollte offenbar das Feld e8 für seine Dame freimachen, doch ist dies hier von untergeordneter Bedeutung.

Diagramm 90

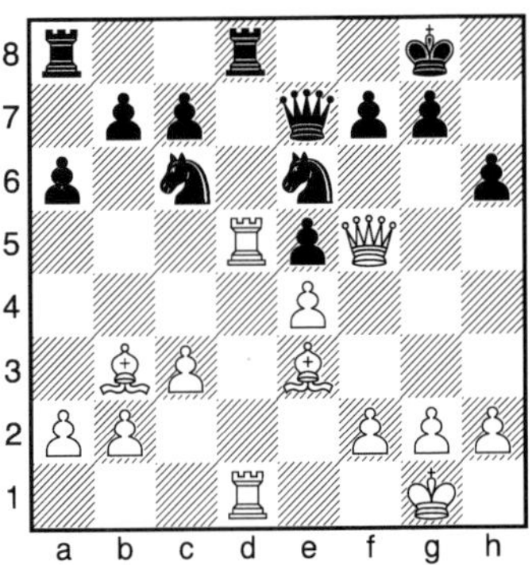

Betrachten wir jetzt die Situation auf der d-Linie etwas näher: Weiß hat darin zwei Türme postiert gegenüber einen von Schwarz. Weiß verfügt also über eine Mehrheit, ist jedoch nicht im Stande, daraus direkt Nutzen zu ziehen. ♖d8 ist genügend gedeckt und Feld d7 ist unzugänglich.

Andererseits kann Schwarz den feindlichen Druck in der d-Linie nicht abschütteln, weil der Tausch auf d5 nach dem Zurückschlagen mit dem weißen Bauern eine Figur kosten würde. Es ist also ein Zustand des Gleichgewichts eingetreten, in dem beide Parteien danach trachten müssen, ihre Position an allen Fronten zu verbessern.

21. g2-g3

Mit diesem unschuldigen Zug erreicht Weiß vielerlei:
Erstens bekommt der weiße König ein Fluchtfeld;
zweitens schaltet Weiß vorsorglich den Ausfall ♘f4 aus;
drittens deckt Weiß das Feld h4, was sich später als sehr wichtig herausstellt.

21. ... ♖d8-d6

Dieser Zug löst das Problem nicht, sondern verlagert nur die Schwierigkeiten. Es war aber sehr schwer, eine befriedigende Fortsetzung zu finden. In Betracht kam 21. ... ♕e8, doch dieser Zug bedeutet kaum eine Erleichterung für Schwarz, denn das logisch daraus hervorgehende 22. ... ♘e7 würde nach zweimaligem Tausch auf d8 den ♙e5 kosten. Mit dem Textzug nimmt Schwarz einen schwachen rückständigen Bauern (Abschnitt 2) in Kauf, welcher bald fallen muss.

22. ♖d5xd6 c7xd6

23. ♕f5-g4

Es drohte 24. Lh6:.

Diagramm 91

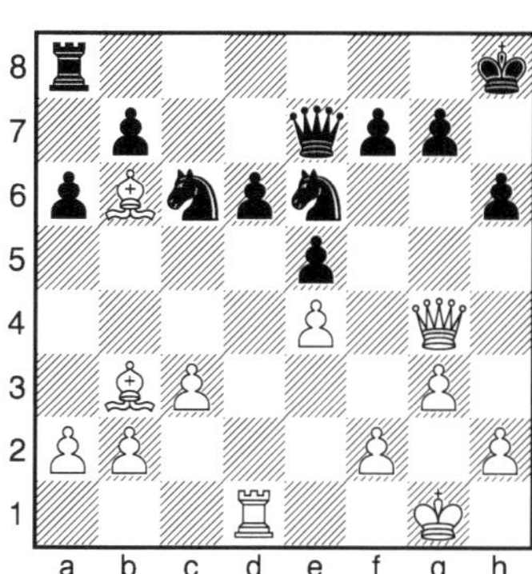

24. ♗e3-b6

Nun wird ein weiterer Nachteil des 21. Zuges von Schwarz ersichtlich: Feld b6 ist frei geworden und der weiße Läufer beherrscht von hier aus das für die Verteidigung unentbehrliche Feld d8. Jetzt droht 25. ♖d2 und 26. ♕d1 nebst Eroberung von d6. Dagegen ist nicht viel zu machen, wie die folgenden Varianten zeigen.

1) 24. ... ♘cd8 25. ♖d2
1a) 25. ... f6 26. ♗e6: ♘e6: 27. ♕d1 usw.
1b) 25. ... ♖c8 26. ♕d1 ♖c6 27. ♗a5
1b1) 27. ... f6 28. ♗e6: ♘e6: 29. ♗b4 ♘c5 30. ♗c5: dc5: 31. ♖d7 usw.
1b2) 27. ... b6 28. ♗b4 ♘b7 29. ♗d5 usw.
1b3) 27. ... ♘c5 28. ♗d5 ♖c8 29. b4

1b3) zum ersten 29. ... ♘d7 30. ♗d8: mit Eroberung des b-Bauern
1b3) zum zweiten 29. ... ♘ce6 30. ♗e6: mit Eroberung des d-Bauern
2) 24. ... ♖c8 25. ♖d2
2a) 25. ... ♘b8 26. ♗e6: fe6: 27. ♕d1 ♖c6 28. ♗a5 ♘d7 (es gibt nichts anderes) 29. ♗b4 ♘c5 30. ♗c5: dc5: 31. ♖d7 usw.
2b) 25. ... ♘cd8 siehe 1b).
3) 24. ... ♖e8 25. ♖d2 und Bauer d6 muss wieder fallen.
4) 24. ... ♘b8 siehe die Folge.

24. ... ♘c6-b8

Mit diesem Manöver hätte Schwarz den Verlust des Bauern d6 vorläufig verhindern können, wenn der schwarze Turm auf e8 statt a8 gestanden hätte (siehe den 20. Zug von Schwarz).

25. ♗b3xe6!

25. ♖d2 würde nun nicht zum Ziel führen: 25. ... ♘d7 26. ♗a5 b6 27. ♗b4 ♘dc5 28. ♕d1 ♖d8.

25. ... f7xe6

Erzwungen.

26. ♕g4-h4!

Ein prächtiger Zug: Weiß macht die einzige Figur, die den Bauern d6 momentan deckt, unschädlich, und damit ist das Los dieses Bauern besiegelt.

Diagramm 92

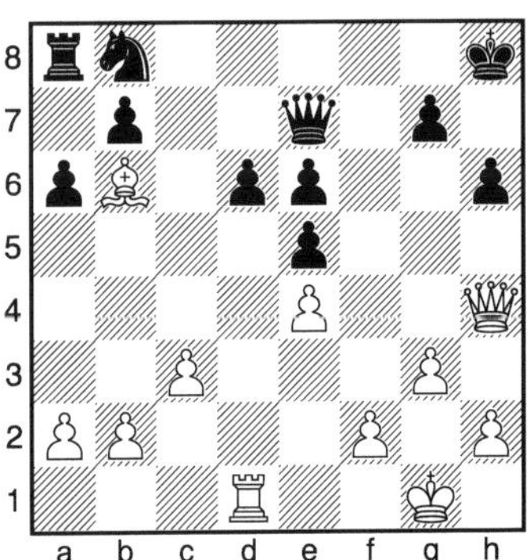

26. ... ♕e7-d7

Nach 26. ... ♕h4: 27. gh4: würde außer d6 auch e6 verloren gehen.

27. ♕h4-d8+!

Einfach und konsequent: die schwarze Dame, die einzige Verteidigung von d6, muss verschwinden.

27. ... ♕d7xd8
28. ♗b6xd8 ♘b8-d7
29. ♗d8-c7 ♘d7-c5
30. ♖d1xd6

Hiermit ist eine wesentliche strategische Phase dieser Partie abgeschlossen. Jetzt geht es für Weiß nur noch darum, den materiellen Vorteil zu realisieren. Er steuert dabei einen bekannten Turmendspiel-Typ an: zwei Bauern mehr auf dem Königsflügel gegen einen weniger auf dem Damenflügel (siehe unten stehendes Diagramm), das bei richtigem Spiel für die stärkere Partei gewonnen ist.

30. ... ♖a8-c8
31. ♗c7-b6 ♘c5-a4
32. ♖d6xe6 ♘a4xb2

Von beiden Seiten das reinste „catch as catch can".

33. ♖e6xe5 ♘b2-c4

Noch eine kleine Finesse. 33. ... ♖c3: scheitert an 34. ♗d4 ♖c1+ 35. ♔g2 ♘d3 36. ♖e7 und gewinnt.

34. ♖e5-e6 ♘c4xb6
35. ♖e6xb6 ♖c8xc3
36. ♖b6xb7 ♖c3-c2
37. h2-h4 ♖c2xa2

Diagramm 93

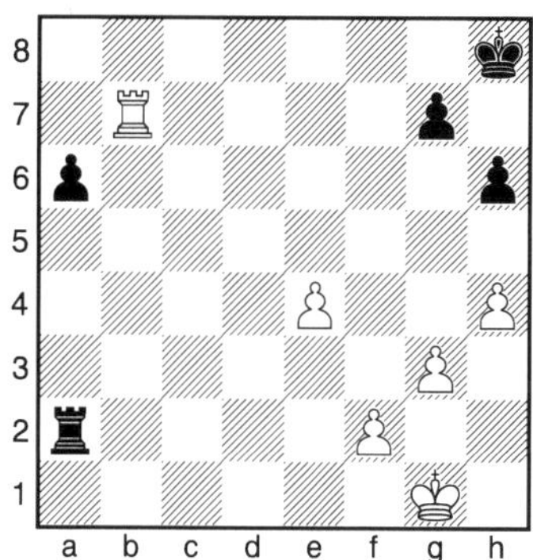

Das Endspiel ist leicht gewonnen für Weiß, vorausgesetzt, dass dieser bestimmte Vorschriften beachtet. Die Bauern gehen mit einer einzigen Ausnahme (in diesem Falle f2) vorwärts; der König bewegt sich vor den Bauern. Die Bedeutung dieser Vorschriften ist aus der Folge ersichtlich.

38. ♔g1-g2 a6-a5
39. h4-h5 a5-a4
40. ♖b7-a7

Das ist der richtige Platz für den weißen Turm: hinter dem schwarzen Freibauern, wodurch einerseits der Vormarsch des Bauern gehemmt, andererseits der schwarze Turm gebunden wird.

40. ... ♔h8-g8
41. g3-g4 a4-a3
42. ♔g2-g3 ♖a2-e2
43. ♔g3-f3!

Nicht 43. f3 wegen 43. ... a2 und der schwarze Turm hat beträchtlich an Bewegungsfreiheit gewonnen.

43. ... ♖e2-a2
44. ♔f3-e3

Diagramm 94

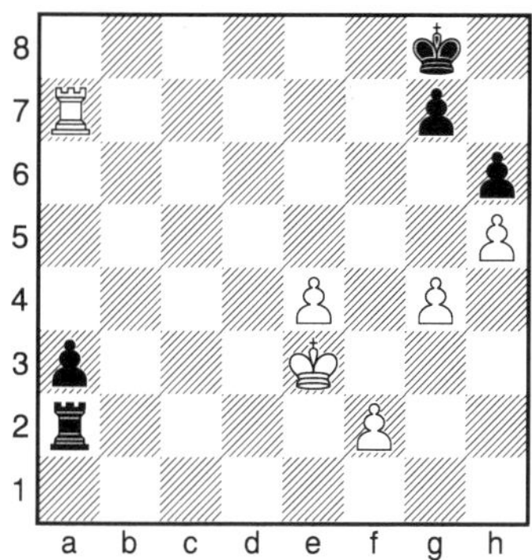

Nehmen wir an, dass das Spiel mit 44. ... ♖a1 45. ♔f4 a2? fortgesetzt wird, dann zeigt sich sehr schnell, warum dieser letzte Zug von

Schwarz ein Fragezeichen verdient. Der schwarze Turm hat ja praktisch keine Bewegungsfreiheit mehr, da ein eventuelles ♖a1-f1 mit ♖a7xa2 unter gleichzeitiger Deckung des f-Bauern beantwortet wird. Das ist die Bedeutung des oben stehenden Winkes, dass ein Bauer vorläufig stehen bleiben muss. Es könnte noch folgen: 46. ♔f5 ♔f8 47. e5, und nun

1) 47. ... ♔g8 48. ♔g6 ♔f8 49. ♖a8+ ♔e7 50. ♔g7: usw.
2) 47. ... ♔e8 48. ♔e6 ♔d8 49. ♔f7 ♖g1 50. e6! usw.

So nebenbei zeigt sich dabei auch, warum der weiße König vor seinen Bauern bleiben muss: 48. ♔e4 (anstatt 48. ♔e6) würde in dieser letzteren Variante mit 48. ... ♖e1+ nebst 49. ... a1♕ mit Gewinn für Schwarz beantwortet werden.

44. ... ♔g8-f8

45. f2-f3

Ohne diesen Zug kann Weiß nun nicht mehr weiterkommen: der weiße Bauer hat auf f2 seine Pflicht getan.

45. ... ♖a2-a1

46. ♔e3-f4 a3-a2

Nun hat Schwarz seine stärkste Aufstellung erreicht. Bei einem weiteren Vorrücken des weißen Königs kann Schwarz f3 gegen a2 eintauschen, z. B. 47. ♔e5 ♖f1 48.

Diagramm 95

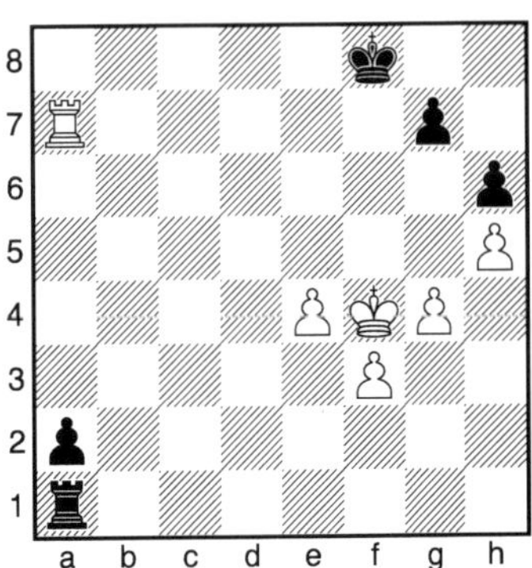

♖a2: ♖f3: und Weiß hat noch Schwierigkeiten, um zu gewinnen.

47. e4-e5 ♔f8-g8

Oder 47. ... ♔e8 48. ♔f5 ♖f1 49. ♖a2: ♖f3:+ 50. ♔e6 usw.

48. ♔f4-f5!

Dieser Vormarsch bringt den weißen König in eine beherrschende Position.

48. ... ♖a1-f1

49. ♖a7xa2 ♖f1xf3+

50. ♔f5-g6 ♔g8-f8

51. ♖a2-a8+ ♔f8-e7

52. ♖a8-a7+

Schwarz gibt auf, denn Weiß erobert außer g7 auch h6.

Partie Nr. 2
Turnier zu Bled 1961

Weiß: R. J. Fischer
Schwarz: M. Tal
Sizilianisch:
Taimanov-Variante

1. e2-e4 c7-c5
2. ♘g1-f3 ♘b8-c6
3. d2-d4 c5xd4
4. ♘f3xd4 e7-e6

Eine moderne Variante, die sich steigender Beliebtheit erfreut.

5. ♘b1-c3

Dieser natürliche Zug gilt mit Recht als beste Fortsetzung an der Stelle.

5. ... ♕d8-c7
6. g2-g3

Ein verschmitzter Zug, den Schwarz nicht genügend durchschaut. Gewöhnlich wird hier 6. ♗e2 oder 6. ♗e3 gespielt.

6. ... ♘g8-f6?

5. ♘c3 und 6. ... ♘f6 – das sind wohl alles auf der Hand liegende Züge, die dem Kampf um das Zentrum dienen. Aber man vergesse nicht, dass der Strategie die Taktik beigeordnet (oder vielleicht sogar übergeordnet!?) ist, und es hier deshalb auf jeden Fall besser war, möglichen Überraschungen durch a7-a6 die Spitze abzubrechen.

7. ♘d4-b5

Fast selbstverständlich. Natürlich hatte Tal diesen Zug auch gesehen und nur die Folgen des nächsten weißen Zuges unterschätzt.

7. ... ♕c7-b8
8. ♗c1-f4!

Überraschend, da sich der Läufer damit dem Angriff e6-e5 aussetzt.

8. ... ♘c6-e5

Ein schwerer Entschluss, doch hofft Schwarz so die Rückständigkeit seines d-Bauern zu vermeiden, worin er sich aber täuscht. Relativ besser war daher 8. ... e5, obwohl Weiß auch dann besser steht: 9. ♗g5 a6 10. ♗f6: (weniger überzeugend wäre 10. ♘a3 b5 11. ♗f6: b4! usw.) 10. ... ab5: (10. ... gf6: 11. ♘a3 ♗a3: 12. ba3: ♘d4 13. ♘d5 usw. ergibt großen Vorteil für Weiß) 11. ♗g5 b4 12. ♘d5 zugunsten von Weiß.

9. ♗f1-e2

Um ♘f3+ auszuschalten. Es droht nun ♕d4.

9. ... ♗f8-c5

Eine verständliche Reaktion, doch steht der Läufer hier nicht gut. Allerdings kam auch etwa 9. ... a6 nicht in Betracht; Weiß würde darauf mit 10. ♕d4 d6 11. 0-0-0! ab5: (♘c6 12. ♘d6:+) 12. ♗e5: b4 13. ♘b5 gewinnen. Wie man sieht, ist das Gleichgewicht schon entscheidend gestört.

10. ♗f4xe5!

Sozusagen ein Kolumbusei. Nachdem aus der Fesselung kein direktes Kapital zu schlagen ist, tauscht Weiß einfach ab, gewinnt ein, zwei Tempi und markiert den schwarzen Zentrumsbauern d7 als „rückständig“ (siehe hierzu Seite 25).

10. ... ♕b8xe5

11. f2-f4 ♕e5-b8

Zurück in die Verbannung. Der traurige Rückzug ist erzwungen.

12. e4-e5!

Diagramm 96

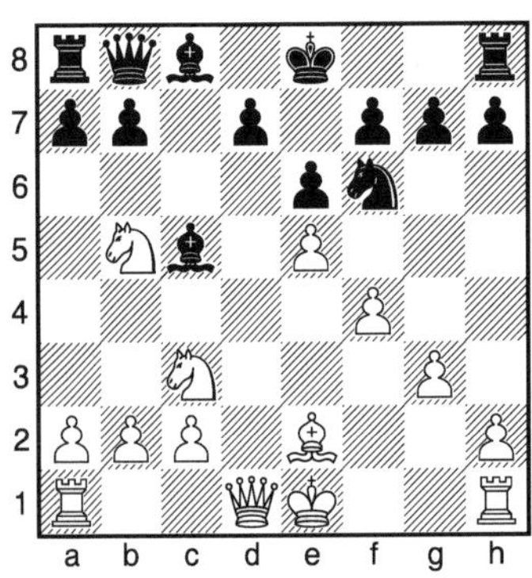

Es ist kein alltägliches Ereignis, einen Spieler wie Tal nach nur 12 Zügen in einer solchen Situation zu sehen! Zieht der schwarze Springer, so wird das Feld d6 (das kritische Feld vor dem Isolani!) mit 13. ♘e4 endgültig fixiert, und Schwarz kann den positionellen Bankrott anmelden.

12. ... a7-a6

Deshalb versucht er, das Zentrum auf diese Weise zu entlasten, scheitert aber auch damit dank Fischers glänzender Taktik.

13. e5xf6 a6xb5

14. f6xg7 ♖h8-g8

15. ♘c3-e4

Jetzt zeigt sich ein wesentlicher Nachteil der ungünstigen Läuferstellung auf c5.

15. ... ♗c5-e7

16. ♕d1-d4 ♖a8-a4

Zwecklos wie alles andere auch.

17. ♘e4-f6+ ♗e7xf6

18. ♕d4xf6 ♕b8-c7

19. 0-0-0!

Immerhin muss Weiß sehr genau spielen. Aber so ist das ja immer in einer Schachpartie: die Aufmerksamkeit darf nie erlahmen! Längst nicht so gut wie die Rochade wären 19. ♗h5 d5! bzw. 19. ♗b5: ♖e4+!

19. ... ♖a4xa2

20. ♔c1-b1! ♖a2-a6

Schweren Herzens verzichtet Schwarz auf den „starken“ Angriffszug 20. ... ♕a5; nach 21. b3!! hätten sich die schwarzen Schwerfiguren festgefahren und Weiß wäre wieder am Ruder (evtl. mit 22. ♗h5!, was auf 21. ... b4 käme).

21. ♗e2xb5 ♖a6-b6

22. ♗b5-d3 e6-e5

Die Krisis der Partie. Würde Weiß jetzt 23. ♕e5:+ ♕e5: 24. fe5: spielen, hätte Schwarz im Endspiel noch Remischancen. Aber ein echt Fischerscher Genieblitz führt zu einem spektakulären Schluss.

Diagramm 97

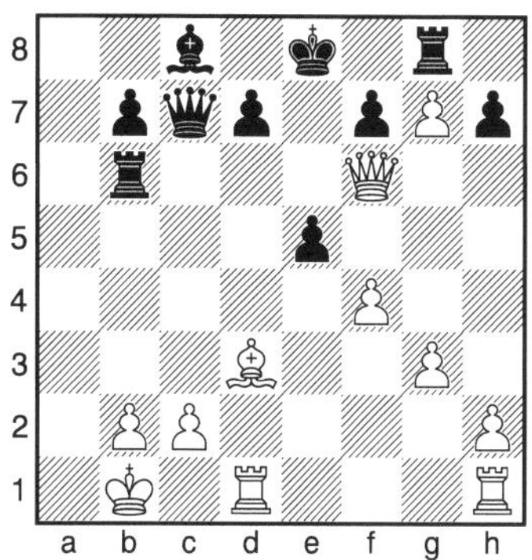

23. f4xe5!!

Ein glänzender Einfall, der erneut seine Kraft aus den weit vorgerückten Zentrumsbauern schöpft, die den ♖g8 so lange „in Schach" halten, bis der weiße Läufer ihn erobert.

23. ... ♖b6xf6

Schwarz muss geduldig alles über sich ergehen lassen.

24. e5xf6 ♕c7-c5

Falls Db6, so erst 25. ♖hf1, und h7 fällt auch.

25. ♗d3xh7 ♕c5-g5

So macht Schwarz wenigstens die gefährlichen weißen Bauern unschädlich, denn 26. ♖hf1 hätte jetzt wegen ♖g7:! keinen Wert.

26. ♗h7xg8 ♕g5xf6

27. ♖h1-f1 ♕f6xg7

Beide Teile folgen in dieser Partiephase einer gebundenen Marschroute.

28. ♗g8xf7+ ♔e8-d8
29. ♗f7-e6 ♕g7-h6
30. ♗e6xd7 ♗c8xd7
31. ♖f1-f7

Auf der Zentrumslinie „d" begann es – mit dem Einbruch auf d7 endet es sozusagen; denn der Rest ist nicht mehr interessant. Es folgte noch:

31. ... ♕h2:
32. ♖1d7:+ ♔e8
33. ♖de7+ ♔d8
34. ♖d7+ ♔c8
35. ♖c7+ ♔d8
36. ♖fd7+ ♔e8
37. ♖d1 b5
38. ♖b7 ♕h5
39. g4 ♕h3
40. g5 ♕f3
41. ♖e1+ ♔f8
42. ♖b5: ♔g7
43. ♖b6 ♕g3
44. ♖d1 ♕c7
45. ♖1d6 ♕c8
46. b3 ♔h7
47. ♖a6

und Schwarz gab auf. Das war übrigens der erste Sieg Fischers über Tal, der mit bewundernswerter Zentrumslogik und Konsequenz errungen wurde.

Partie Nr. 3

6. Matchpartie 1939

Weiß: P. Keres
Schwarz: Dr. M. Euwe

Nimzoindisch

1. d2-d4 Sg8-f6
2. c2-c4 e7-e6
3. Sb1-c3 Lf8-b4
4. Dd1-c2

Dies ist als die solideste Fortsetzung bekannt. Mit dem Textzug vermeidet Weiß den Doppelbauern und richtet seine Dame auf das Zentrumsfeld e4.

4. ... Sb8-c6

Die Züricher Variante, womit Schwarz die ersten Vorbereitungen für die Bildung des Zentrums d6-e5 trifft.

5. Sg1-f3 0-0

Schwarz gibt hiermit seinem Gegner Gelegenheit, Sf6 durch Lg5 zu fesseln. Diese Fesselung hat ja im Allgemeinen nur dann Zweck, wenn der Gegner – wie hier – rochiert hat, weil sonst die Entfesselung durch h6 und g5 ohne Bedenken geschehen kann.

In unserer Partie 6 geschieht hier 5. ... d6, womit Schwarz direkt auf die Verwirklichung seiner Zentrumspläne spielt.

6. Lc1-g5 h7-h6
7. Lg5-h4 d7-d6

7. ... g5 8. Lg3 würde den schwarzen Königsflügel zu sehr schwächen, welcher Nachteil umso schwerer wiegt, als der durch 8. ... g4 9. Sh4 Sd4: mögliche Bauerngewinn wegen 10. Dd2! (mit gleichzeitigem Angriff auf Sd4 und h6) nur von zeitlicher Art sein kann. Z. B. 10. ... c5 11. Dh6:! Sc2+? 12. Kd1 Sa1: 13. Le5 und gewinnt.

8. e2-e3 Dd8-e7

Auch sofort e6-e5 war möglich.

9. Lf1-e2 e6-e5

Schwarz hat das Gleichgewicht im Zentrum hergestellt.

Die erreichte Position lässt an Typ 3 des Abschnittes I denken, aber zeigt hier doch den Unterschied, dass auch Weiß nur anderthalb Bauern im Zentrum besitzt.

10. d4-d5

Weiß kann im Zentrum keinen Vorteil behalten und geht nun zu einem anderen Plan über. Er legt die Mitte fest und sichert sich so ein kleines Übergewicht an Terrain, wodurch ihm ein späterer Durchbruch einigermaßen erleichtert wird.

In Abschnitt IV haben wir den Vormarsch d4-d5 abgelehnt (Diagramm Nr. 30), weil dieser eine fühlbare Erleichterung für Schwarz bedeutete, da nach dem Festlegen der Bauernformation der anfällige

Diagramm 98

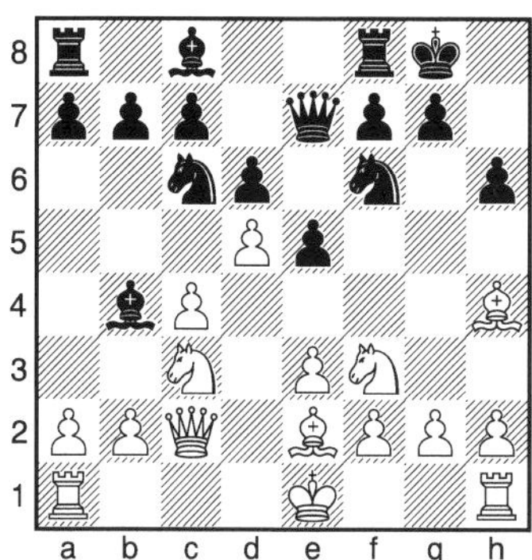

Punkt e5 nicht länger gestützt zu werden brauchte. Hier liegen die Dinge jedoch ganz anders. Zum ersten, weil e5 in dieser Stellung genügend gesichert ist: zweimal angegriffen und dreimal verteidigt. In Diagramm 30 des Abschnittes IV war der Druck auf e5 so stark, dass Schwarz einige Züge später gezwungen war, mit e5xd4 das Zentrum aufzugeben. Darauf kann Weiß hier nicht hoffen.

Aber es ist noch ein anderer Unterschied, der für d4-d5 spricht – und zwar die Position des weißen e-Bauern: auf e3, anstatt e4.

In Abschnitt IV wiesen wir bereits darauf hin, dass d4-d5 von Weiß ein späteres f7-f5 von Schwarz herausfordert. Dieser Gegenstoß ist natürlich längst nicht so wirksam, wenn sich auf e4 kein weißer Bauer befindet.

Wir kommen nach dem Textzug auf das Gebiet der Durchbruchstheorie, welche in Abschnitt VIII behandelt wurde.

Beide Parteien werden nach offenen Linien für ihre Türme streben; bei näherer Betrachtung der vorliegenden Stellung ergeben sich je zwei Durchbruchspunkte, für Weiß auf c5 und f4, für Schwarz auf c6 und f4, wobei darauf hingewiesen werden muss, dass die Bauernstellungen auf dem Königsflügel nicht festgelegt sind, so dass sich die Durchbruchspunkte dort verschieben können. Spielt Weiß z. B. e3-e4, dann verlagert sich der schwarze Durchbruchspunkt von f4 nach f5, während ein eventuelles e5-e4 von Schwarz den weißen Durchbruchspunkt von f4 nach f3 verlegt.

10. ... ♘c6-b8

11. ♘f3-d2!

Einerseits, um ♘c3 zu entfesseln und einen eventuellen Sprung nach e4 vorzubereiten, andererseits, um die Bahn für den weißen f-Bauern frei zu machen. Außerdem hat der Textzug vorbeugende Bedeutung. Nach 11. 0-0 nämlich würde Schwarz mit ♗c3: 12. ♕c3: g5 13. ♗g3 ♘e4 14. ♕c2 f5! eine starke Angriffsstellung bekommen; der Springerzug nach d2 verfolgt also auch den Zweck, dem Gegner das Feld e4 zu nehmen.

11. ... ♘b8-d7

Das auf der Hand liegende 11. ... ♖e8 würde wie folgt widerlegt werden:

12. ♗f6:! und nun

1) 12. ... gf6: mit einer ernstlichen Schwächung des schwarzen Königsflügels.

2) 12. ... ♕f6:? 13. ♕a4! mit Figurengewinn für Weiß.

12. 0-0 a7-a5

13. ♖a1-e1

Zur weiteren Vorbereitung von f2-f4.

13. ... ♖f8-e8

14. f2-f4!

Diagramm 99

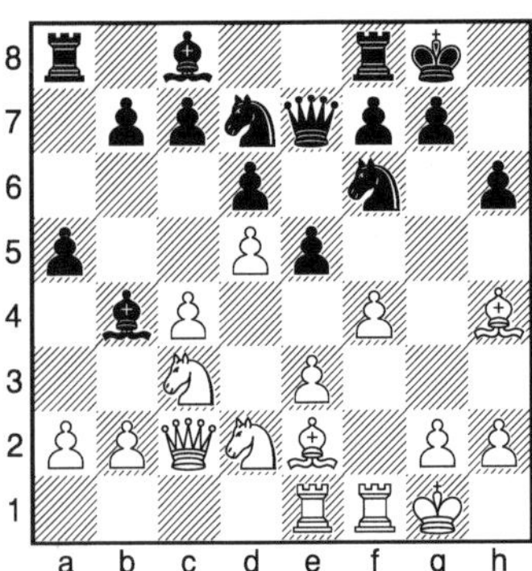

Bevor man eine Linie öffnet, muss man sich eingehend davon überzeugen, dass man von dem Durchbruch mehr Nutzen hat als der Gegner. In diesem Sinne muss man die letzten Züge von Weiß sehen; wenn Schwarz nun auf f4 tauscht, ist Weiß auf der e-Linie stärker als Schwarz, besonders weil letzterer seine Entwicklung noch nicht vollendet hat.

14. ... ♗b4xc3

Schwarz stand hier vor einem schwierigen Problem: er musste sowohl mit f4xe5 (Öffnung der f-Linie) als auch mit f4-f5, später gefolgt von g2-g4-g5 (und Öffnung der g-Linie) rechnen.

Mit dem Textzug leitet Schwarz eine Tauschaktion ein, welche ihm etwas mehr Luft gibt.

15. ♕c2xc3

Das Zulassen eines Doppelbauern durch 15. bc3: kommt nur in Betracht, wenn das Schlagen mit der Dame aus dem einen oder anderen Grunde verkehrt sein würde, was hier jedoch nicht der Fall ist. Im Gegenteil würde hier das Schlagen mit dem Bauern sogar entscheidenden Nachteil bringen. Vor allem deshalb, weil die Formation c3-c4-d5 im weiteren Verlauf des Spiels vollkommen unbeweglich ist angesichts der Tatsache, dass Schwarz das Feld c5 vor dem Doppelbauern beherrscht (das ideale Feld, siehe Abschnitt III).

15. ... ♘f6-e4

Die richtige Art der Abwicklung, welche direkte Gefahren vermeidet.

16. ♘d2xe4 ♕e7xh4
17. g2-g3 ♕h4-e7
18. ♗e2-g4

Sehr fein gespielt. Weiß hat den Plan, bald f4-f5 zu spielen; er würde damit aber dem weißen Läufer eine geringere Mobilität verleihen (er wäre dann von eigenen Bauern auf weißen Feldern umgeben, also „schlecht" – siehe Abschnitt X) und schickt sich deshalb an, den Läufer erst zu tauschen. Weiß kann sich diese zeitraubende Vorbereitung erlauben, weil er nicht zu fürchten braucht, dass Schwarz mit e5xf4 seinen Plan durchkreuzt. Denn damit würde immer wieder die e-Linie frei werden, und dort ist Weiß der stärkere.

18. ... ♘d7-f6
19. ♘e4xf6+ ♕e7xf6
20. ♗g4xc8 ♖a8xc8
21. ♖f1-f2

Weiß bleibt „ruhig", solange er e5-e4 oder e5xf4 nicht zu fürchten braucht:

1) 21. ... e4? 22. ♕a5:.

2) 21. ... ef4: 22. ♕f6: gf6: 23. ♖f4: und der doppelte f-Bauer von Schwarz ist bald unhaltbar.

Zu bemerken ist noch, dass sofortiges 21. ♕a5: mit 21. ... ef4: und 22. ... ♕b2: beantwortet worden wäre.

21. ... b7-b6
22. ♖e1-f1

Droht fe5: nebst Einschlag auf f7. Weiter ist e5-e4 oder ef4: wegen Damentausch und Bloßstellung des schwarzen Königsflügels noch immer bedenklich.

22. ... ♕f6-g6

Im Hinblick darauf, dass nun 23. fe5: ♖e5: 24. ♖f7: nichts einbringen würde. Schwarz gibt in diesem Falle immer seine Dame für zwei Türme und steht mindestens gleich.

23. f4-f5!

Diagramm 100

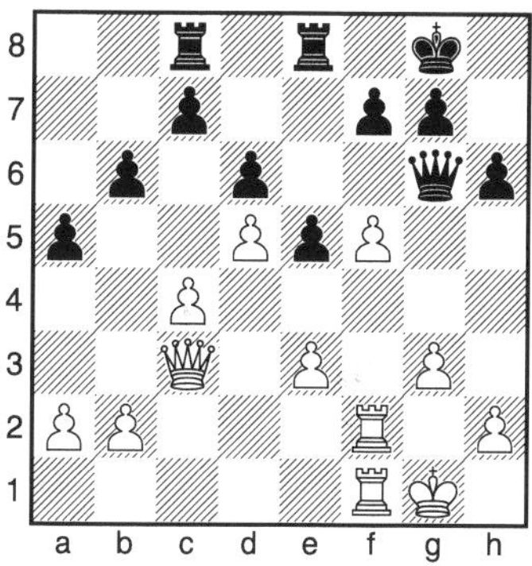

Eine neue Phase beginnt. Wir haben bereits bei einer vorhergehenden Anmerkung darauf hingewiesen, dass dieser Bauernzug den Durchbruchspunkt nach g5 verlagert. Es bedarf keiner Erörterung, dass es sich hier um eine Aktion auf lange Sicht handelt, denn zum ersten erfordert die Durchsetzung von g3-g4-g5 bereits eine große Anzahl Züge, und zum zweiten hat Weiß noch geraume Zeit nötig, um seine Figuren so aufzustellen, dass der Durchbruch wirksam wird.

23. ... ♕g6-f6

Um den weiteren Durchstoß nach f6 zu verhindern, der den schwarzen König eventuell in Schwierigkeiten bringen könnte.

24. e3-e4 c7-c6!

Schwarz macht Gebrauch von seiner Durchbruchsmöglichkeit, ungeachtet der Bauern b6 und d6.

25. d5xc6 ♖c8xc6
26. a2-a4

Um b6-b5 zuvorzukommen.

26. ... ♔g8-f8

Schwarz bringt seinen König zum anderen Flügel in Sicherheit, um den eventuellen Folgen des späteren Durchbruchs g4-g5 zu entgehen.

27. ♖f1-d1 ♖e8-c8

Druck auf der d-Linie, Gegendruck in der c-Linie: der Durchbruch auf dem Königsflügel scheint in den Hintergrund zu geraten.

28. b2-b3 ♔f8-e7
29. ♕c3-f3 ♔e7-d7
30. h2-h4

Weiß nimmt seinen ursprünglichen Plan wieder auf.

30. ... ♔d7-c7
31. ♔g1-f1

Um sich leichter bewegen zu können, bringt auch Weiß seinen König zum anderen Flügel.

31. ... ♔c7-b7
32. ♔f1-e2 ♖c8-c7
33. ♖f2-h2 ♕f6-d8

Schwarz benutzt die Gelegenheit – da Weiß nicht mehr auf der f-Linie verdoppelt steht – seine Dame von der lästigen Blockade-Funktion zu entbinden und einen Bauern damit zu beauftragen.

34. g3-g4 f7-f6
35. ♖h2-g2

Die Vorbereitungen sind in vollem Gange.

35. ... ♖c7-c8
36. ♖g2-g3 ♕d8-d7
37. ♕f3-d3 ♕d7-f7
38. ♖d1-h1 ♖c8-h8

Gegen g4-g5 gerichtet. Man wundert sich vielleicht, dass Weiß nicht bereits früher die Gelegenheit wahrnahm, um g4-g5 durchzusetzen, aber der Durchbruch an sich ist nicht die Hauptsache, sondern seine Folgen, und diese erfordern sorgfältige Berechnung und Abschätzung, sowohl an der Durchbruchsfront als auch an anderen Fronten.

39. ♖h1-h3 ♖c6-c8

Schwarz kann seinen d-Bauern ruhig stehen lassen, da 40. ♕d6:? ♖cd8 41. ♕a3 ♖d4 einen gefährlichen Gegenangriff hervorrufen würde.

40. g4-g5!

Diagramm 101

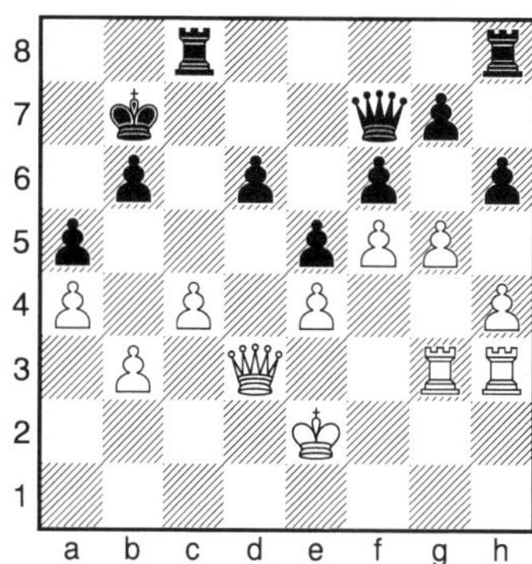

Endlich! Man beachte die merkwürdige Triplierung auf der 3. Reihe.

40. ... h6xg5

41. h4xg5 ♕f7-c7

Jetzt drohte das Schlagen auf d6.

42. ♕d3-d5+ ♔b7-a7

43. ♖g3-d3

Weiß manövriert sehr listig. Er drückt auf d6 in der Hoffnung, dass Schwarz sich dadurch gezwungen sehen soll, die h-Linie preiszugeben – und diese Taktik hat Erfolg.

43. ... ♖h8xh3?

Der entscheidende Fehler. Richtig war 43. ... fg5:!, um nach 44. ♖h8: ♖h8: 45. ♕d6: ♕d6: 46. ♖d6: zu einem Turmendspiel zu kommen, das gute Remischancen geboten hätte (46. ... ♖h4 47. ♔e3 ♖h3+).

44. ♖d3xh3 f6xg5

45. ♖h3-h7!

Diagramm 102

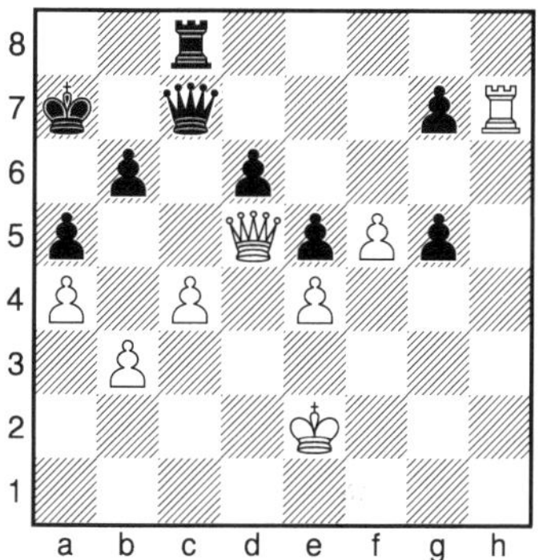

Ein vollständiger Erfolg der weißen Durchbruchsstrategie: der weiße Turm dringt auf der 7. Reihe in das schwarze Spiel ein.

Der schwarze Mehrbauer auf g5 hat keine Zukunft und fällt darum auch nicht ins Gewicht. Vor allem droht nun 46. f6.

45. ... ♕c7-e7

46. ♔e2-f3 ♖c8-f8

47. ♔f3-g4

Es ist stets ein Vorrecht der freier stehenden Partei, dass sie ihre Figuren in die bestmögliche Position bringen kann. Der weiße König ist auf g4 vollkommen sicher und steht bereit, nach dem Damentausch sofort in den Endkampf einzugreifen. Es droht bereits 48. ♕e6 mit schnellem Gewinn.

47. ... ♖f8-f7

Um auf 48. ♕e6 mit ♕e6: 49. fe6: ♖e7! fortzusetzen.

48. b3-b4!

Diagramm 103

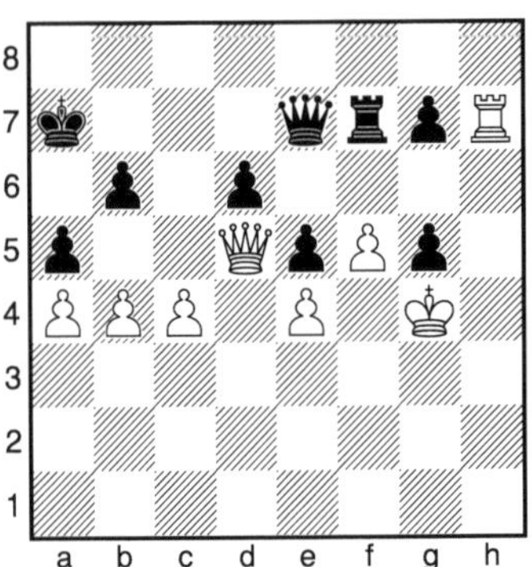

Nachdem seine Aktion auf dem Königsflügel gerade festgelaufen ist, nutzt Weiß die Gelegenheit, um auf dem anderen Flügel einen entscheidenden Durchbruch zu forcieren.

Dieser Durchbruch ist von anderer Art als der vorhergehende, denn sein Zweck ist ausschließlich, den schwarzen König seiner Bauerndeckung zu berauben und ihn danach dem kombinierten Angriff von Turm und Dame auszusetzen. Wohl sind dann auch Dame und Turm des Gegners als Verteidiger zur Stelle, doch ist es eine bekannte Erfahrungstatsache, dass in dem Kampf ausschließlich der schweren Figuren im allgemeinen die exponierte Stellung des Königs der entscheidende Faktor ist.

Der weiße König aber ist in seiner augenblicklichen Position unangreifbar und wäre nur dann in Gefahr gekommen, wenn Weiß die gegebene Durchbruchsaktion mit ♖h7-h1-b1 vorbereitet hätte, wobei Schwarz Gelegenheit zu ♖f7-f8-h8 (♖h4+) erhielt.

48. ... a5xb4

49. a4-a5!

Die Konsequenz des vorigen Zuges. Die Hauptvariante lautet: 49. ... ba5: 50. ♕a5:+ ♔b7 51. ♕b4:+ ♔c7 52. ♕a5+ und nun:

1) 52. ... ♔b7 53. ♖h3 usw.

2) 52. ... ♔d7 53. ♕a7+

2a) 53. ... ♔d8? 54. ♖h8+ ♖f8 55. ♕a8+ usw.

2b) 53. ... ♔e8 54. ♕b8+ ♔d7 55. ♕b7+ ♔e8 56. ♕c8+ ♕d8 57. ♖h8+ usw.

2c) 53. ... ♔c6 54. ♕a6+ ♔c7 55. ♖h8! ♖f8 56. ♕a7+.

49. ... ♕e7-b7

Gestattet Weiß zwar, nacheinander eine ganze Reihe von Bauern zu erobern, bietet jedoch in jedem Falle noch eine kleine Chance, welche sich auf die Erhaltung des b-Bauern gründet.

50. a5xb6+ ♔a7xb6

51. ♕d5xd6+ ♔b6-a7

52. ♕d6xe5 b4-b3

53. ♖h7-h3!

Die Entscheidung. Nun scheitert 53. ... b2 an 54. ♖a3+. Der schwarze b-Bauer ist nun doch unhaltbar geworden.

53. ... ♖f7-f6

54. ♕e5-d4+ ♖f6-b6

Andere Möglichkeiten :

1) 54. ... ♔a6 55. ♕a1+ ♔b6 56. ♖b3:+ usw.

2) 54. ... ♕b6 55. ♕d7+

2a) 55. ... ♔a8 56. ♖h8+, oder

2b) 55. ... ♔a6 56. ♕a4+ mit Eroberung des b-Bauern.

3) 54. ... ♔b8 55. ♖h8+ ♔c7 56. ♖d8

3a) 56. ... ♔c6 57. e5! usw.

3b) 56. ... ♕c6 57. ♖d5 und Schwarz hat keine genügende Verteidigung mehr.

Nach dem Textzug ist es sofort aus.

55. ♖h3xb3

Schwarz gibt auf.

Partie Nr. 4

Turnier zu Stockholm 1962

Weiß: Dr. M. Botwinnik
Schwarz: A. Söderborg

Englische Partie

Eine lehrreiche Partie, besonders in der Schlussphase: dem vertikalen Durchbruch der Türme auf einer offenen Linie folgt ihr horizontaler Einsatz auf der 7. Reihe. Man vergleiche hierzu unsere Bemerkungen auf Seite 50! – Bei der Glossierung legten wir die aufschlussreichen Anmerkungen des Weltmeisters in „Stockholms Tidningen“ zu Grunde.

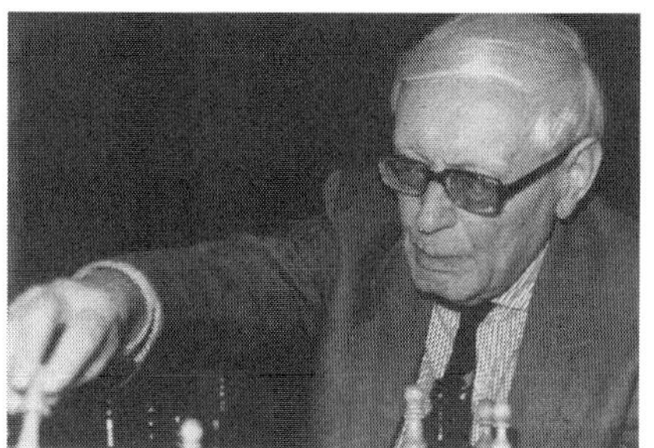

Michail Botwinnik

1.	**c2-c4**	**♘g8-f6**
2.	**♘b1-c3**	**g7-g6**
3.	**e2-e4**	**e7-e5**
4.	**g2-g3**	**♘b8-c6**
5.	**♗f1-g2**	**d7-d6**
6.	**♘g1-e2**	**♗f8-g7**
7.	**d2-d3**	

Dass Weiß im Zentrum irgendwie vorgehen muss, ist klar. Da nach den bisherigen Erfahrungen Weiß mit 7. d4 ed4: 8. ♘d4: 0-0 usw. kaum einen nennenswerten Eröffnungsvorteil erzielt, gilt das Planziel f2-f4 als chancenreicher.

7. ... ♗c8-e6

8. ♘c3-d5!

Diagramm 104

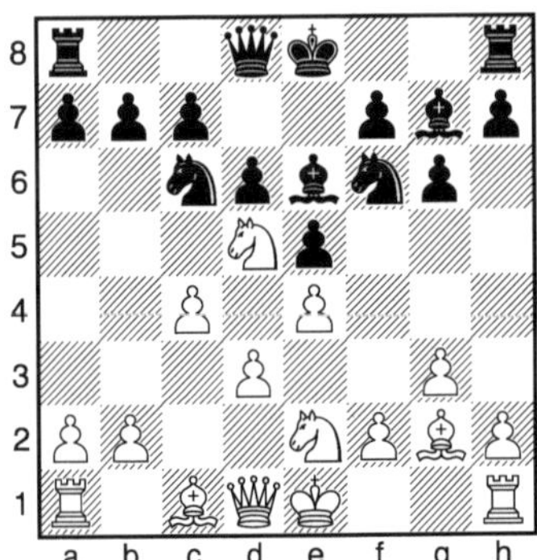

Mit solchen kleinen Finessen kann man den Eröffnungskampf gut würzen! Spielt Schwarz jetzt unachtsam 8. ... ♕d7?, büßt er nach 9. ♗h6!! mindestens die Qualität ein.

8. ... ♘c6-e7

Pferde, die solche Überraschungen drohen, soll man schleunigst verjagen!

9. ♗c1-g5 ♘f6-g8

Die beiden schwarzen Springerrückzüge machen nicht gerade einen guten Eindruck, liegen aber im strategischen Plan. Der ♘d5 soll nicht getauscht (wonach Weiß mit cd5: wiedernehmen und die c-Linie ausbeuten würde), sondern mit c7-c6 aus seiner beherrschenden Stellung vertrieben werden.

10. ♕d1-d2 h7-h6
11. ♗g5-e3 c7-c6
12. ♘d5-c3 ♘g8-f6

Nach dem Abmarsch der weißen Leichtfiguren stellt Schwarz die ursprüngliche Lage wieder her. Allein nun erlangt Weiß mit dem Vorstoß des f-Bauern deutliche Vorteile. Deshalb hätte Schwarz wohl besser selbst f7-f5 gespielt.

Diagramm 105

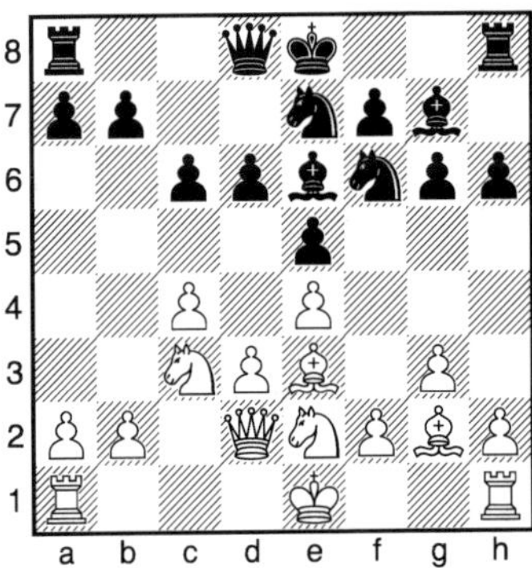

13. f2-f4!

Dabei musste immerhin die Möglichkeit ♘g4 berücksichtigt werden. Allein der Weltmeister hatte richtig erkannt, dass 13. ... ♘g4 14. ♗g1! günstig für Weiß ist: z. B. 14. ... f5 15. h3 ♘f6 16. c5! dc5: 17. fe5:, gefolgt von ♘f4! usw.

13. ... ♘f6-d7

Deshalb wählt Schwarz diese bescheidene Methode.

14. b2-b3

Entlastet den ♙d3, der nun vorzugehen droht, und erzwingt damit die Antwort, mit der aber Schwarz auf Gegenspiel im Zentrum vorläufig verzichtet.

14. ... c6-c5

15. ♖a1-b1 ♖a8-b8

16. 0-0 ♗e6-g4

Kein glücklicher Gedanke, den Läufer gegen einen Springer zu tauschen; denn nun werden die weißen Felder schwach. Botwinnik hält jedenfalls 16. ... a6 für besser.

17. b3-b4 b7-b6

18. ♘c3-b5 ♘e7-c8

19. f4-f5 ♗g4xe2

Ob das von mancher Seite empfohlene g6-g5 (um erst auf 20. h3 den Läufer zu tauschen) besser war, sei dahingestellt. Weiß könnte dann nämlich den ♘e2 wegziehen, wonach der ♗g4 in Gefahr geriete.

20. ♕d2xe2 g6-g5

f5xg6 nebst ♕g4 kann Schwarz nicht gut zulassen.

21. f5-f6!

(Diagramm 106)

Dieses interessante Bauernopfer öffnet dem Königsläufer eine wichtige Diagonale und dürfte daher wohl korrekt sein. Indessen war der Weltmeister hinterher der Meinung, dass 21. ♘c3, gefolgt von b5 und a2-a4-a5, ohne jedes materielle Risiko den Vorteil besser festgehalten hätte.

21. ... ♘d7xf6

22. ♗g2-h3 a7-a6

Diagramm 106

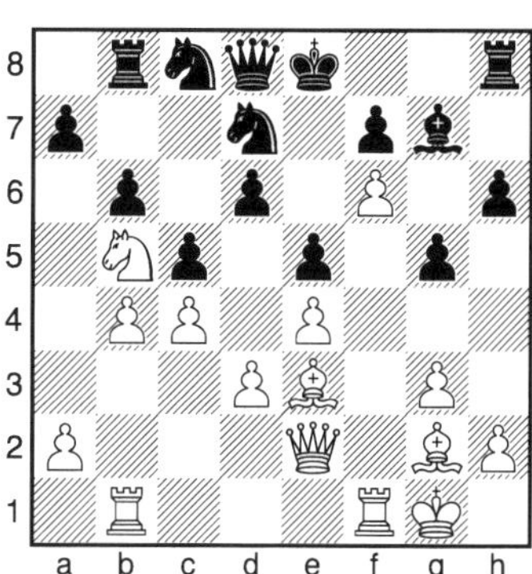

Notwendig, da ♗c8: samt ♘a7: drohte.

23. ♘b5-c3 ♘c8-e7!

Jetzt zeigt sich der Pferdefuss der weißen Idee: das schwarze Springermanöver ♘e7-c6-d4 ist nicht gut zu verhindern; denn nach 24. b5 ab5: 25. cb5: kommt Schwarz im Zentrum mit d5! energisch zur Geltung.

24. a2-a3

Um den ♖b1 zu entlasten.

24. ... 0-0

25. ♕e2-d1

Ein feiner Positionszug; einmal kann die Dame evtl. über a4 aktiv werden, zum anderen wird die 2. Reihe für das Manöver ♖b1-b2-f2 geräumt.

25. ... ♘f6-e8?

Sehr passiv gespielt, wo doch die folgerichtige Spielweise ♘c6 nebst ♘d4 Zeit und Tempo gespart hätte.

Diagramm 107

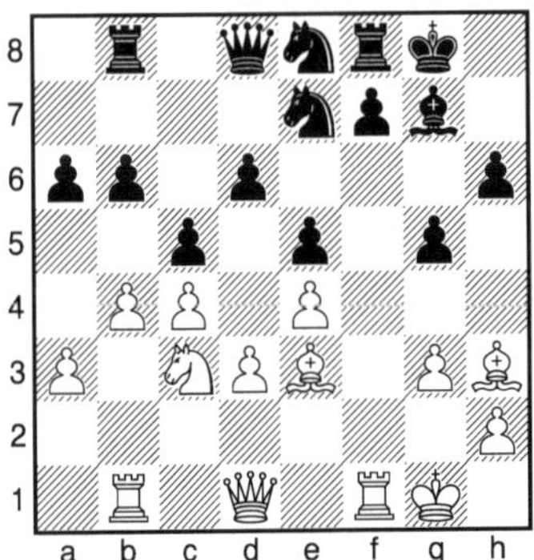

26. ♖b1-b2! ♘e8-c7
27. ♖b2-f2

Wieder mit einem Tropfen Gift : 27. ... ♘e6? 28. ♖f7:! ♖f7: 29. ♗e6: usw.

27. ... f7-f6

Manchmal ist die Medizin auch nicht besser als die Krankheit. Der Textzug schwächt die weißen Felder noch mehr.

28. ♗h3-g4 ♘e7-c6

Zu spät kommt Schwarz auf diese gute Idee.

29. ♘c3-d5

Weiß will beide Springer tauschen, wonach zwar ungleiche Läufer entstehen, die aber für Weiß sehr günstig sind: ist doch der schwarze Läufer wirklich „ungleich" und nur ein großer Bauer! Schwarz ist aber gegen diesen Plan doch nicht ganz wehrlos; siehe nächste Glosse.

29. ... ♘c6-d4
30. ♗e3xd4 c5xd4(?)

Schwarz sollte mit ed4:, gefolgt von f5!, unter Rückgabe des Mehrbauern den ♗g7 wieder zum Leben bringen. Dann war es noch gar nicht so aussichtslos für ihn.

31. ♕d1-a4

Droht ♕c6. Die schwarze Antwort ist erzwungen.

31. ... ♘c7xd5
32. c4xd5 a6-a5

Diagramm 108

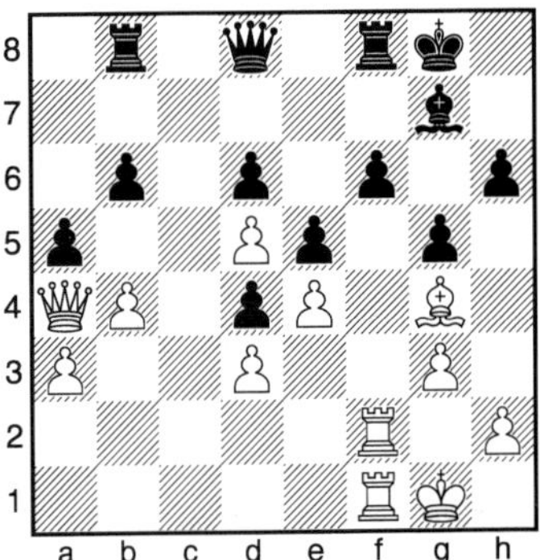

Die c-Linie! Weiß marschiert nun schnell auf; Schwarz kann dagegen nur schwerfällig manövrieren, da ihm wegen des ♗h3 die Hände gebunden sind. Sein Läufer auf g7, eingezwängt im Bauernkorsett, hat nichts zu bestellen.

33. ♖f2-c2 b6-b5

Relativ am besten.

34. ♕a4xa5 ♕d8xa5

35. b4xa5 ♖b8-a8
36. ♖c2-c7

Botwinniks Strategie hat sich glänzend durchgesetzt. Seine Türme dringen ein, wobei Bauernverluste keine Rolle spielen.

36. ... ♖a8xa5
37. ♖f1-c1 ♖a5xa3

Botwinnik gibt noch folgende Variante: 37. ... ♖fa8 38. ♖d7! ♖5a7 39. ♖d6: ♖a3: 40. ♖d7 ♖3a7 41. ♖a7: ♖a7: 42. d6 und gewinnt.

38. ♖c7-b7 h6-h5

Mit ♖c3 ist wegen 39. ♖a1! auch nichts mehr zu machen.

39. ♖c1-c7

Was zu beweisen war! Die Dampfwalze der verbundenen Türme ist in Aktion.

39. ... ♖a3-a1+
40. ♔g1-f2 ♖a1-a2+
41. ♔f2-e1 ♖a2-a1+
42. ♔e1-d2 ♖f8-a8

Da auch noch ♗e6+ droht, kann Schwarz den Läufer auf keine Weise retten.

43. ♖c7xg7+ ♔g8-f8
44. ♖b7-f7+ ♔f8-e8
45. ♗g4-d7+ ♔e8-d8
46. ♖g7-g8+

Schwarz gab auf. Ein prächtiges Lehrbeispiel für die Ausnutzung einer offenen Linie und den Einsatz der Türme – von den (ungleichen) Läufern ganz zu schweigen!

Partie Nr. 5

Swerdlowsk 1943

Weiß: M. Botwinnik
Schwarz: W. Smyslow

Dreispringerspiel

1. e2-e4 e7-e5
2. ♘g1-f3 ♘b8-c6
3. ♘b1-c3 ♗f8-b4

Die andere Form des Dreispringerspiels, das Russische Dreispringerspiel, das nach 1. e4 e5 2. ♘f3 ♘f6 3. ♘c3 ♗b4 entsteht, ist empfehlenswerter, weil dort das nun folgende 4. ♘d5 unschädlich gemacht ist.

4. ♘c3-d5!

Treibt ♗b4 zurück, es sei denn, dass Schwarz den Tausch dieses Läufers zulässt. Doch darf man den Wert dieses quasi-Tempogewinnes nicht überschätzen, denn die vorgeschobene Stellung des ♘d5 in einem so frühen Stadium der Partie führt leicht zu Tauschwendungen, die den erlangten Vorteil wieder aufheben.

4. ... ♗b4-e7

Dieser Zug sieht nicht sehr zielbewusst aus: Schwarz verliert einen Zug, ohne den Tausch von Springer gegen Läufer zu vermeiden. Doch es besteht ein Unterschied zwischen dem Schlagen auf b4, wonach ♘c6 aus dem Kurs gerät, und dem Schlagen auf e7, das die schwarze Entwicklung fördert.

5. d2-d4 d7-d6

Zentrumtyp III von Abschnitt I.

6. ♗f1-b5

Die erreichte Stellung ähnelt sehr der Steinitz-Variante der Spanischen Partie, siehe Abschnitt IV, nur mit dem Unterschied, dass der weiße Springer auf d5 steht statt auf c3. Das hat nicht allein Vorteile, sondern auch Nachteile zur Folge.

6. ... ♗c8-g4

Wenn der Springer auf c3 gestanden hätte, wäre diese aggressive Fortsetzung nicht möglich gewesen wegen 7. d5! a6 8. ♗a4 b5 9. ♘b5:! ab5: 10. ♗b5: und Weiß gewinnt mindestens einen Bauern.

7. d4xe5

Eine andere Art, den Druck gegen d4 zu verringern, bestand in 7. c3, worauf Schwarz mit ♘f6 oder ♗f6 seine Aktion gegen das weiße Zentrum fortsetzen kann. Botwinnik, der im Allgemeinen von undeutlichen Situationen im Zentrum nichts hält, macht eine kleine Konzession – Parität im Zentrum – um besseren Nutzen aus der Stellung des ♘d5 ziehen zu können.

7. ... d6xe5

8. h2-h3 ♗g4-d7

8. ... ♗h5 würde nach 9. g4 ♗g6 10. ♘e5: einen Bauern kosten.

9. ♕d1-e2 ♘g8-f6

10. ♗c1-g5

Weiß hat ein belangreiches räumliches Übergewicht, und Schwarz täte gut, dagegen unmittelbar Maßregeln zu ergreifen.

10. ... 0-0

Schwarz lässt den Moment verstreichen, die vorgeschobene Stellung des ♘d5 auszunutzen, und so hat er nun unter den Nachteilen dieser Stellung zu leiden. Richtig und fast ausgleichend war 10. ... ♘d5: 11. ed5: ♗g5: 12. dc6: bc6: 13. ♕e5:+ (13. ♘e5: 0-0! ist für Weiß zu gefährlich) 13. ... ♕e7 14. ♕e7:+ ♗e7: 15. ♗d3, und Weiß hat zwar die bessere Bauernstellung, doch verfügt demgegenüber Schwarz über das Läuferpaar, siehe Abschnitt III, Diagramm 28.

11. ♗g5xf6

Um die eben erwähnte Abwicklung ein für allemal auszuschalten.

11. ... ♗e7xf6

12. 0-0-0!

Mit der Drohung 13. ♘f6:+, wonach Schwarz mit dem Bauern zurücknehmen müsste.

12. ... ♗d7-e6

Bringt den Läufer in Sicherheit.

13. ♗b5xc6 b7xc6

14. ♘d5xf6+ ♕d8xf6

Endlich ist die Lage geklärt. Wir sind hier mitten im Abschnitt III, und es ist nur die Frage, ob Schwarz

Diagramm 109

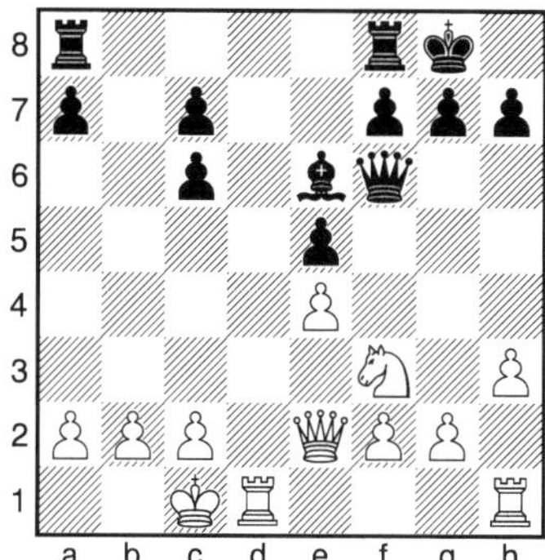

für seinen isolierten Doppelbauern eine Kompensation hat und worin diese besteht, vgl. Diagr. 27, 28 oder sogar 29.

Eine Tatsache ist deutlich: ohne Damen wäre Schwarz ohne jede Kompensation, denn seine einzige Chance besteht in Angriffsmöglichkeiten auf der b-Linie. Diese können nicht mit einem Augenblinzeln taxiert werden, und es ist wahrlich merkwürdig, dass Botwinnik mit einem einzigen Zuge allen Zweifeln ein Ende zu machen weiß, ein Beweis mehr für seinen tiefen Blick für diese Art Stellungen.

15. ♕e2-e3!!

Unglaublich stark. Lassen Sie uns durchrechnen: 15. ... ♗a2: 16. b3 (was sonst?) 16. ... a5 17. ♔b2 a4 18. ♔a2: ab3:+

1) 19. ♔b3: ♖fb8+ 20. ♔c3 ♖a3+ usw.

2) 19. ♔b2 bc2: 20. ♔c2: ♖a2+ 21. ♔b1 ♖fa8 22. ♕c3 ♕e6

Alles dies sieht nicht besonders rosig für Weiß aus; aber was war denn die Absicht des Anziehenden? Ich werde es Ihnen sagen: 15. ... ♗a2: 16. b3 a5 und nun 17. ♕g5!.

Lässt Schwarz den Damentausch zu mit 17. ... a4, so folgt 18. ♕f6: gf6: 19. ♔b2 ab3: 20. ab3: und der schwarze Läufer wird auf die Dauer erobert. Vermeidet Schwarz dagegen den Damentausch durch 17. ... ♕e6, dann folgt 18. ♕e5: ♕c8 19. ♕b2 und der schwarze Läufer wird unmittelbar konfisziert. Diese letzten Varianten sind bequem durchzurechnen, aber man muss erst auf die Idee kommen.

15. ... ♖f8-b8

Schwarz hätte den Ausfall der weißen Dame nach g5 mit 15. ... h6 verhindern können; aber dann hätte Weiß mit 16. ♕c5 einen Bauern erobert.

16. a2-a3

Es ist ein bisschen inkonsequent, dass Weiß hier nicht direkt 16. ♕g5 spielt, aber vermutlich fürchtete der Anziehende Endspielkomplikationen nach 16. ... ♗a2: 17. ♕f6: gf6: 18. b3 ♗b3: 19. cb3: ♖b3:. Die Anwesenheit so vieler Türme erhöht noch die Remischancen.

16. ... ♖b8-b5

Nun würde 16. ... h6 mit 17. ♕c3 beantwortet werden. Nach dem Textzug „droht“ Schwarz h6, doch nun lässt Weiß diesen Zug nicht mehr zu.

17. ♕e3-g5!

Schon früher wurde erwähnt, dass Damentausch dem Schwarzen endgültig die Möglichkeit nimmt, Kompensation für die geschwächte Bauernstellung zu erhalten.

17. ... ♖a8-b8

18. b2-b3 h7-h6

Wenn er selbst tauscht, lädt Schwarz sich nur neue Schwierigkeiten auf den Hals: 18. ... ♕g5: 19. ♘g5: und nach dem Schlagen auf e6 kann der Turm nach d7 eindringen.

19. ♕g5xf6 g7xf6

Die erste Phase ist beendet. Es geht nun für Weiß darum, den erreichten positionellen Vorteil zu materialisieren, was in diesem Falle nicht allzu schwierig ist.

20. ♖d1-d3!

Einerseits, um die Türme zu verdoppeln, andererseits, um den Turm seitlich einzusetzen (Abschnitt V). Auch ♘h4, um die nun folgende Auflösung des doppelten schwarzen f-Bauern zu verhindern, kam in Frage. Der Textzug geht jedoch geradewegs auf das Ziel zu: Belagerung von c6.

Diagramm 110

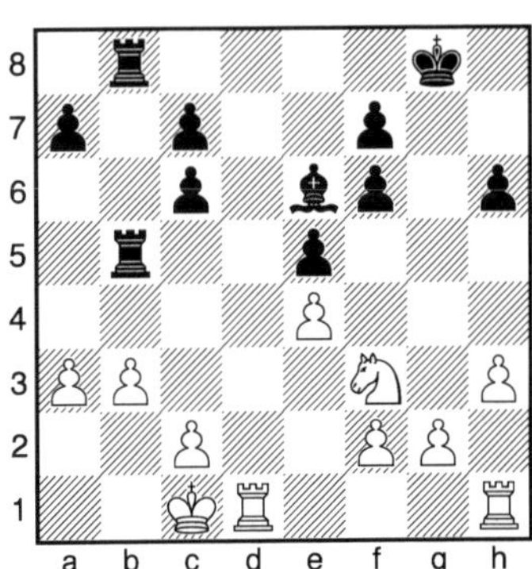

20. ... f6-f5

Ein guter Zug. Der Doppelbauer wird aufgelöst und der schwarze Läufer findet einen neuen Wirkungskreis.

21. e4xf5 ♗e6xf5

Die Abwicklung 21. ... e4 22. ♖c3 ef3: (22. ... ♗f5: 23. ♘d4) 23. fe6: fg2: 24. ♖g1 ♖g5 25. ♖g3 kostet einen Bauern:

1) 25. ... ♖g3: 26. ef7:+ ♔f7: 27. fg3: usw.

2) 25. ... fe6: 26. ♖g5:+ hg5: 27. ♖g2: ♖b5 28. f4 usw.

22. ♖d3-c3 ♗f5-d7

Auf 22. ... ♖8b6 folgt 23. ♖d1 und das Eindringen dieses Turms ist nicht mehr zu verhindern, da 23. ... ♖d5 zwei Bauern kostet.

23. ♖h1-d1 ♗d7-e8

24. a3-a4 ♖b5-a5

Das einzige Feld für den Turm. Man sieht bereits, wie Schwarz an

Händen und Füssen gebunden ist; alles die Folge seiner schlechten Bauernstellung auf dem Damenflügel.

25. ♘f3-d2

Schafft neue Möglichkeiten, nicht allein für den Springer (c4 und e4), sondern auch für ♖c3 (f3 und g3).

25. ... ♖a5-d5

Schwarz nutzt nun die Gelegenheit aus, seinen Turm auf die d-Linie zu bringen.

26. ♘d2-e4

Droht vor allem 27. ♘f6+.

26. ... ♖d5xd1+

26. ... ♔g7 27. ♖g3+ ♔f8 28. ♘f6 ♖d1:+ 29. ♔d1: führt zur Partiefortsetzung.

27. ♔c1xd1 ♖b8-d8+

28. ♔d1-e2

Nun droht wieder Bauerngewinn durch 29. ♘f6+ 30. ♘e8: u. 31. ♖c6:.

28. ... ♔g8-g7

29. ♖c3-g3+ ♔g7-f8

29. ... ♔h8 wäre ein ernstlicher Fehler: 30. ♘f6 (droht Matt) 30. ... ♗d7 31. ♖d3 mit Figurengewinn.

30. ♘e4-f6

Wir haben hier ein gutes Beispiel für die Kraft des „horizontalen" Turmes.

Der Schwerpunkt des Kampfes wird schnell von der einen auf die andere Seite verlegt, und der Verteidiger kann mit dem Tempo nicht Schritt halten. Schwarz hat nun zwei Möglichkeiten:

Diagramm 111

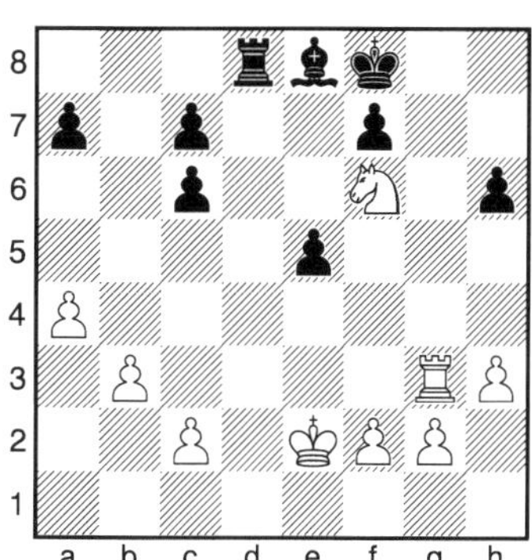

1) 30. ... c5, worauf Weiß mit 31. ♖g8+ und 32. ♖e8:+ ein Bauernendspiel erreicht, wie es im Abschnitt I behandelt wurde.

2) 30. ... ♔e7, worauf Weiß mit 31. ♘g8+ einen Bauern gewinnt.

„Eine schwere Wahl", denkt der Leser vielleicht. Nein, der routinierte Meister weiß, dass das Bauernendspiel mit dem isolierten Doppelbauern auf die eine oder andere Weise verloren gehen muss, und er wählt daher ohne Zögern die zweite Möglichkeit: aber es ist unsere Sache, gerade das Bauernendspiel sorgfältig zu untersuchen, also:

30. ... c6-c5 31. ♖g3-g8+ ♔f8-e7 32. ♖g8xe8+ ♖d8xe8 33. ♘f6xe8 ♔e7xe8 34. ♔e2-d3 ♔e8-d7 35.

♔d3-e4! (Auch ♔c4 gewinnt, jedoch weniger systematisch), 35. ... ♔d7-e6.

36. g2-g4!

Diagramm 112 (Analyse)

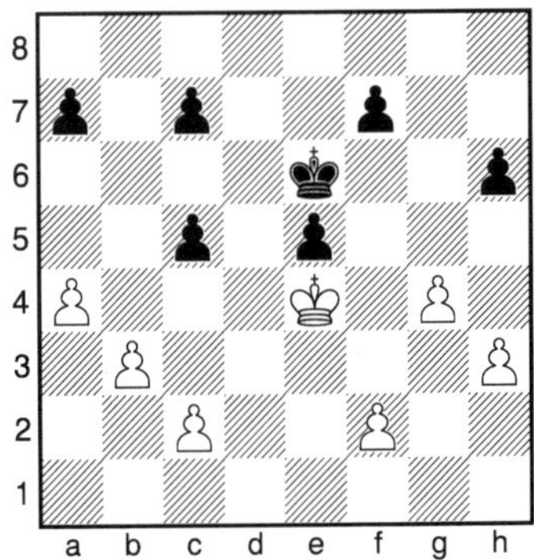

Um zu verhindern, dass der weiße König aus seiner zentralen Stellung vertrieben wird. Es geht nun zunächst darum, die Bewegungsfreiheit des schwarzen Königs festzustellen. Unterstellen wir 36. ... ♔d6 37. ♔f5 ♔d5 38. h4 ♔d4 39. g5 hg5: 40. h5 u. gewinnt.
Untersuchen wir ferner 36. ... ♔f6 37. ♔d5 ♔g5 (Schwarz darf diesen Zug nicht hinauszögern, weil Weiß sonst 38. h4 spielt und Schwarz dann in Zugzwang gerät) 38. ♔e5: ♔h4 39. f4 ♔h3: 40. g5 hg5: 41. fg5: ♔g4 42. ♔f6 ♔f4 43. c4 ♔g4 44. ♔f7: ♔g5: 45. ♔e6 usw.
Der schwarze König kann sich also im Augenblick nicht bewegen; erst muss dem weißen König das Feld d5 genommen werden, also:

36. ... c7-c6

37. h3-h4

Jetzt ist 37. ... ♔d6 wieder fehlerhaft wegen 38. ♔f5, während 37. ... ♔f6 an 38. ♔d3 nebst 39. ♔c4! scheitert, unter den gegebenen Umständen eine schnelle Gewinnführung (Weiß hat drei Tempozüge in Reserve: c3, f3 u. h5). Der schwarze König ist also immer noch unbeweglich, und wenn er weiter in dieser Lage bleibt, geht Schwarz ohne Gegenchancen zu Grunde, z. B. 37. ... a5 38. f3! f6 39. c4 ♔e7 40. ♔f5 ♔f7 41. h5 usw.
Schwarz verfügt aber noch über eine für diese Art Endspiele charakteristische Ressource, die es dem Weißen etwas schwerer macht:

37. ... c5-c4

38. b3xc4

Auf diese Weise hat Schwarz das Feld c4 für den weißen König unzugänglich gemacht und Weiß einen Doppelbauern verschafft.

38. ... ♔e6-f6!

Nun kann sich der schwarze König plötzlich bewegen.

39. g4-g5+ h6xg5

40. h4xg5+ ♔f6-e6

40. ... ♔g5: 41. ♔e5: ist chancenlos für Schwarz; der weiße König läuft zum schwarzen c-Bauern und Weiß erhält zuerst eine Dame.

41. a4-a5 a7-a6

42. f2-f3!

Weiß muss das Tempo c2-c3 sorgfältig für später aufheben.

42. ... f7-f6

Auf 42. ... ♔d6 gewinnt 43. ♔f5 leicht (indem er den f-Bauern erobert), und nach 42. ... c5 43. c3 f6 44. gf6: ♔f6: 45. ♔d5 ♔f5 46. ♔c5: ♔f4 47. ♔d5 ist der Untergang ebenfalls besiegelt.

43. g5xf6 ♔e6xf6

44. f3-f4 e5xf4

45. ♔e4xf4 ♔f6-e6

46. ♔f4-e4 ♔e6-d6

47. ♔e4-d4

Weiß hat die Opposition, aber dies allein reicht nicht aus, er muss noch einen Tempozug frei haben (c2-c3).

47. ... ♔d6-c7

Oder 47. ... c5+ 48. ♔e4 ♔e6 49. c3! ♔d6 50. ♔f5 usw.

48. ♔d4-c5 ♔d7-c7

49. c2-c3!

und gewinnt.

Haben Botwinnik und Smyslow das alles vorher berechnet? Keinesfalls. Sie wussten, dass es eine Gewinnfortsetzung gab – aufgrund ihrer Erfahrung, Intuition, Positionsgefühl oder wie man es nennen mag. Kehren wir nun zu Diagramm 111 zurück und setzen wir die Partie fort.

30. ... ♔f8-e7

Besser einen Bauern weniger mit kleinen Chancen als gleiches Material ohne jede Chance.

31. ♘f6-g8+ ♔e7-e6

32. ♘g8xh6 f7-f5

33. ♖g3-g7

Immer noch ist Weiß im Angriff. Es geht lediglich noch darum, den Abtausch der Türme im richtigen Moment zu erzwingen.

33. ... ♗e8-d7

34. ♖g7-g6+ ♔e6-d5

Auch auf 34. ... ♔e7 käme sehr stark 35. g4.

35. g2-g4 f5-f4

36. ♖g6-g8!

Dieser Tausch beruht auf dem Besitz der zwei verbundenen Freibauern.

36. ... ♖d8xg8

37. ♘h6xg8 ♔d5-d4

Nicht 37. ... e4 wegen 38. ♘f6+.

38. ♘g8-f6 ♗d7-c8

39. f2-f3!

Es ist sehr wichtig, e5-e4 zu verhindern, um Schwarz so jeder Gegenchance zu berauben.

39. ... ♔d4-c3

40. h3-h4!

Schwarz gibt auf, denn er kann den freien h-Bauern auf keine Weise mehr aufhalten (40. ... ♔c2: 41. h5 ♗a6+ 42. ♔f2 ♗d3 43. ♘e4! usw.).

Partie Nr. 6
Turnier zu Saltsjöbaden 1948

Weiß: G. Stoltz
Schwarz: W. Ragosin
Nimzoindisch

1. d2-d4 ♘g8-f6
2. c2-c4 e7-e6
3. ♘b1-c3 ♗f8-b4
4. e2-e3

Siehe die Partie 3 wo 4. ♕c2 geschah. Mit dem Textzug kümmert Weiß sich nicht um den Doppelbauern, den Schwarz ihm auf c3 verschaffen kann, weil er dafür das Läuferpaar erhält. Es ist sehr wichtig, dass man diese Faktoren in der praktischen Partie gegeneinander abzuwägen vermag. Dazu ist es nötig, dass man genau die Umstände kennt, unter denen die zu vergleichenden Größen, Doppelbauer und Läuferpaar, mehr oder weniger schwer wiegen.

4. ... c7-c5

Früher spielte man ausschließlich 4. ... d5, was für Schwarz jedoch den prinzipiellen Nachteil hat, dass ein eventueller Tausch auf c3 keinen wirklichen Doppelbauern schafft. Nach etwa 5. a3 ♗c3:+ 6. bc3: kann Weiß seinen Doppelbauern zu einem beliebigen Zeitpunkt durch Tausch auflösen, so dass Schwarz seine Kompensation in anderer Richtung suchen muss.

5. ♗f1-d3 ♘b8-c6
6. ♘g1-e2

Ein in dieser Variante häufig gespielter Zug, womit Weiß den Doppelbauern vermeidet. Allerdings steht der weiße Springer auf e2 etwas weniger aktiv als auf f3, u. a. weil er von e2 aus das Feld e5 nicht bestreicht.

6. ... 0-0
7. 0-0 d7-d6

Analog der Strategie in der Züricher Variante (siehe Partie Nr. 3) spielt Schwarz hier auf die Bildung eines Zentrums d6-e5, wobei jedoch der ♗b4 eine sehr ungeschickte Rolle spielen wird (dieser schwarzfeldrige Läufer wird dann in seinen Bewegungen ernstlich durch die eigenen Zentrumsbauern behindert – ähnlich wie der schwarze Damenläufer in Abschnitt X). Den Vorzug verdiente denn auch 7. ... d5 mit völligem Ausgleich im Zentrum (etwa wie 2½ – 2½, siehe die Zentrumstypen in Abschnitt I). Man beachte, dass 8. a3 darauf wie folgt beantwortet werden kann: 8. ... cd4:! und nun entweder:

1) 9. ed4: dc4: 10. ♗c4: ♗e7 mit befriedigendem Spiel für Schwarz (Zentrumtyp 6 aus Abschnitt I),

oder:
2) 9. ab4: dc3: 10. bc3: dc4: 11. ♗c4: ♕c7 und Schwarz hat Kompensation für das Läuferpaar in dem Sinne, dass c3 auf der offenen Linie schwach werden kann (rückständiger Bauer, Abschnitt II), und dieser Bauer außerdem die Entfaltung des ♗c1 behindert.

8. ♘c3-e4

Der ♗b4 steht nun vorläufig als müßiger Zuschauer dabei.

8. ... ♘f6xe4
9. ♗d3xe4 ♗b4-a5?

Lässt die nun folgende für Weiß vorteilhaft aussehende Fortsetzung zu. Richtig war 9. ... ♕c7 (10. ♕a4? ♗d7!).

10. d4xc5 d6xc5
11. ♗e4xc6 b7xc6
12. ♕d1xd8 ♖f8xd8

Das Thema Doppelbauer gegen Läuferpaar, das infolge der gewählten Variante die Hauptrolle zu spielen schien, jedoch durch den 6. Zug von Weiß in den Hintergrund gerückt wurde, ist jetzt aufs Neue aktuell geworden, und zwar mit vertauschten Farben: nicht Weiß, sondern Schwarz hat den Doppelbauern und das Läuferpaar. Man kann bereits ohne weiteres feststellen, dass die Begleitumstände für Schwarz nicht ideal sind, denn erstens verfügen die Läufer nicht über lange Linien (c6 und c5 stehen

Diagramm 113

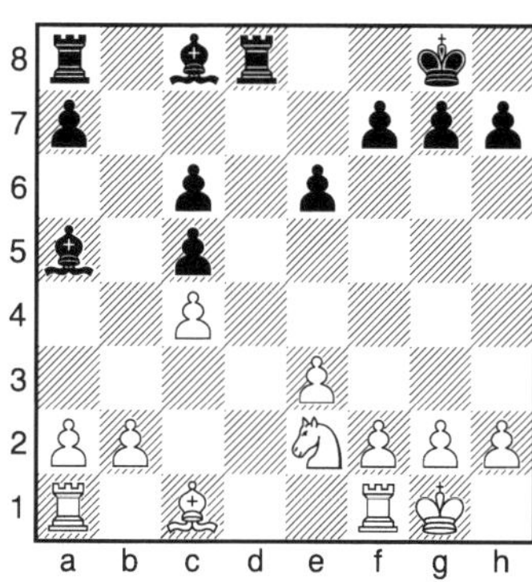

hindernd im Wege), und zweitens ist einer der Doppelbauern (c5) bequem angreifbar (durch ♗e3).

13. e3-e4

Zur Vorbereitung von ♗e3 mit Bedrohung von c5.

13. ... e6-e5
14. ♗c1-e3 ♗c8-g4

Mit diesem Zuge provoziert Schwarz den Zug f2-f3, der Bedeutung haben kann, weil der ♗e3 einen Augenblick ungedeckt bleibt.

15. f2-f3 ♗g4-e6

Der Angriff auf c5 wird so mit einem Gegenangriff auf c4 beantwortet.

16. b2-b3 ♗a5-b4

Wegen des möglichen a2-a3 eine sehr unzuverlässige Deckung des Bauern c5, aber infolge der ungedeckten Stellung des ♗e3 (s. Anm. zum 14. Z. v. Schw.) kann Weiß im

Moment davon noch keinen Gebrauch machen. Z. B. 17. a3 ♖d3! 18. ♔f2 (nach 18. ab4: ♖e3: ist b3 bedroht) 18. ... ♗c3! 19. ♖ad1 (19. ♘c3: ♖c3: verschafft Weiß praktisch keine Gewinnaussichten, weil ungleiche Läufer übrig bleiben und die schwarzen Türme besser stehen als die weißen.) 19. ... ♖d1: 20. ♖d1: ♗d4!, und der schwache Bauer des Schwarzen ist bestens gedeckt („plombiert" heißt das, wenn wir uns in der Sprache des Zahnarztes ausdrücken wollen).

17. ♖f1-d1 f7-f5

Um für den ♗e6 entweder die Linie f5-c2 zu bekommen (falls Weiß tauscht), oder die Linie g4-e2 (falls Schwarz tauscht). Eine verständige Taktik für den Besitzer des Läuferpaares: Öffnen der Stellung!

18. ♗e3-g5!

Auf diese Weise erobert Weiß die d-Linie für seinen Turm, wobei er jedoch die Möglichkeit a2-a3 aus der Hand gibt.

18. ... ♖d8xd1
19. ♖a1xd1 f5xe4
20. f3xe4 ♗e6-g4
21. ♔g1-f2 ♖a8-f8+
22. ♔f2-e3 h7-h6
23. ♗g5-e7

Auf unmittelbares 23. ♗h4 würde 23. ... ♗e2: 24. ♔e2: ♖f4! folgen.

23. ... ♖f8-e8

Oder 23. ... ♖f7 24. ♖d8+ ♔h7 25. ♗d6 mit Verbesserung der weißen Stellung.

24. ♗e7-h4

Nun war 24. ♗d6 weniger gut wegen der Fesselung 24. ... ♖d8.

24. ... a7-a5

Diagramm 114

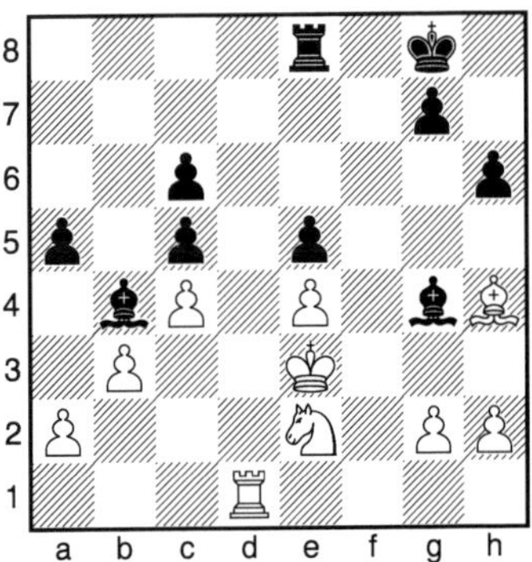

Ein sehr guter Zug. Es ist inzwischen klar geworden, dass das Läuferpaar nicht zur Geltung kommen kann, und Schwarz, der Bauernverlust früher oder später doch nicht vermeiden kann, ersinnt nun einen groß angelegten Rettungsplan, der darin besteht, die weiße Bauernstellung unter Bauernopfer so zu schwächen (isolieren oder verdoppeln – siehe Abschnitt II), dass die weißen Bauern ständig schutzbedürftig sind, wodurch die Realisierung des materiellen Vorteils unmöglich wird.

Schwarz beabsichtigt zunächst a5-a4.

25. h2-h3

Weiß hätte selbst a2-a4 spielen können, doch damit den ♙b3 ernstlich geschwächt und so einen großen Teil des weißen Übergewichts preisgegeben.

25. ... ♗g4xe2
26. ♔e3xe2 a5-a4!
27. b3xa4 g7-g5

Nicht sofort 27. ... ♖a8? wegen 28. ♖d8+ ♖d8: 29. ♗d8:, wonach die Umwandlung des weißen a-Bauern nur durch Läuferopfer verhindert werden kann.

28. ♗h4-g3 ♖e8-a8
29. ♖d1-d6

Weiß stürzt sich auf die schwachen Bauern: drei sind zugleich angegriffen. Doch bleibt auch Schwarz nicht untätig.

29. ... ♖a8xa4
30. ♗g3xe5 ♖a4xa2+
31. ♔e2-f3 g5-g4+!

Diagramm 115

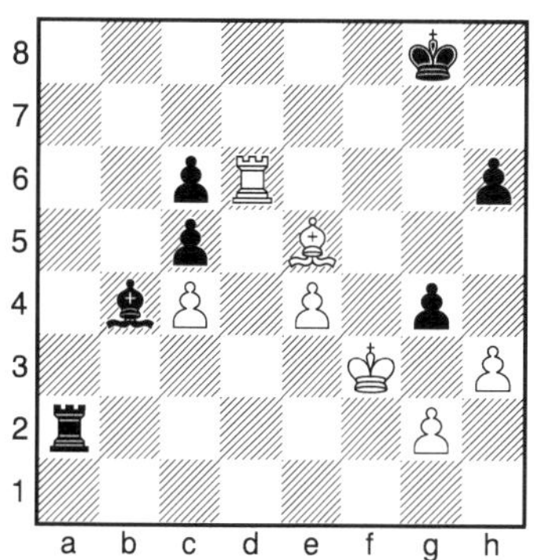

Die Pointe des von Schwarz angewandten Systems. Weiß hat nun die Wahl zwischen völliger „Isolierungs-Verdoppelung“ seiner Bauern oder Verlust von g2.

32. h3xg4?

Nein! Richtig war 32. ♔g4: ♖g2:+ 33. ♔f5. In solchen Endspielen ist eine aktive – in diesem Falle sogar aggressive – Stellung des Königs wichtiger als ein Mehrbauer.

32. ... ♗b4-d2
33. ♖d6xc6

Weiß hat schon zwei Bauern mehr und ein dritter steht ein, jedoch ist die weiße Lage nicht uneingeschränkt günstig: seine Bauern sind sämtlich isoliert oder verdoppelt, und der König ist zwischen den Bauern eingeschlossen.

33. ... ♖a2-a3+
34. ♔f3-e2 ♗d2-g5
35. ♗e5-f6?

Ein zweiter, ebenfalls prinzipieller Fehler. Turmendspiele mit isolierten Bauern bieten der schwächeren Partei große Remischancen, sogar bei einem Rückstand von 2 Bauern. Weiß musste darum die Läufer auf dem Brett lassen und 35. ♖c5: ♖e3+ 36. ♔f2 ♖e4: 37. ♗g3 probieren.

35. ... ♖a3-a2+

Auch 35. ... ♖e3+ 36. ♔f2 ♖e4: 37. ♗g5: hg5: 38. ♖c5: ♖g4: gab schon gute Remischancen, aber der Textzug ist sicherer.

36. ♔e2-d3 ♖a2-a3+
37. ♔d3-c2 ♗g5xf6
38. ♖c6xf6

Diagramm 116

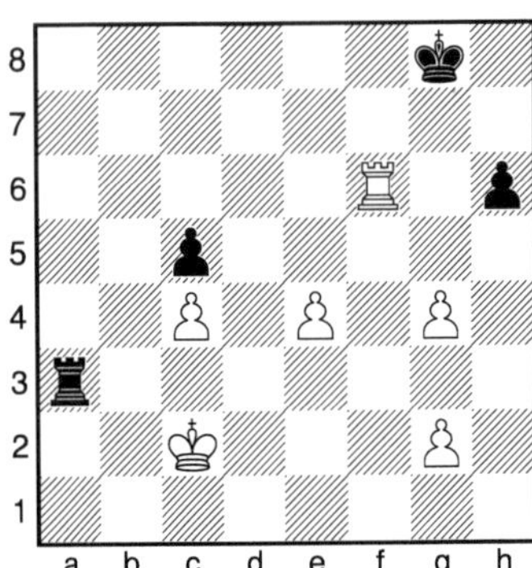

Ein sehr schwieriger Partieabschnitt hat begonnen: ein Turmendspiel mit ausschließlich schwachen Bauern auf beiden Seiten.

38. ... ♔g8-g7
39. ♖f6-f5 ♖a3-e3
40. e4-e5 ♔g7-g6
41. ♔c2-d2 ♖e3-e4
42. ♔d2-d3 ♖e4-d4+
43. ♔d3-e3 ♖d4xg4!

Schwarz macht es richtig: 43. ... ♖c4: verliert wegen 44. e6 ♖c1 45. ♔e2! und nun:

1) 45. ... ♖a1? 46. e7 ♖a8 47. ♖f8 usw.

2) 45. ... ♖c4 46. ♖e5! ♔f6 47. e7 usw.

3) 45. ... ♖c2+ 46. ♔d3 ♖c1 47. ♖e5! ♖d1+ 48. ♔c4 ♖d8 49. e7 ♖e8 50. ♔c5: ♔f7 51. ♔d6 usw.

44. ♖f5-f2

Diagramm 117

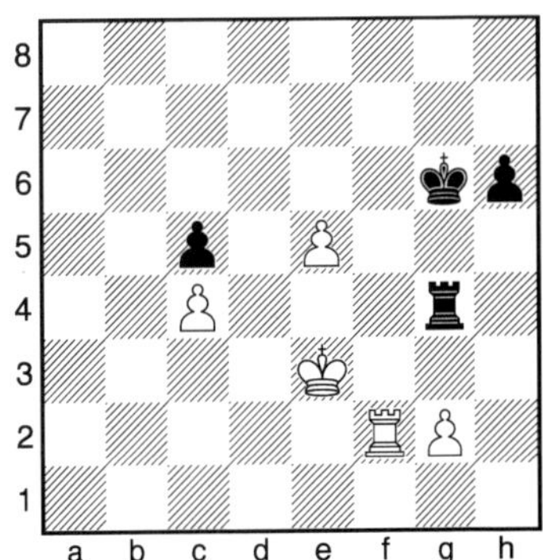

Weiß hat nichts Besseres. Schwarz kann nun wie folgt Remis erzwingen: 44. ... ♖c4:! 45. e6 ♖c1!

1) 46. e7? ♖e1+ 47. ♖e2 ♖e2:+ 48. ♔e2: ♔f7 usw.

2) 46. ♔d2 ♖c4 47. ♔d3 ♖d4+ 48. ♔e3 ♖d6 usw.

3) 46. ♔e4 c4 47. ♔d5 c3

3a) 48. ♖e2 ♖d1+

3a 1) 49. ♔c4 ♖d8 50. ♔c3: ♔f6 51. ♔c4 ♔e7 52. ♔c5 ♖d6 remis.

3a 2) 49. ♔c6 c2 50. ♖c2: ♔f6 51. ♖e2 ♔e7 remis.

3a 3) 49. ♔e5 ♖d2 50. ♖e3 c2 51. ♖g3+ ♔h5 52. ♖c3 ♖g2: usw.

3b) 48. e7 ♖d1+ 49. ♔c6 ♖e1 50. ♔d7 ♖d1+ 51. ♔e8 ♔g7!! (51. ... ♖d2 verliert:

52. ♖f3 c2 53. ♔f8) 52. ♖f3 c2 53. ♖g3+ ♔h7! 54. ♖c3 ♖d2 55. ♔f7 ♖f2+ usw.

44. ... ♔g6-g7?

Ein unbegreiflicher Fehler. Nun kann Weiß doch noch gewinnen, indem er seinen c-Bauern freimacht und seinen König aktiviert.

45. e5-e6 ♖g4-g6
46. ♔e3-e4!

Der König im Angriff.

46. ... ♖g6xe6+
47. ♔e4-d5 ♖e6-e1
48. ♔d5xc5

Diagramm 118

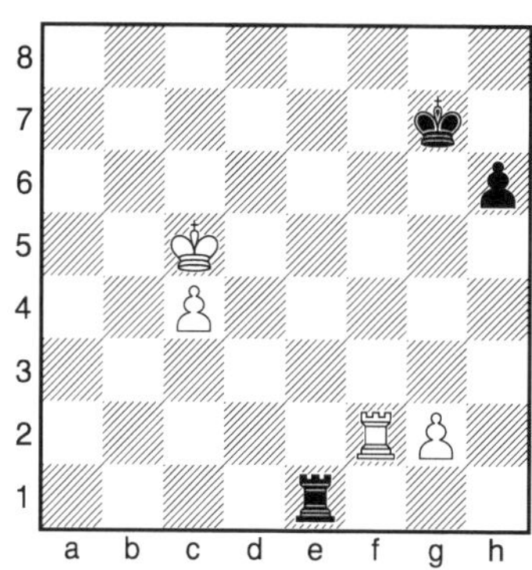

Nun kann der weiße König zum Schluss doch seine Endspielfunktion erfüllen. Der c-Bauer rückt unwiderstehlich vor. Es sind keine bedeutenden Hindernisse mehr zu überwinden.

48. ... ♔g7-g6
49. ♔c5-c6 ♔g6-g5
50. c4-c5 ♔g5-g4
51. ♔c6-c7 ♔g4-g3
52. ♖f2-c2 h6-h5
53. c5-c6 h5-h4
54. ♔c7-b6 ♖e1-b1+
55. ♔b6-c5 ♖b1-g1
56. c6-c7 ♖g1xg2
57. ♖c2-c3+

Schwarz gibt auf.

Partie 7

Länderwettstreit Hamburg 1960

Weiß: M. Tal
Schwarz: Dr. H. Lehmann

Spanisch, Lenzerheider-Variante

1.	**e2-e4**	**e7-e5**
2.	**♘g1-f3**	**♘b8-c6**
3.	**♗f1-b5**	**a7-a6**
4.	**♗b5-a4**	**♘g8-f6**
5.	**0-0**	**♗f8-e7**
6.	**♖f1-e1**	**b7-b5**
7.	**♗a4-b3**	**d7-d6**
8.	**c2-c3**	**0-0**
9.	**h2-h3**	**♗c8-b7**

Dies in Verbindung mit dem Bauernopfer im 15. Zuge hat Flohr eingeführt. Beim Clare-Benedict-Turnier in Lenzerheide 1956 bewährte sich diese Spielweise nicht; später aber suchten unternehmende Spieler, so auch Dr. Lehmann, nach Verbesserungen. Aber Tal ist gleichermaßen im Bilde.

10.	**d2-d4**	**e5xd4**
11.	**c3xd4**	**d6-d5**
12.	**e4-e5**	**♘f6-e4**
13.	**♘b1-c3**	**♘c6-a5**
14.	**♗b3-c2**	**f7-f5**

14. ... ♘c3: 15. bc3: wäre zum Vorteil von Weiß, der dann über eine starke Zentrumsposition verfügte. Auch 14. ... ♗b4 ist nicht spielbar, da Weiß mit 15. ♘e4:! ♗e1: 16. ♘f6+! bereits ins taktische Fahrwasser steuern kann. Der Textzug bedeutet ein Bauernopfer, das nach den bisherigen Erfahrungen jedoch kaum empfehlenswert ist.

15. e5xf6 e.p. ♗e7xf6

Das ist die Pointe des vorigen Zuges. Falls nämlich statt dessen 15. ... ♘f6:, so 16. ♘g5! und Schwarz gerät in ernste Schwierigkeiten.

16. Sc3xe4

Nimmt Weiß nicht an, so kann Schwarz sehr zufrieden sein. Aber warum soll Weiß sich weigern?

16.	**...**	**d5xe4**
17.	**♗c2xe4**	**♗b7xe4**
18.	**♖e1xe4**	**c7-c5**

Diagramm 119

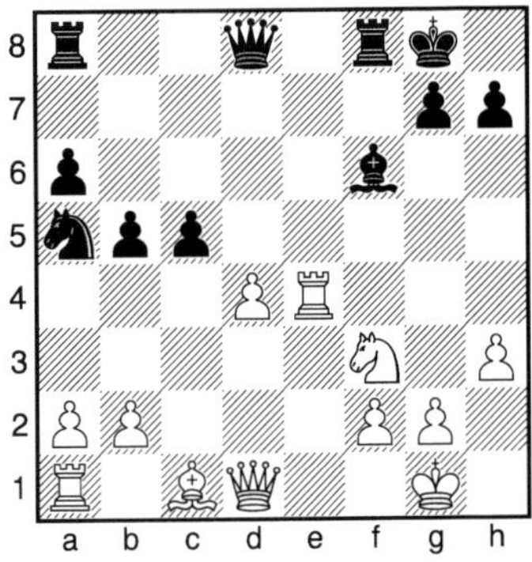

Das Bauernopfer hätte ganz andere Chancen für Schwarz, wenn sein c-Bauer auf c4 und sein Springer auf d5 stände. Ein blockierter isolierter Bauer ist so gut wie kein

Bauer und manchmal noch weniger. Hier nun ist aber die Lage wesentlich anders.

19. ♖e4-g4!

In der Partie Schmid – van Scheltinga, Lenzerheide 1956 kam Weiß nach 19. ♗e3 ♕d5 20. ♕c2 cd4: 21. ♗d4: ♖ac8 22. ♗c3 ♖c5 23. ♕e2! ♗c3: 24. bc3: sehr gut zu stehen. Dr. Lehmann hatte 20. ... c4! als Verbesserung vorbereitet, wonach Schwarz einen gewissen Druck am Damenflügel ausübt. Der andere plausible Zug 19. d5 ergibt nach 19. ... ♘c4 noch weniger. Tal gibt den Bauern zurück und droht ♗g5 mit Abtausch der aktivsten schwarzen Figur.

19. ... c5xd4

Schwarz lässt dies ohne weiteres zu. Er konnte jedoch dem Gegner mit dem allerdings riskanten Zuge 19. ... h5!? einige Probleme stellen, sah jedoch wegen 20. ♖g3 davon ab.

20. ♗c1-g5

Schwächer wäre 20. ♘d4: ♘c4! mit schwarzem Gegenspiel.

20. ... d4-d3

Schwarz tauscht den schwachen d-Bauern gegen b2 ein. Auf 20. ... ♘c6 geschieht am besten 21. ♕c2 ♖c8 22. ♖d1.

21. ♗g5xf6 ♕d8xf6

Nicht aber ♖f6: wegen 22. ♖d4!.

22. ♕d1xd3 ♕f6xb2

23. ♕d3-d5+ ♔g8-h8

24. ♖a1-e1

Nach der Partie stellte sich heraus, dass die gleiche Stellung schon in einer Partie Bivschev – Lilienthal, Kiew 1954, vorgekommen war, die ebenfalls einen für Weiß günstigen Verlauf nahm.

24. ... ♖a8-d8

25. ♖g4-f4!

Mit solchen glänzenden Zügen kann Weiß schon operieren. Zwei Hauptnachteile weist die schwarze Stellung auf: den Springer am Rande und das fehlende Luftloch! Der Sinn des letzten weißen Zuges ist, ein Turmpaar zu tauschen, wonach sich das Übergewicht am Königsflügel leichter verwerten ließe.

Diagramm 120

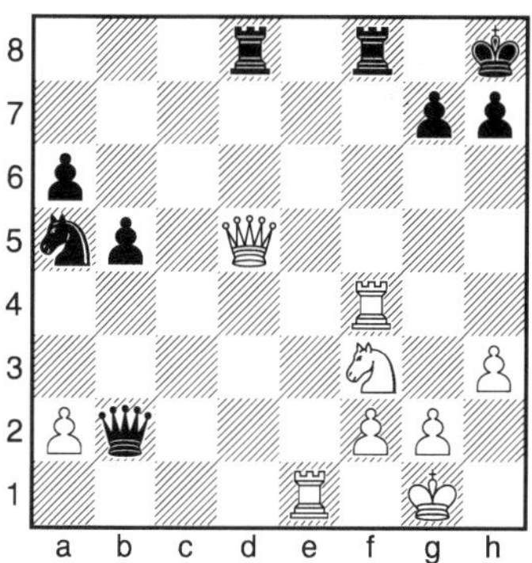

25. ... ♕b2-b4!?

Wie du mir, so ich dir, denkt Schwarz und bringt nun seinerseits einen Glanzzug an, der aber keine rechte Substanz hat. Deswegen wurde 25. ... ♕c3 als besser empfohlen, doch kann Weiß darauf witzig mit 26. ♕d6!! antworten; z. B. ♖g8 27. ♘g5!! ♕e1:+ 28. ♔h2 h6 29. ♕g6!!. Eine schneidige Variante, mit der Weiß die positionellen Vorteile prächtig verwertet.

26. ♖f4xf8+ ♖d8xf8

Auf 26. ... ♕f8: ist 27. ♕e6! sehr stark (27. ... ♖d6? 28. ♕d6:!).

27. ♖e1-e6

Danach kann Schwarz den ♙a6 nicht mehr retten. Auf den Angriffsversuch 27. ♖e4 verzichtete Tal, weil er auf 27. ... ♕c3 28. ♘e5 ♕c1+ 29. ♔h2 ♕c7! 30. g3 g6! keine klare Fortsetzung sah.

27. ... ♕b4-f4

Das Endspiel nach 27. ... ♕c4 28. ♕c4: ♘c4: 29. ♖a6: wäre für Schwarz verloren; hauptsächlich deshalb, weil er stets mit dem Matt auf der untersten Reihe rechnen muss. Das fehlende Luftloch wirkt sich also bis zuletzt nachteilig aus; eine sehr lehrreiche Feststellung!

28. ♖e6xa6 ♕f4-c1+

Eine Fehlspekulation wäre 28. ... h6 29. ♖a5: ♕c1+ 30. ♔h2 ♕c7+, denn das erobert keineswegs die Qualität, sondern kostet wegen 31. ♘e5! ♕a5: 32. ♘g6+ eine Figur!

29. ♔g1-h2 ♕c1-f4+

Der Versuch, den Randspringer mit 29. ... ♕c7+ 30. ♘e5 ♘c4 einzusetzen, scheitert an der eindrucksvollen Zugfolge 31. ♖a8 ♖b8 32. ♕c5! ♕b7 33. ♕f8+ (Tal), die die Schwäche der Grundreihe zeigt.

30. g2-g3 ♕f4-c4

Und wieder ist es die drohende Mattgefahr, die Schwarz daran hindert, den weißen Springer zu schlagen.

31. ♕d5-d2

Auch 31. ♕c4: genügte zum Sieg, allein Tal will im Mittelspiel gewinnen.

31. ... ♘a5-b7

Auf 31. ... h6 entscheidet 32. ♘e5!. Aber 31. ... ♘c6 32. ♕d6 ♖c8! kam nach Dr. Lehmann in Frage, wonach Schwarz das Manöver ♘c6-b4-d3 in petto hätte (33. ♕d7? ♘b8!) und Widerstand leisten könnte.

32. ♖a6-a7 ♘b7-c5

Andere Möglichkeiten: I. 32. ... ♕f7 33. ♘e5 ♕f2:+ 34. ♕f2: ♖f2:+ 35. ♔g1 und Weiß gewinnt eine Figur. II. 32. ... ♕c6 33. ♕e3 und Schwarz ist nicht besser dran als in der Partie.

33. ♘f3-e5 ♕c4-f1?

Danach geht es mit Schwarz schnell bergab, doch können auch andere Züge das Spiel nicht mehr retten. Wir geben noch einige Varianten, die die weißen Chancen ins rechte Licht rücken:

I. 33. ... ♕e4 34. ♘f7+ ♔g8 35. ♘g5 ♕c4 36. ♕b2 und Weiß gewinnt.

II. 33. ... ♕e6 34. ♕d4! ♕b6 35. ♖g7:! – eine reizende Wendung, z. B. 35. ... ♔g7: 36. ♘d7+ und erobert die Dame, oder 35. ... ♕f6 36. ♖f7! ♖f7: 37. ♘f7:+ mit entscheidendem Übergewicht.

34. ♖a7-f7	**♘c5-e6**
35. ♖f7xf8+	**♘e6xf8**
36. ♕d2-f4	**♘f8-e6**
37. ♕f4-f7	**h7-h6**

Endlich das Luftloch, dessen Fehlen ihm bisher so viel Kummer bereitet hatte. Aber es ist zu spät. Zwar kann Weiß den ♘e6 nicht nehmen, weil Schwarz Dauerschach hätte, aber er holt trotz des stark reduzierten Materials zu einem vernichtenden Mattschlage aus. Witzig wie die ganze Partie ist auch der Schluss.

Diagramm 121

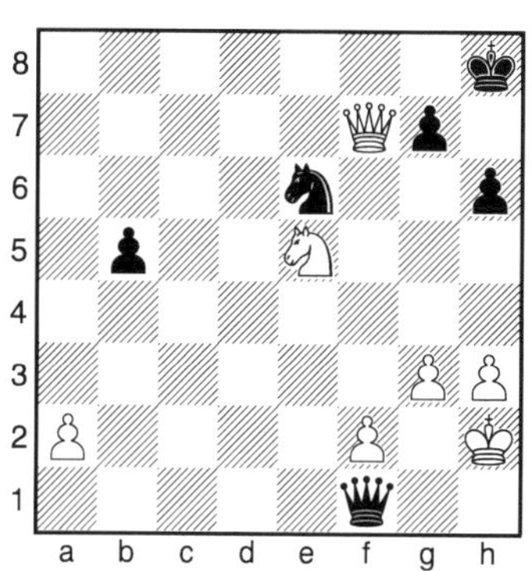

38. ♘e5-g6+! ♔h8-h7
39. ♘g6-e7!

Diese „Klammerwirkung" des Springers leitet den entscheidenden Mattangriff ein, bzw. beendet ihn eigentlich schon, denn gegen ♕g8 matt ist nichts Befriedigendes zu erfinden (39. ... h5 40. ♕h5: matt). Schwarz gab deshalb auf.

Nun erhebt sich aber plötzlich die Frage: konnte er nicht doch mit einer elementaren „Gabelkombination" das Spiel retten? Und zwar so: 39. ... ♕h3:+!? 40. ♔h3: Sg5+ samt ♘f7:. Das wär' zu schön, um wahr zu sein! Weiß spielt nämlich kaltblütig (39. ... ♕h3:+) 40. ♔g1!! h5 (geht jetzt, nützt aber auch nicht viel!) 41. ♘f5! Eine reizende Schlusspointe. Der ♘e6 geht verloren, weil er das Matt auf g7 bewachen muss und nicht mehr gedeckt werden kann. Sehr bemerkenswert, dass Dr. Lehmann dies alles erkannte und Tal den Nachweis am Brett ersparte. Eine großartige Partie mit eigenartiger Mischung von Positions- und Kombinationsspiel!

Partie 8

Kandidatenwettkampf 1968
(5. Partie)

Weiß: B. Spasski
Schwarz: B. Larsen
Dreispringerspiel

1. e2-e4 e7-e5
2. ♘g1-f3 ♘b8-c6
3. ♘b1-c3

Aus taktischen Überlegungen (er führte im Wettkampf mit 3½ : ½) wählte Spasski eine ruhige Fortsetzung, die nach der üblichen Antwort 3. ... ♘f6 zum remisartigen Vierspringerspiel geführt hätte.

3. ... g7-g6

Larsen weigert sich selbstverständlich, der „Remiseinladung" zu folgen, und leitet das Spiel auf weniger bekannte Wege.

4. d2-d4 e5xd4
5. ♘f3xd4

Die Eröffnungstheorie empfiehlt hier die energischere Fortsetzung 5. ♘d5, die nach 5. ... ♗g7 6. ♗g5 ♘ce7! zu einem komplizierteren Spiel führt. Aber, wie gesagt, Spasski war angeblich friedlich gestimmt.

5. ... ♗f8-g7
6. ♗c1-e3 ♘g8-f6

Ein kleiner Fehler, der aber ohne Folgen bleibt. Weiß könnte nun, wie in einer späteren Partie Chawski – Schechtman, UdSSR 1971, mit 7. ♘c6:! bc6: 8. e5 ♘g8 9. ♗d4 ♕e7 10. ♕e2 f6 11. ef6: ♕e2:+ 12. ♗e2: ♘f6: 13. ♗f3 0-0 14. 0-0-0 ein günstiges Endspiel herbeiführen. Richtig war zunächst 6. ... d6.

7. ♗f1-e2 0-0
8. 0-0 ♖f8-e8
9. ♘d4xc6 b7xc6
10. ♗e2-f3 ♗c8-b7

Nicht gleich 10. ... d6 wegen der Antwort 11. e5.

11. ♕d1-d2 d7-d6

Diagramm 122

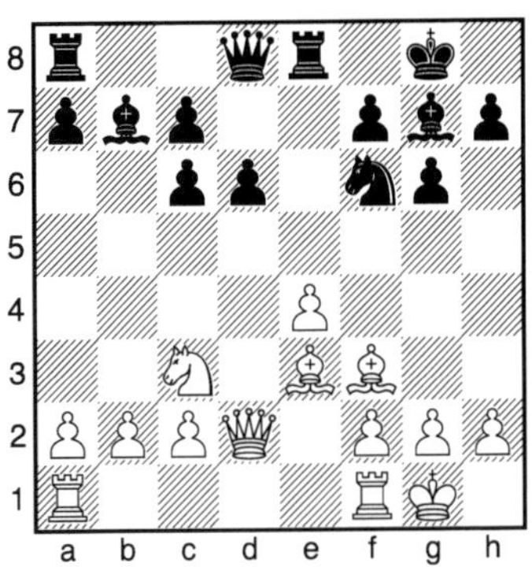

Es ist eine dem Zentrumstyp 4 ähnliche Stellung entstanden. Wenn Sie den Text unter Diagramm 7 auf Seite 18 lesen, dann werden Sie den wesentlichen Unterschied zwischen den beiden Stellungen bemerken. In unserer Partie sind die wichtigen Vorpostenfelder d5 und f5 von Schwarz kontrolliert und das ändert die Beurteilung der Situation. Weiß kann schwerlich seinen zentralen Raumvorteil ausnutzen, während Schwarz einen starken Druck auf das weiße Zentrum (♙e4) und entlang der halb offenen e-Linie ausübt. Die schwarzen Doppelbauern auf der c-Linie sind hier eher ein Vorteil, weil sie auf die Zentralfelder einwirken.

12. ♗e3-h6?!

Der Abtausch der schwarzfeldrigen Läufer ist ein bekanntes Verfahren in Fianchetto-Stellungen (g6, ♗g7). Hier ist dieses Manöver nicht so gut, hauptsächlich weil es nicht in das Gesamtkonzept des positionellen Kampfes im Zentrum passt. Die weiße Dame entfernt sich vorläufig vom Hauptkampfschauplatz, und Schwarz gewinnt kostbare Zeit, um seine Kräfte gegen den Punkt e4 zu konzentrieren.

12. ... ♗g7xh6
13. ♕d2xh6 ♖e8-e5!
14. ♖a1-e1

Die taktische Präzision in der Durchführung der strategischen Ideen ist sehr wichtig. Es war besser, die Verdoppelung der Türme auf der e-Linie in einer anderen Form zu realisieren: 14. ♖fe1 c5 15. ♖e2 ♕e7 16. ♖ae1.

14. ... c6-c5
15. ♖e1-e3

15. ♖e2 war hier nicht mehr möglich wegen 15. ... ♗a6.

15. ... ♕d8-e7
16. ♖f1-e1 ♖a8-e8

Diagramm 123

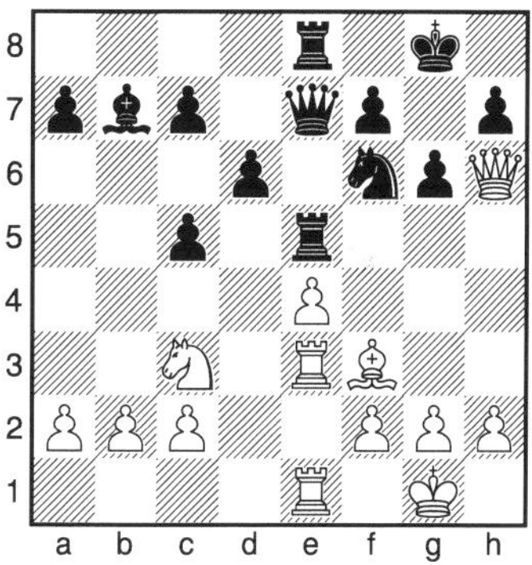

Eine sehr lehrreiche Stellung: Alle schwarzen Figuren greifen den ♙e4 an, und fast alle weißen Figuren (mit Ausnahme der Dame) sind an seine Verteidigung gebunden. Das hat eine wesentliche Verringerung der Beweglichkeit der weißen Kräfte zur Folge und überlässt dem Schwarzen viele taktische Möglichkeiten.

17. h2-h4?!

Weiß möchte gern etwas unternehmen, um Schwarz von dem Druck auf e4 abzulenken. Vorsichtiger war aber 17. h3 (mit „prophylaktischer“ Kontrolle des Feldes g4) oder sogar 17. ♖3e2, um der Dame nach Möglichkeit ein besseres Rückzugsfeld zu öffnen.

17. ... ♕e7-e6
18. ♕h6-f4 ♔g8-g7
19. b2-b3 h7-h6
20. ♕f4-g3

Vielleicht war hier, laut Smyslow, 20. ♘b5 ♕d7 21. c4 a6 22. ♘c3 eine bessere Idee.

20. ... ♕e6-d7
21. ♕g3-f4 ♖e8-e7

Diagramm 124

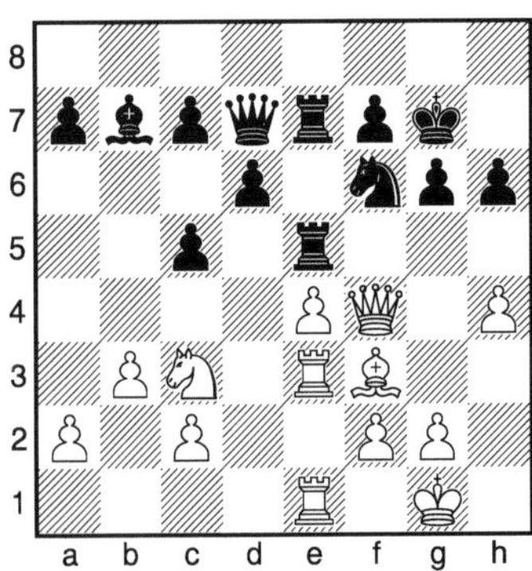

22. ♘c3-d5?!

Weiß war mit erheblichen Schwierigkeiten konfrontiert: Nach dem beabsichtigten ♕d7-e8 drohte Schwarz mit dem Durchbruch d6-d5. In solchen Stellungen ist es geboten, die Ruhe zu behalten und nicht hastig zu reagieren. Verhältnismäßig am besten war 22. ♖3e2, um 22. ... ♕e8 mit 23. ♕d2 zu beantworten.

22. ... ♗b7xd5!

Dieser Abtausch basiert auf konkreten Varianten. Schwarz benutzt die schlechte Stellung der weißen Dame in Verbindung mit dem Druck auf der e-Linie, um eine neue, größere Bauernschwäche zu schaffen.

23. e4xd5 g6-g5
24. h4xg5 h6xg5
25. ♕f4-g3 ♕d7-f5
26. c2-c4

Das Endspiel nach dem Generalabtausch auf e5 (26. Te5: Te5: 27. Te5: De5: 28. De5: de5: 29. c4 e4 30. Le2 Se8) war hoffnungslos für Weiß. Hier zeigen sich zwei positionelle Merkmale als entscheidend:
1) Die weiße Bauernmehrheit am Damenflügel kann schwerlich verwertet werden, während die schwarze Bauernmehrheit am Königsflügel sehr leicht einen Freibauern schaffen kann.
2) Der schwarze Springer (auf d6, e5 oder d4 zentralisiert) ist dem weißen Läufer (dessen Beweglichkeit stark eingeschränkt ist) klar überlegen.

26. ... ♖e5xe3
27. f2xe3

Wiederum wäre das Endspiel nach 27. ♖e3 ♖e3: 28. fe3: ♕e5 (auch mit Damen auf dem Brett stünde Schwarz überlegen) 29. ♕e5: de5: für Weiß verloren.

27. ... ♖e7-e5

Deckt zusätzlich den ♙g5 und droht mit der Dame nach c2 einzudringen.

28. ♗f3-d1 ♕f5-d3
29. ♗d1-f3 ♕d3-c3
30. ♔g1-h2 a7-a5
31. ♔h2-h1 ♔g7-f8

Diagramm 125

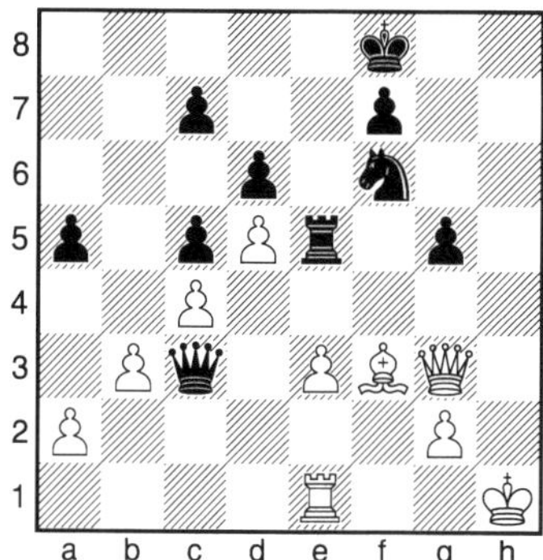

Nun geht der schwache ♙e3 verloren, weil ihn mit 32. ♕f2 zu decken noch schlimmer wäre: 32. ... g4 33. ♗d1 ♘e4 34. ♕h4 ♖h5 usw. Die Partie ist nicht mehr zu retten.

32. ♖e1-f1 ♕c3xe3
33. ♕g3-h3 ♔f8-g7
34. g2-g3 ♕e3-d4
35. g3-g4 a5-a4
36. ♗f3-d1 ♖e5-e3
37. ♕h3-g2 ♖e3-d3
38. ♗d1-e2 ♖d3-d2
39. b3xa4 ♕d4-e5

Weiß gab auf, weil auf 40. ♖f2 die Erwiderung 40. ... ♘e4 folgt. Eine höchst lehrreiche Partie.

Partie 9

Meisterschaft der UdSSR 1988

Weiß: A. Karpow
Schwarz: W. Malanjuk

Holländische Verteidigung

1. d2-d4 f7-f5
2. g2-g3 ♘g8-f6
3. ♗f1-g2 g7-g6
4. c2-c4 ♗f8-g7
5. ♘g1-f3 d7-d6
6. 0-0 0-0
7. ♘b1-c3 ♕d8-e8!?

Mit diesem Zug beginnt eine verhältnismäßig neue Variante des Leningrader Systems in der Holländischen Verteidigung (das Leningrader System ist durch die Entwicklung des Königsläufers nach g7 charakterisiert, gefolgt unter Umständen von e7-e5). Großmeister Malanjuk hat viel Erfolg mit dieser Variante gehabt, besonders weil seine Gegner nach einer taktischen Lösung suchten. In dieser Partie zeigt Karpow die Vorteile einer strategischen Bekämpfung des schwarzen Aufbaus, die auf einem einfachen Grundgedanken basiert: Verhinderung von e7-e5!

8. b2-b3 ♘b8-a6?!

Die prinzipielle Fortsetzung 8. ... e5 9. de5: de5: 10. e4 ♘c6 wurde durch Balaschows Zug 11. ♘d5! in Frage gestellt, z. B. 11. ... fe4: 12. ♘g5 ♘d5: 13. cd5: ♘d4 14. ♘e4 und Weiß steht besser (Druck auf der c-Linie und auf den schwarzen Feldern). Aus diesem Grund wählt Malanjuk eine andere, weniger bekannte Fortsetzung, die sich in einer vergessenen Partie Kaunas – Tschernin (Klaipeda 1983) bewährte: 9. ♗b2 h6 10. e4 fe4: 11. ♘d2 ♗g4 12. ♕b1 e3 13. fe3: c6 14. a3 ♘c7 15. ♕d3 g5 16. ♘ce4 ♕h5 mit beiderseitigen Chancen.

Vom prinzipiellen Standpunkt und abgesehen von möglichen taktischen Lösungen (wie in der oben zitierten Partie), steht oder fällt der schwarze Aufbau in dieser Variante mit dem Zug e7-e5. Wenn Schwarz nicht zu diesem Zug kommt, dann muss er fast unvermeidlich in eine beengte Stellung kommen, natürlich unter der Voraussetzung, dass Weiß den richtigen taktischen Weg findet. Die Folge dieser Partie zeigt, wie Karpow seine strategischen Grundgedanken mit großem taktischen Geschick durchführt und mit eigentlich sehr einfachen Mitteln eine entscheidende positionelle Überlegenheit erreicht.

9. ♗c1-a3! c7-c6

10. ♕d1-d3!

Der Zug e7-e5 ist verhindert und Weiß bereitet jetzt die Öffnung der e-Linie mit Hilfe von e2-e4 vor. Schwächer wurde in einer Partie aus dem gleichen Turnier Gawrikow – Malanjuk gespielt: 10. ♖c1 c6 11. e3 und mit 11. ... ♗d7 gefolgt von b5 könnte Schwarz sogar die Initiative übernehmen.

10. ... ♗c8-d7

11. ♖f1-e1 ♖a8-d8?!

Zu passiv gespielt. Es war höchste Zeit, die Gefahr zu erkennen und den Plan zu ändern: 11. ... d5!? war vielleicht eine gute Lösung (Malanjuk).

12. ♖a1-d1 ♔g8-h8

13. e2-e4

Diagramm 126

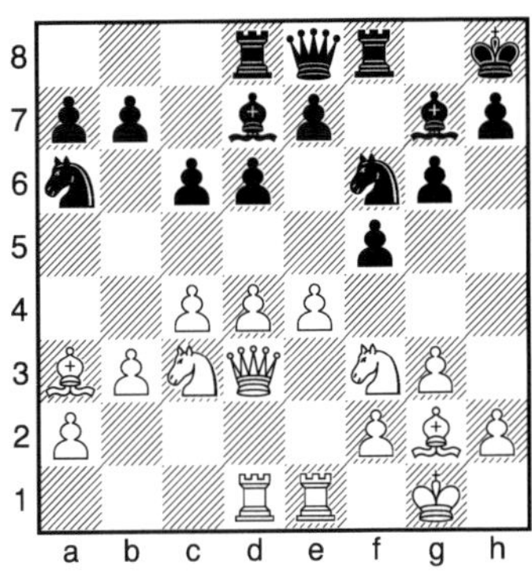

Die erste Phase des Plans ist erfüllt. Schwarz kann e4-e5 nicht zulassen und ist gezwungen, auf e4 zu schlagen. Als Folge bekommt Weiß die halb offene e-Linie mit Druck auf den rückständigen Bauern e7.

13. ... f5xe4
14. ♘c3xe4 ♗d7-f5
15. ♘e4xf6!

Eine kleine taktische Abwicklung, die die Lage auf der halb offenen e-Linie klärt. Schwarz darf natürlich nicht 15. ... ♗d3: ziehen wegen 16. ♘e8: mit Figurengewinn.

15. ... ♗g7xf6
16. ♕d3-e3

Die strategische Schlacht ist mit einem vollen Sieg des Weißen beendet. Was nun folgt, ist eine lehrreiche Verwertung des positionellen Vorteils mit taktischen Mitteln.

16. ... ♕e8-f7
17. h2-h3 ♘a6-c7
18. ♖e1-e2 ♗f5-c8
19. ♘f3-g5 ♕f7-g8

Für alle Fälle wird das Fluchtfeld g7 für den Läufer frei gelassen.

20. ♕e3-d2 ♘c7-e6
21. ♘g5xe6 ♗c8xe6
22. ♖d1-e1 ♗e6-d7

Der positionelle Druck hat seinen Gipfel erreicht: Die Stellung ist reif für taktische Lösungen. Das folgende Qualitätsopfer löst die grundsätzliche strategische Auf-

Diagramm 127

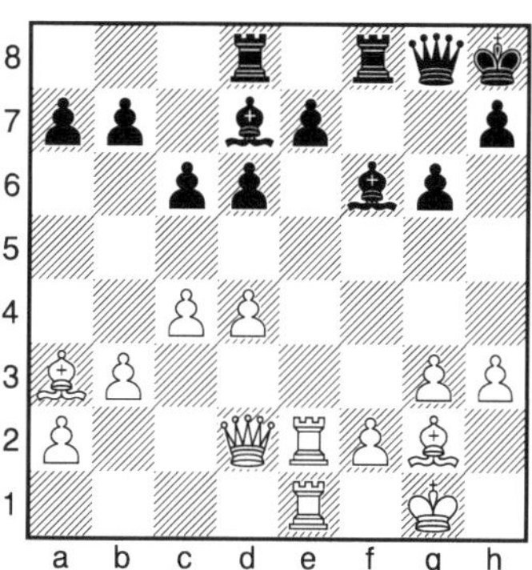

gabe: Den Durchbruch auf der e-Linie in Verbindung mit einem anderen strategischen Merkmal – die Schwäche der schwarzen Felder im gegnerischen Lager nach dem Verschwinden des ♗f6.

23. ♖e2xe7! ♗f6xe7
24. ♖e1xe7 ♖f8-f6

Deckt den ♙d6 und macht Platz für die Dame.

25. d4-d5 ♕g8-f8
26. ♖e7-e3 ♔h8-g8
27. ♗a3-b2 ♖f6-f5
28. ♕d2-d4

Schwarz ist jetzt machtlos gegen den enormen Druck entlang der großen Diagonale.

28. ... ♖f5-e5
29. ♖e3xe5 d6xe5
30. ♕d4xe5 ♔g8-f7

Um die totale Vernichtung seiner Königsflügelbauern zu vermeiden (31. ♕h8+ ♔f7 32. ♕h7:+ ♔e8

33. ♕g6:+ usw.) sucht der König sein Heil in der Flucht (31. ♕f6+ ♔e8), aber das nutzt nichts mehr.

31. d5-d6 ♗d7-f5

32. c4-c5 h7-h5

32. ... ♖e8 hätte dem König das Fluchtfeld e8 genommen: 33. ♕f6+ ♔g8 34. ♕h8+ ♔f7 35. ♕h7:+ ♔e6 36. ♕b7: usw.

33. g3-g4! h5xg4

34. h3xg4 ♗f5-d3

Der ♙g4 darf wegen 35. ♕f6+ nebst 36. ♕g6:+ nicht genommen werden. Jetzt aber folgt eine letzte kleine Kombination.

35. ♗g2-d5+!

Schwarz gab auf.

Er wird nach 35. ... cd5: 36. ♕d5:+ ♔e8 37. ♕e6+ ♕e7 38. ♕e7:+ matt gesetzt.

Partie 10

Weltcupturnier Reykjavik 1988

Weiß: M. Tal

Schwarz: J. Speelman

Alt-Benoni

1.	**e2-e4**	**d7-d6**
2.	**d2-d4**	**g7-g6**
3.	**♘g1-f3**	**♗f8-g7**
4.	**♗f1-e2**	**♘g8-f6**
5.	**♘b1-c3**	**0-0**
6.	**0-0**	**c7-c5**
7.	**d4-d5**	**♘b8-a6**

Durch Zugumstellung ist eine alte Form der Benoni-Verteidigung entstanden, die seit der letzten Partie des WM-Wettkampfes Karpow – Kortschnoi (Baguio 1978) für Schwarz als unbefriedigend galt.

Diagramm 128

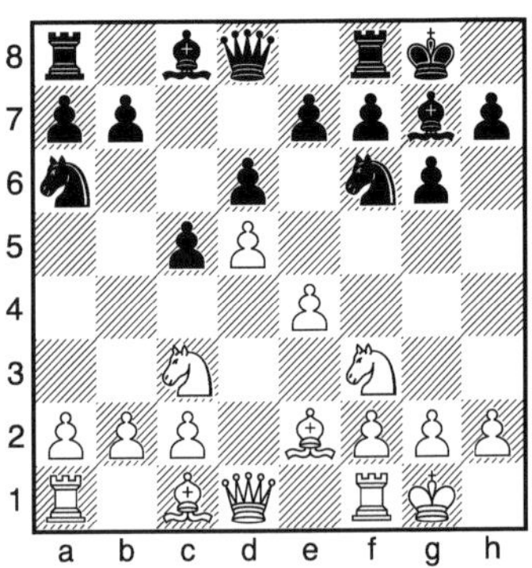

Eine ähnlich Bauernformation kommt in der Hauptvariante der

modernen Benoni-Verteidigung vor, nur ohne die Bauern c4 und e7, z. B. 1. d4 ♘f6 2. c4 c5 3. d5 e6 4. ♘c3 ed5: 5. cd5: d6 6. e4 g6 7. ♘f3 ♗g7 8. ♗e2 0-0 9. 0-0 ♖e8 10. ♘d2 ♘a6.

Natürlich konnte Schwarz auf ähnliche Weise mit 7. ... e6 (statt 7. ... ♘a6) fortsetzen, z. B. 8. ♘d2 ed5: 9. cd5: und nun 9. ... ♘a6 oder 9. ... ♘bd7; aber wenn er eine solche Stellung haben wollte, dann wäre es viel einfacher, von Anfang an die Moderne Benoni-Verteidigung zu spielen.

Durch die Zugfolge unserer Partie hat aber Schwarz erreicht, dass der weiße c-Bauer nicht gezogen wurde, was ein anderes Gegenspiel ermöglicht, nämlich die Verwertung der Bauernmehrheit am Damenflügel (durch b7-b5 usw.).

8. ♖f1-e1

Um den schwarzen Plan zu durchkreuzen, spielte Karpow hier (in der erwähnten Partie mit Kortschnoi) 8. ♗f4 ♘c7 9. a4 und kam nach 9. ... b6?! 10. ♖e1 ♗b7 11. ♗c4 ♘h5? 12. ♗g5 ♘f6 13. ♕d3 a6 14. ♖ad1 ♖b8 15. h3 ♘d7 16. ♕e3 ♗a8 17. ♗h6 deutlich in Vorteil. Inzwischen hat man bessere Wege für Schwarz gefunden, um seine Bauernmehrheit am Damenflügel doch in Bewegung zu setzen, z. B. 9. ... a6 10. ♖e1 b6 11. h3 ♗b7 12. ♖b1 ♖b8 13. ♕d2 b5 14. ab5: ab5: 15. b4 c4 mit beiderseitigen Chancen (Gawrikow – Torre, Lugano 1988).

8. ... ♘a6-c7

9. ♗c1-f4

In einigen Partien wurde hier, ähnlich der Begegnung Karpow – Kortschnoi, 9. a4 gespielt, wonach aber Schwarz mit 9. ... a6! gute Gegenchancen bekommen kann. Das wusste Tal aber sehr gut, weil Velimirović 1979 in Belgrad genau so gegen ihn gespielt hatte. Nach 10. ♖e1 ♖b8 11. a5 b5 12. ab6: ♖b6: 13. b3 ♘h5 14. ♗d2 ♖b8 15. ♖a2 ♘b5 16. ♘b5: ab5: hatte Schwarz ein aktives Spiel. Deshalb wählt er hier einen anderen Weg.

9. ... b7-b5

10. ♘c3xb5 ♘f6xe4

So wurde in einer in der „Enzyklopädie der Schacheröffnungen" zitierten Partie Wade – Szabo (Havanna 1965) gespielt. Mit dem Urteil „gleiches Spiel" war angeblich Tal nicht einverstanden.

11. ♘b5xc7 ♕d8xc7

12. ♗e2-c4 ♘e4-f6

(siehe Diagramm 129)

Damit ist das strategische Thema dieser Partie entstanden: der ♙e7 ist auf der halb offenen e-Linie rückständig geblieben und wird jetzt aufs Korn genommen.

13. h2-h3 ♖f8-e8

Diagramm 129

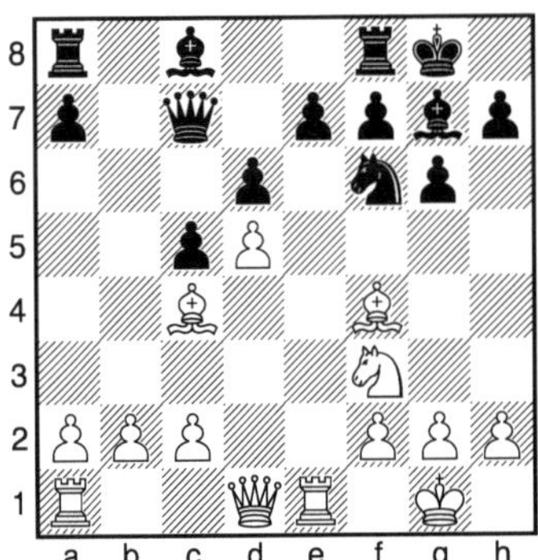

14. ♖a1-b1 a7-a5
15. ♕d1-d2 ♕c7-b6
16. ♖e1-e3 ♗c8-a6
17. ♗c4xa6 ♕b6xa6
18. ♖b1-e1 ♔g8-f8?!

Die Deckung des angegriffenen Bauern führt zu einer passiven Verteidigungsstellung. Besser wäre, laut Tal, der Gegenangriff 18. ... ♕c4, z. B. 19. ♖e7: ♖e7: 20. ♖e7: ♗f8 (20. ... ♘d5:? 21. b3 ♕f4: 22. ♕d5: ist vorteilhaft für Weiß) 21. ♖e1 ♕d5: mit ungefähr gleichem Spiel.

19. ♘f3-g5! ♕a6-b7

Wenn Schwarz den Springer mit 19. ... h6 zu vertreiben versucht hätte, so wäre er nach 20. ♘e4, wegen der Drohung 21. ♘f6:+, mit neuen Problemen konfrontiert, z. B. 20. ... ♘e4: 21. ♖e4: ♗b2: 22. ♗h6:+ (auch 22. c3 kommt in Frage), aber vielleicht wäre das doch besser als die Partiefortsetzung. Zu bemerken ist, dass 19. ... ♕c4 nicht mehr genügend gewesen wäre: 20. ♖e7:! ♖e7: 21. ♗d6: ♘d5: (oder 21. ... ♖a7 22. ♖e7: ♖e7: 23. ♕a5: ♘e8 24. ♕d8 und Weiß gewinnt) 22. ♗e7:+ ♘e7: 23. ♕d6 ♖e8 24. ♕d7! ♕h4 25. ♖e7: ♖e7: 26. ♕d8+ ♖e8 27. ♘e6+ fe6: 28. ♕h4: und Weiß gewinnt.

20. c2-c4 ♕b7-b4

Die Stellung von Schwarz ist strategisch verloren. Der folgende Versuch, den lästigen ♘g5 doch zu vertreiben, wird mit einer schönen Kombination widerlegt. Das kleinste Übel war wahrscheinlich nun 20. ... ♔g8 mit der Absicht, den ♙e7 mit ♗f8 zu decken.

21. ♕d2-e2 h7-h6

Auf 21. ... ♘d5:?! wäre 22. cd5: ♕f4: 23. ♘e6+! fe6: 24. ♖f3 e5 25. g3 gefolgt.

Diagramm 130

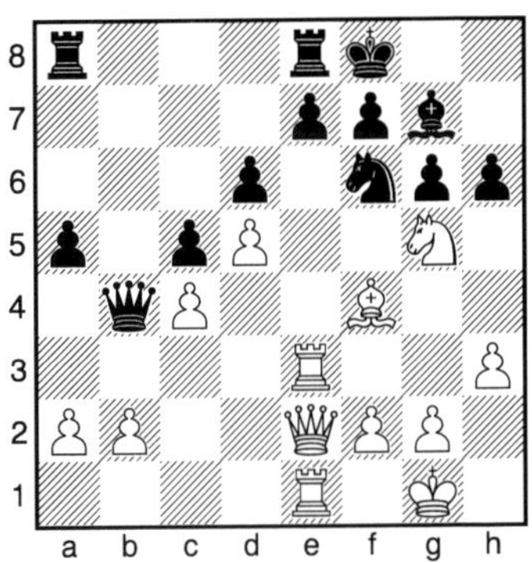

22. ♘g5xf7! ♔f8xf7
23. ♖e3-b3!

Die Pointe der Kombination: durch diesen Zwischenangriff wird der Weg für die weiße Dame nach e6 mit Tempo geöffnet.

23. ... ♕b4-a4
24. ♕e2-e6+ ♔f7-f8
25. ♖b3-b7

Der rückständige Bauer kann jetzt nicht mehr verteidigt werden (25. ... ♘g8 26. ♗d6:!). Mit seinem Fall bricht die ganze schwarze Stellung zusammen.

25. ... ♕a4xc4

Auf 25. ... ♖a6 wäre 26. b3 ♕a2: 27. ♖e7: ♖e7: 28. ♕e7:+ ♔g8 29. ♕b7 gefolgt.

26. ♗f4xd6 ♘f6-g8
27. ♖e1-e3!

Aber nicht 27. ♖e4?! ♕e4: 28. ♕e4: ed6: 29. ♕g6: ♘e7 mit Gegenchancen. Jetzt droht entscheidend 28. ♖f3+.

27. ... ♗g7-f6
28. ♖e3-f3 ♔f8-g7
29. ♗d6xe7 ♖e8xe7
30. ♖b7xe7+ ♘g8xe7

Wenn 30. ... ♗e7:, so gewinnt 31. ♖f7+ ♔h8 32. ♕g6: ♕c1+ 33. ♔h2 ♗d6+ 34. g3! ♗g3:+ 35. ♔g2!.

31. ♕e6xf6+ ♔g7-g8
32. ♕f6-f7+ ♔g8-h8
33. ♕f7xe7 ♕c4xd5
34. ♖f3-f7!

Schwarz gibt auf.

Es ist interessant, diese Partie mit der vorherigen zu vergleichen. Der gleiche steigende Druck entlang der halb offenen e-Linie hat im Endeffekt zu einer kombinatorischen Lösung geführt.

Partie 11

XI. Fernschach-Weltmeisterschaft (1979-1983)

Weiß: G. Nesis (UdSSR)
Schwarz: J. Franzen (CSSR)
Damenindisch

1. d2-d4 ♘g8-f6
2. c2-c4 e7-e6
3. ♘g1-f3 b7-b6
4. g2-g3 ♗c8-b7
5. ♗f1-g2 ♗f8-e7
6. ♘b1-c3

Die Hauptvariante lautet 6. 0-0 0-0 7. ♘c3 ♘e4 8. ♕c2 ♘c3: 9. ♕c3: mit einem interessanten Kampf um das Feld e4 (9. ... f5 oder 9. ... d6 und danach f5 oder 9. ... ♗e4). Mit dem Partiezug versucht Weiß, e2-e4 vor der Rochade durchzuführen. Wenn Schwarz normal mit 6. ... 0-0 fortsetzt, so kann Weiß ein Tempo (die Rochade) für den Kampf im Zentrum sparen, z. B. 7. ♕c2 (oder sogar gleich 7. d5) 7. ... c5 8. d5 ed5: 9. ♘g5 g6 10. ♕d1! usw. Deshalb ist es für Schwarz besser, wie in unserer Partie, auch mit der Rochade abzuwarten.

6. ... ♘f6-e4

7. ♗c1-d2

Eine interessante Idee. Wenn Schwarz 7. ... ♘c3: spielt, so nimmt Weiß mit dem Läufer wieder, wonach, dank der Öffnung der Diagonale c3-g7, der beabsichtigte Durchbruch d4-d5 an Wert gewinnt. Wenn Schwarz den ♗d2 nimmt, gleich oder später, so entstehen ähnliche Stellungen wie in der Partie.

Vielleicht bietet ♘d2: in Verbindung mit f7-f5 mehr Ausgleichschancen, z. B. 7. ... f5 8. d5 ♗f6 9. ♕c2 ♘d2:!? 10. ♘d2: (10. ♕d2:!?) 0-0 11. 0-0 a5 (Tukmakow – Timman, Las Palmas 1982).

7. ... ♗e7-f6

Zum Zeitpunkt des Beginns dieser Partie wurde dieser Zug als die beste Fortsetzung für Schwarz betrachtet.

8. ♕d1-c2

Eine andere Methode, um den Zug d4-d5 vorzubereiten, besteht in 8. 0-0 0-0 9. ♖c1. So wurde in einer Partie Tukmakow – Petrosjan, Las Palmas 1982, gespielt. Nach 9. ... d6 10.d5 ♗c3: 11. ♗c3: ♘c3: 12. ♖c3: e5 13. ♘d2 ♘d7 14. f4 a5 15. f5! konnte Schwarz das Spiel nicht völlig ausgleichen.

8. ... ♘e4xd2

9. ♕c2xd2 d7-d6

10. ♖a1-d1

Eine gute (und jedenfalls konsequentere) Alternative ist hier 10. d5!?, z. B. 10. ... 0-0 11. 0-0 ♘d7 12. ♘d4 ♗d4: 13. ♕d4: e5 14. ♕d2 f5 15. f4 ef4: 16. gf4: mit etwas Vorteil für Weiß (Nesis – Weiner, Europa-Fernschach-Mannschaftsmeisterschaft 1979-1982).

10. ... ♘b8-d7

11. 0-0 0-0

12. e2-e4 g7-g6

13. ♖f1-e1 ♗f6-g7

Diagramm 131

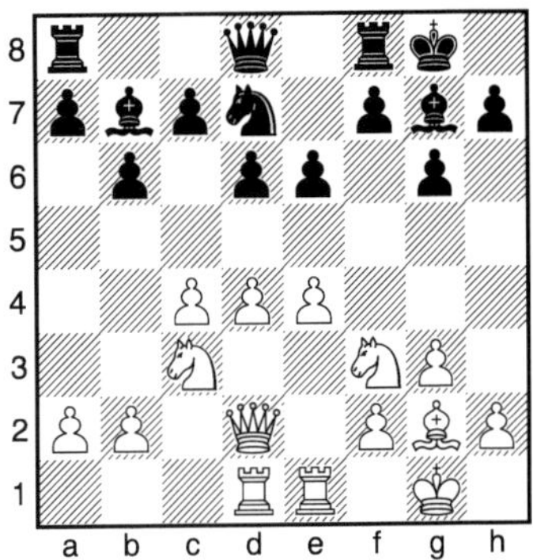

Es ist eine Art Zentrumsstruktur entstanden, die ziemlich oft unter variablen ähnlichen Formen in modernen Partien vorkommt. Weiß hat ein klassisches, gut unterstütztes Bauernzentrum (im besten Tarrasch-Sinn), Schwarz hat sich in eine Art Igel-Stellung verschanzt, mit Fianchettoentwicklung der beiden Läufer (im besten Réti-Stil) und wartet auf den richtigen Augenblick, um das gegnerische Zentrum anzugreifen.

14. b2-b3 **♕d8-e7**
15. ♘f3-h4

Mit der ziemlich klaren Absicht, durch f2-f4 weiteres Terrain im Zentrum zu gewinnen und – bei Gelegenheit – zum Bauernsturm überzugehen (f4-f5). Das zwingt Schwarz zu Gegenmaßnahmen.

15. ... **c7-c5**
16. d4xc5

Eine wichtige Entscheidung. Nach der jetzt folgenden zwangsläufigen Abwicklung wird ein Endspiel entstehen, in welchem Schwarz den Vorteil des Läuferpaars hat (bei einer ziemlich offenen Stellung), Weiß dagegen die einzige offene Linie besitzt. Die Frage, die gar nicht leicht zu beantworten war, lautete: Was wiegt mehr in der positionellen Einschätzung dieser Stellung? Weiß entschied sich für die offene Linie, weil er in der Vorausberechnung einen Plan gefunden hatte, der ihm die Möglichkeit gab, die Beweglichkeit des Läuferpaars einzuschränken.

16. ... **d6xc5**
17. ♕d2xd7 **♕e7xd7**
18. ♖d1xd7 **♗g7xc3**
19. ♖e1-d1 **♗b7-c8**
20. ♖d7-d3 **♗c3-e5**

Diagramm 132

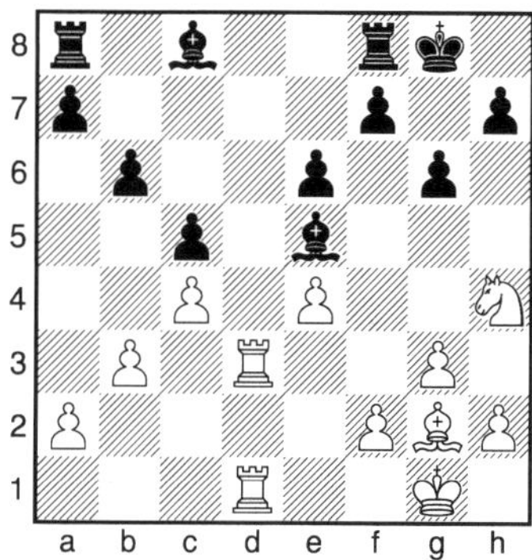

21. ♔g1-f1!

Der weiße Plan besteht darin, f2-f4 und e4-e5 zu spielen, um damit den schwarzfeldrigen Läufer des Gegners einzudämmen. Bei der Ausführung dieses Planes ist es in manchen Varianten wichtig, dass der schwarze Läufer nach f2-f4 keine Möglichkeit hat, das Feld d4 mit Tempo (Schach) zu besetzen und damit die d-Linie zu sperren.

21. ... **♖a8-b8**

Seinerseits muss Schwarz um jeden Preis das Spiel am Damenflügel öffnen, um Spielraum für seine Figuren zu gewinnen.

22. f2-f4 **♗e5-c7**

Auf 22. ... ♗d4 käme jetzt 23. ♘f3 und der Läufer kann seine Stellung nicht behaupten.

23. ♖d3-d2!

Weiß muss Maßnahmen gegen die Öffnung des Spiels am Damenflügel durch a7-a6 und b6-b5 treffen. Der Turm und – im nächsten Zug – der König räumen deshalb die Diagonale f1-c4 für den ♗g2, der den wichtigen Stützpunkt c4 von f1 aus decken muss.

23. ... a7-a6

Auf 23. ... b5 hätte Weiß mit 24. cb5: ♖b5: 25. ♗f3, gefolgt von ♗f3-e2-c4, geantwortet.

24. ♔f1-f2

Nun kann Weiß immer b6-b5 mit ♗g2-f1 beantworten und damit das schwarze Gegenspiel am Damenflügel hemmen. Es ist interessant, dass die einzige auf den ersten Blick abseits stehende weiße Figur, der Springer h4, vorläufig eine wichtige Rolle spielt: Auf e6-e5 kann Weiß durch f4-f5 die Stellung immer geschlossen halten.

24. ... ♔g8-g7
25. ♔f2-e3 e6-e5
26. f4-f5 b6-b5
27. ♗g2-f1

Alles nach Plan. Das Läuferpaar ist neutralisiert. Schwarz hat keine gute Möglichkeit, um das Spiel zu öffnen. Wie geht's aber weiter? Wie soll Weiß seinen positionellen Vorteil vergrößern? Der nächste strategische Schritt ist die Besetzung des starken Feldes d5 mit dem Springer, der am Rande des Brettes jetzt nichts mehr zu tun hat.

27. ... ♔g7-f6

Der schwarze König geht nach e7, um den Tausch von mindestens einem Turm zu ermöglichen.

28. g3-g4 g6xf5
29. g4xf5 ♔f6-e7
30. ♔e3-f3

Der Springer braucht das Feld e3, um nach d5 zu kommen.

30. ... ♖f8-d8
31. ♖d2xd8 ♗c7xd8
32. ♘h4-g2

Ein Fehler wäre 32. ♖d5, weil sich nach 32. ... ♗b7! zeigt, dass der ♙e5 vergiftet ist: 33. ♖e5:+? ♔d7! 34. ♘g2 ♗f6 35. ♖c5: ♗d4 und der weiße Turm sitzt in der Falle.

32. ... f7-f6
33. ♘g2-e3 ♗c8-d7
34. ♘e3-d5+ ♔e7-e8
35. ♗f1-e2 b5-b4
36. h2-h4!

Mit diesem Zug beginnt die letzte Phase dieser Partie. Es ist klar, dass im Augenblick eine direkte Invasion der d-Linie nicht möglich ist. Deshalb benutzt Weiß den Vormarsch des h-Bauern, um eine zweite Einbruchsmöglichkeit für seinen Turm (via g7) zu schaffen.

Diagramm 133

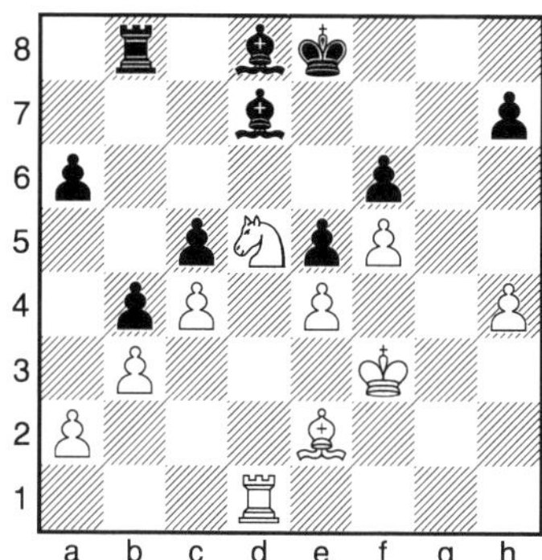

Im Kampf mit diesen Drohungen wird Schwarz allmählich in Bedrängnis kommen.

36. ... ♖b8-b7

37. ♔f3-e3 a6-a5

Wieder versucht Schwarz, zum Gegenspiel am Damenflügel zu kommen, wiederum aber ohne Erfolg.

38. h4-h5 ♔e8-f8

39. h5-h6 a5-a4

40. ♗e2-h5

Auch über g7 kann der weiße Turm nicht eindringen: auf 40. ♖g1 hat Schwarz die Antwort 40. ... ♗e8 und die Einbruchsfelder sind gedeckt.

40. ... ♖b7-a7

41. ♔e3-f3!

Gegen den schwarzen Einbruch entlang der a-Linie gerichtet. Auf 41. ... ab3: 42. ab3: ♖a3 käme nämlich 43. ♘e3! ♔e7 44. ♖g1! ♖b3: 45. ♖g7+ ♔d6 46. ♖h7: und der h-Bauer entscheidet. Es ist bemerkenswert, wie der weiße Turm auf der d-Linie bis zum letzten Moment bleibt, um die ungünstige Stellung der schwarzen Läufer auszunutzen und nur dann über die g-Linie angreift, wenn das die Entscheidung bringt.

41. ... ♖a7-b7

42. ♖d1-d2!

Schwarz ist jetzt in Zugzwang. Wenn 42. ... ♖a7, so folgt schon 43. ba4: (43. ... ♗a4: 44. ♘b4: cb4: 45. ♖d8:+ usw.).

42. ... a4-a3

43. ♖d2-d1! ♖b7-a7

44. ♘d5-e3

Wenn Schwarz jetzt das Eindringen des weißen Turms über d6 durch ♔e7 oder ♗e7 zu verhindern versucht, so kommt er über den anderen Weg hinein: 45. ♖g1.

44. ... ♖a7-c7

45. ♖d1-d6 ♗d8-e7

46. ♖d6-b6

Der Turm ist endlich drinnen und stiftet Unruhe.

46. ... ♖c7-c8

47. ♘e3-d5 ♗d7-c6

48. ♖b6-a6

Mit der Drohung 49. ♖a7, was die folgende Antwort erzwingt.

48. ... ♗c6xd5

49. e4xd5 ♖c8-d8

50. ♖a6-a7

Es hat lange gedauert, bis der weiße Turm über die offene Linie die 7. Reihe erreicht hat; aber das ist entscheidend. Gegen das folgende bekannte Gewinnmanöver ist Schwarz hilflos.

50. ...	**♖d8-d6**
51. ♔f3-e4	**♖d6-d8**
52. ♗h5-g6!	**h7xg6**
53. f5xg6	**♖d8-e8**
54. d5-d6!	

Schwarz gibt auf.
Eine vollendete Leistung, die die Feinheiten der Ausnutzung offener Linien ausgezeichnet darstellt.

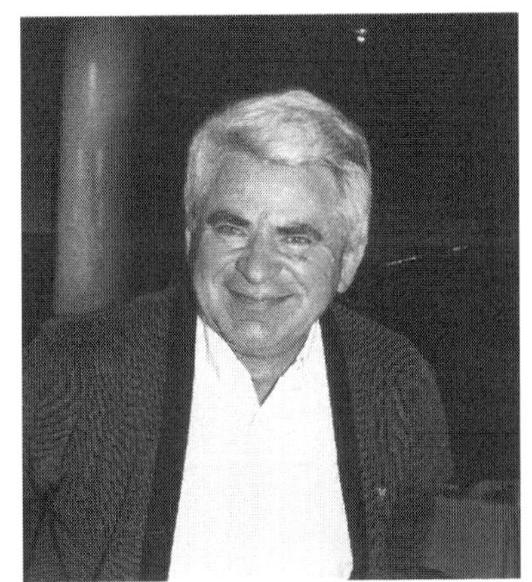

Boris Spasski

Partie 12
Weltmeisterschafts-Wettkampf 1969 (19. Partie)

Weiß: B. Spasski
Schwarz: T. Petrosjan
Sizilianisch · Najdorf-Variante

1. e2-e4	**c7-c5**
2. ♘g1-f3	**d7-d6**
3. d2-d4	**c5xd4**
4. ♘f3xd4	**♘g8-f6**
5. ♘b1-c3	**a7-a6**
6. ♗c1-g5	**♘b8-d7**

Üblich ist 6. ... e6. Petrosjan wählt bewusst eine seltenere Fortsetzung, weil er im Rückstand lag (8,5 : 9,5) und auf Gewinn spielen wollte: eine schwierige Aufgabe mit Schwarz!

7. ♗f1-c4 **♕d8-a5**

Die Stellung des Springers auf d7 zwingt Schwarz (wegen der Schwächung des Punktes e6) zu besonderen Entwicklungsmethoden. Nach 7. ... e6? z. B. bekommt Weiß durch das Läuferopfer auf e6 einen starken Angriff. Auch der Versuch, den störenden ♗g5 mit 7. ... h6 zu verdrängen, hat seine Nachteile: nach 8. ♗f6:! ♘f6: 9. ♕e2! e6 10. 0-0-0! ♕c7 11. f4 e5 12. ♘d5 ♘d5: 13. ed5: ♗e7 14. fe5: de5: 15. ♘e6! gewann Tal schnell eine Partie gegen Bilek (1964).

8. ♕d1-d2 h7-h6

Mit diesem (damals) verhältnismäßig neuen Zug wollte Petrosjan das schwarze Spiel im Vergleich zu einer früheren Partie Spasski – Polugajewski (UdSSR-Meisterschaft 1958) verbessern. Polugajewski spielte 8. ... e6 und kam nach 9. 0-0-0 b5 10. ♗b3 ♗b7 11. ♖he1 ♗e7 12. f4 ♘c5 13. e5 de5: 14. ♗f6: ♗f6: 15. fe5: ♗h4 16. g3 ♗e7 17. ♗e6:! 0-0 (nach 17. ... fe6: 18. ♘e6: ist der weiße Angriff unwiderstehlich) 18. ♗b3 ♖ad8 19. ♕f4 b4 20. ♘a4! in Nachteil.

9. ♗g5xf6 ♘d7xf6

10. 0-0-0

Diagramm 134

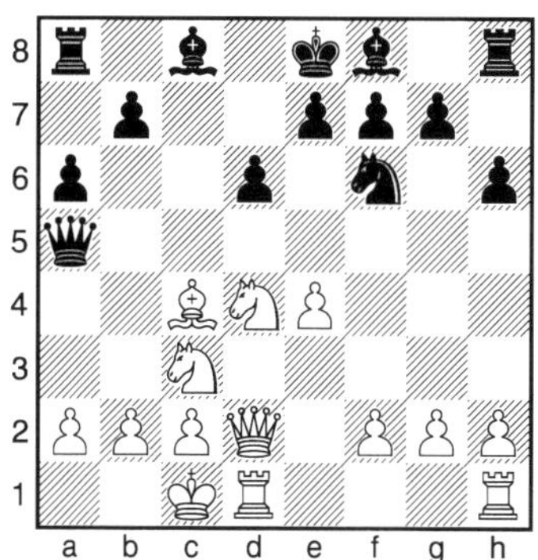

Die Diagrammstellung zeigt klassische Voraussetzungen für einen erfolgreichen Königsangriff. Schwarz ist in der Entwicklung zurückgeblieben (er braucht noch 3 Züge, um kurz zu rochieren) und außerdem ist seine Königsflügelstellung durch den Zug h7-h6 geschwächt.

10. ... e7-e6

11. ♖h1-e1

In einer früheren Partie (Kuijpers – Damjanovic, Beverwijk 1966), die aber Spasski angeblich nicht kannte, wurde hier 11. ♗b3 gespielt. Nach 11. ... ♗d7 12. f4 ♗e7 13. ♔b1 ♕c7 14. ♖he1 ♖d8 15. g4 g5 16. ♘f5 bekam Weiß einen siegreichen Angriff.

Ein Kommentar des damaligen Sekundanten von Spasski, Großmeister Bondarewski, ist für die Erläuterung einer bekannten Frage der Schachpraxis – die Wahl zwischen zwei ungefähr gleichen Fortsetzungen – sehr interessant. „*Es ist natürlich sehr schwer zu entscheiden* – schrieb Bondarewski – *ob 11. Lb3 oder der von Spasski gemachte Zug besser ist. Mir gefällt, aufgrund von allgemeinen Erwägungen, der Zug 11. Lb3 besser, weil es bei weitem nicht so klar ist, wo der Th1 am besten wirken kann.*“

11. ... ♗f8-e7?

Schwarz überschätzt seine Verteidigungsmöglichkeiten am Königsflügel. Besser (obwohl auch nicht ungefährlich) war 11. ... ♗d7 nebst langer Rochade. Nach 12. f4 0-0-0 scheint 13. f5 die beste Fortsetzung für Weiß zu sein (13. e5 wird mit 13. ... d5! beantwortet – hier zeigt sich die Stellung des ♗c4 als nachteilig). Laut Großmeister Boleslawski rettet sich Schwarz auch hier mit Hilfe von 13. ... d5, z. B. 14. fe6: (nach 14. ed5: ef5: kann sich Schwarz behaupten, laut Boleslawski) 14. ... dc4: 15. ed7:+ ♖d7:. „*Wenn Weiß in dieser Stellung in Vorteil ist, so muss man den 8. Zug von Schwarz als unbefriedigend betrachten, weil Weiß diese Stellung zwangsläufig erreichen kann, wenn er will. Ein Vorteil für Weiß ist hier aber nicht einfach zu beweisen* ...“ (Boleslawski) Aus diesen Überlegungen folgt, dass es zumindest vom praktischen Standpunkt für Schwarz besser wäre, lang zu rochieren. Jetzt kommt sein König in den gegnerischen Sturmangriff.

12. f2-f4

Noch genauer war 12. ♔b1. Um rochieren zu können (auf 12. ... 0-0 kommt 13. ♘d5) wäre Schwarz gezwungen gewesen, 12. ... ♕c7 zu spielen, was seine Verteidigungschancen noch mehr verringert hätte.

12. ... 0-0

13. ♗c4-b3

Bevor er den Angriff am Königsflügel beginnt, muss Weiß noch ein paar Vorbereitungsmaßnahmen treffen. Der ♗c4 darf nicht mit Tempo angegriffen werden (z. B. eventuell mit d6-d5) und der König soll nicht auf derselben Diagonale mit der Dame bleiben. Die Variante 13. e5? de5: 14. ♖e5: ♕c7 mit Angriff auf den Läufer oder 14. fe5: ♘d7 mit der Drohung ♗g5 zeigt das deutlich.

13. ... ♖f8-e8

Dieser Zug ist gegen f4-f5 (nach ♔b1) gerichtet: Überdeckung des Punktes e6.

14. ♔c1-b1 ♗e7-f8

15. g2-g4!

Diagramm 135

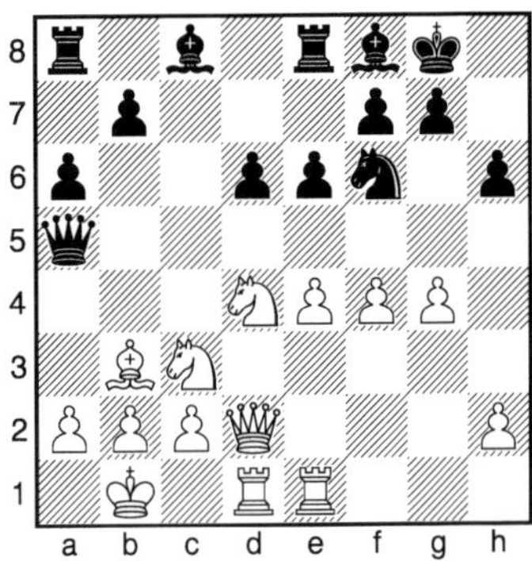

Ein typisches Bauernopfer mit dem Zweck, die g-Linie für den Angriff zu öffnen. Schwarz hat praktisch keine bessere Alternative als den Bauern zu nehmen, weil die Drohung g4-g5 zu stark ist, z. B. 15. ...

b5 16. g5 hg5: 17. fg5: ♘h5 18. g6! fg6: 19. ♕g5 usw.

15. ... ♘f6xg4

16. ♕d2-g2 ♘g4-f6

17. ♖e1-g1

Das Problem für Weiß ist nun, nachdem seine „schwere Artillerie“ Stellung auf der halb offenen g-Linie bezogen hat, die Stellung (mit e4-e5 oder f4-f5) zu öffnen.

17. ... ♗c8-d7

Damit wird die Drohung e4-e5 neutralisiert (18. ♘f3, um e4-e5 durchzusetzen, wird mit ♗c6 beantwortet), aber f4-f5 bleibt wirksam. Es wurde hier 17. ... ♕c5 vorgeschlagen (um den ♖d1 zur Verteidigung des ♘d4 zu binden), aber Weiß antwortet einfach 18. ♘f3 und es geht nicht 18. ... ♗d7 wegen 19. e5.

18. f4-f5! ♔g8-h8

19. ♖d1-f1 ♕a5-d8

Die schwarze Verteidigung ist sehr schwer zu führen. Auf 19. ... e5 wäre 20. ♘e6! fe6: 21. fe6: mit der Drohung ♖f6: entscheidend. Etwas bessere Verteidigungschancen hatte Schwarz nach 19. ... ef5: 20. ♘f5: ♗f5: 21. ♖f5: ♕d8 22. ♗f7: ♖e5 (Boleslawski) oder 19. ... ♕e5 20. ♘f3 ♕a5 (20. ... ♕f4 21. ♕h3 oder 20. ... ♕c5 21. h4) 21. fe6: ♗e6: 22. ♗e6: fe6: 23. e5 de5: 24. ♘h4 (Bondarewski), aber in allen Fällen bliebe der weiße Angriff sehr stark.

20. f5xe6 f7xe6

Auf 20. ... ♗e6: folgt 21. ♘e6: fe6: 22. ♘e2! (droht ♘f4) und falls 22. ... e5, so 23. ♗f7 mit Qualitätsgewinn.

Diagramm 136

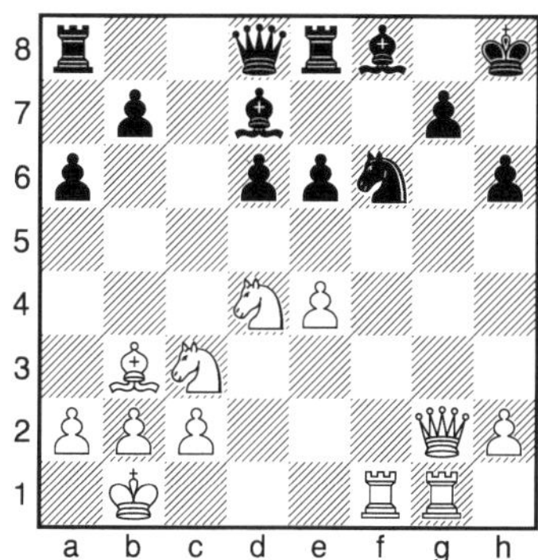

21. e4-e5!

Dieses zweite Bauernopfer, das das Feld e4 für den Springer räumt, führt am schnellsten zum Sieg. Bescheidener aber auch genügend war 21. ♘f3, gefolgt von 22. ♘h4 oder 22. e5.

21. ... d6xe5

22. ♘c3-e4! ♘f6-h5

Die einzige (auch ungenügende) Verteidigung. Auf 22. ... ed4: wäre 23. ♘f6: g5 (es drohte ♕g6) 24. ♕h3 ♖e7 25. ♖g5: ♗g7 26. ♖g7: ♔g7: 27. ♖g1+ nebst Matt in wenigen Zügen gefolgt.

23. ♕g2-g6! e5xd4

Auf 23. ... ♘f4 folgt 24. ♖f4: ef4:

und Weiß hat die angenehme Wahl zwischen 25. c3 (mit der unparierbaren Drohung 26. ♗c2 nebst 27. ♘f6) und 25. ♘f3 (mit der Drohung ♘g5), wonach 25. ... ♕a5 26. ♘f6 ♕f5 27. ♕h6:+ zum Matt führt und auf 25. ... ♕b6 folgt sehr schön 26. ♖g5!.

24. ♘e4-g5!

Schwarz gab auf.

Auf 24. ... hg5: folgt 25. ♕h5:+ ♔g8 26. ♕f7+ ♔h8 27. ♖f3 mit undeckbarem Matt.

Partie 13

Aus dem Turnier zu Niksic 1983

Weiß: G. Kasparow
Schwarz: L. Portisch

Damenindisch

1. d2-d4	**♘g8-f6**
2. c2-c4	**e7-e6**
3. ♘g1-f3	**b7-b6**
4. ♘b1-c3	**♗c8-b7**
5. a2-a3	

Dieser Aufbau für Weiß wurde von Ex-Weltmeister Tigran Petrosjan ausgearbeitet und ist heutzutage als eine der besten Bekämpfungsmethoden gegen die Damenindische Verteidigung zu betrachten.

5. ...	**d7-d5**
6. c4xd5	**♘f6xd5**

Die Alternative 6. ... ed5: führt zu einer ganz anderen Art von Stellungen, wo Schwarz eventuell die bekannten „hängenden" Bauern (sie können nach c7-c5, d4xc5, b6xc5 entstehen) in Kauf nehmen muss.

7. e2-e3

Kasparow hat in einigen Partien mit Erfolg 7. ♕c2 gespielt. Die Gefahren für Schwarz sind aus dem folgenden kurzen Sieg über F. Gheorghiu (Moskau 1982) deutlich zu erkennen:

7. ♕c2 c5 8. e4 ♘c3: 9. bc3: ♗e7? (Richtig ist 9. ... ♘d7 10. ♗d3 ♕c7 11. ♕b1 g6 12. 0-0 ♗g7 13. ♖a2 0-0 14. ♖e2 ♖ac8 =, Hort – Miles, Luzern 1982) **10. ♗b5+ ♗c6 11. ♗d3 ♘d7 12. 0-0 h6?!** (besser 12. ... ♗b7) **13. ♖d1 ♕c7 14. d5!** (ein typisches Bauernopfer, um die d-Linie zu öffnen) **14. ... ed5: 15. ed5: ♗d5: 16. ♗b5 a6** (16. ... ♗e6 17. ♕a4 ♖d8 18. ♗f4 ♕c8 19. ♘e5 oder 16. ... ♗c6 17. ♗f4 ♕b7 18. ♗c6: ♕c6: 19. ♖e1, in beiden Fällen zugunsten von Weiß) **17. ♗f4! ♕f4: 18. ♗d7:+ ♔d7: 19. ♖d5:+ ♔c7 20. ♖e1! ♗d6** (20. ... ♗d6 21. ♖e4!) **21. ♖f5 ♕c4 22. ♖e4 ♕b5 23. ♖f7:+ ♔b8 24. ♖e6 ♖d8 25. c4 ♕c6 26. ♘e5 ♘c8 27. ♕b1!** und Schwarz gab auf.

7. ... ♘d5xc3

Es ist wahrscheinlich besser, auf diesen Abtausch zu verzichten oder ihn später zu machen, z. B. 7. ... ♗e7 (auch 7. ... ♘d7 ist gut) 8. ♗b5+ c6 9. ♗d3 0-0 (9. ... ♘c3: führt zu unserer Partie) mit ausgeglichenen Chancen.

8. b2xc3 ♗f8-e7
9. ♗f1-b5+ c7-c6
10. ♗b5-d3 c6-c5
11. 0-0 ♘b8-c6
12. ♗c1-b2 ♖a8-c8
13. ♕d1-e2 0-0
14. ♖a1-d1 ♕d8-c7

Diagramm 137

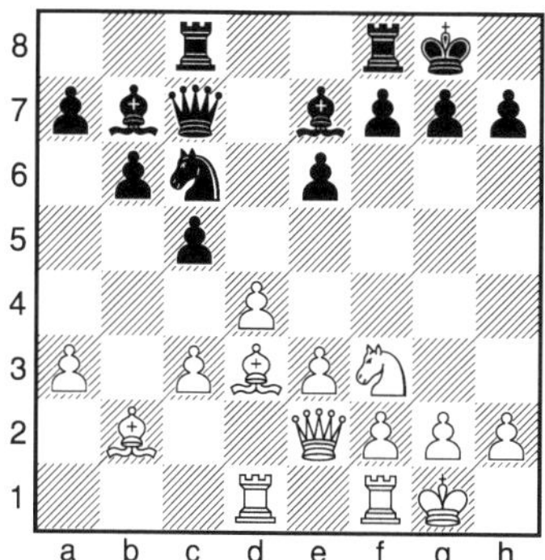

Diese Stellung kam in vielen Partien vor und es ist interessant zu bemerken, dass Portisch sie sowohl mit Weiß als auch mit Schwarz gespielt hat. Die übliche Fortsetzung 15. e4 ♘a5 16. ♖fe1 Remis (!), Polugajewski – Portisch, Plovdiv 1983, fürchtete er natürlich nicht ...

15. c3-c4!

Ein Kommentar von Tal ist hier charakteristisch: „*Nachdem dieser neue Zug gemacht wurde, scheint es uns merkwürdig, warum ihn niemand bis heute gespielt hat. Warum soll Weiß seine beiden Läufer eingesperrt halten, wenn es möglich ist, sie zu befreien?*“

15. ... c5xd4

Schon hat Schwarz Schwierigkeiten. Es drohte einfach d4-d5, und das geht auch nach 15. ... ♘a5, z. B. 16. d5 ! ed5 : 17. cd5: c4 (17. ... ♗d5: 18. ♗h7:+) 18. ♗f5 ♖cd8 19. e4, und Weiß steht deutlich besser.

16. e3xd4 ♘c6-a5

Es scheint nun, dass Schwarz durch den Druck auf die „hängenden Bauern“ genügend Gegenspiel bekommen kann. Es kommt aber eine böse Überraschung: Kasparow opfert sie, um die zweite Läuferdiagonale gegen die Rochadestellung zu öffnen!

17. d4-d5 e6xd5

Wenn Schwarz den anderen Bauern nimmt, so verliert er zwangsläufig: 17. ... ♘c4: 18. ♕e4! g6 19. ♗c4: ♕c4: 20. ♕e5 f6 21. ♕e6:+ ♖f7 22. ♖c1 ♕a6 23. d6 ♖c1: 24. ♖c1: ♗d8 25. ♘g5! fg5: 26. ♖c7!! ♗c7: 27. ♕e8+ ♖f8 28. ♕e5 – eine schöne Wendung!

18. c4xd5 ♗b7xd5
19. ♗d3xh7+ ♔g8xh7
20. ♖d1xd5 ♔h7-g8

Diagramm 138

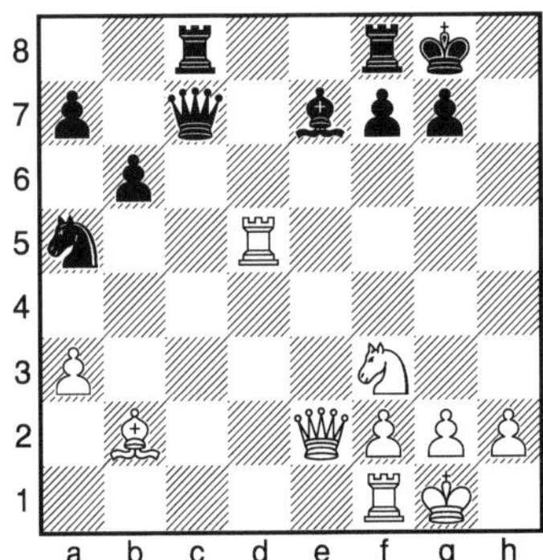

21. Lb2xg7!
Der zweite Läufer wird geopfert, um die schwarze Königsstellung zu öffnen. Diese Doppelläufer-Opferkombination ist klassisch. Seine berühmtesten Vorgänger sind die Partien Lasker – Bauer (Amsterdam 1889) und Nimzowitsch – Tarrasch (Petersburg 1914); aber sie kam in verschiedenen Variationen auch in vielen anderen Partien vor..

21. ... ♔g8xg7
22. ♘f3-e5!
Es ist wichtig, die Diagonale der schwarzen Dame nach h2 zu schließen. Auf 22. ♘d4 könnte 22. ... ♖h8 folgen, und Schwarz verteidigt sich.

22. ... ♖f8-d8
Die beste Chance. Andere Möglichkeiten sind:
1) 22. ... ♕c2 23. ♕g4+ ♔h7 24. ♖d3 ♖c6 25. ♕f5+! und Weiß gewinnt die Dame;
2) 22. ... ♖h8 23. ♕g4+ ♔f8 24. ♕f5 f6 25. ♖e1! ♕c2 (25. ... ♘c6 26. ♘d7+ ♔f7 27. ♖e7:+) 26. ♖d3 und Weiß gewinnt;
3) 22. ... ♖cd8 23. ♕g4+ ♔h7 24. ♘d7! und Weiß gewinnt;
4) 22. ... f5 23. ♖d7 ♕c5 24. ♘d3 und Weiß gewinnt.

23. ♕e2-g4+ ♔g7-f8
24. ♕g4-f5! f7-f6
Nach 24. ... ♗d6 gewinnt 25. ♕f6, z. B.:
1) 25. ... ♗e5: 26. ♖e5: und Schwarz muss die Dame opfern (♕e5:), wonach Weiß leicht gewinnt;
2) 25. ... ♘c4 26. ♘g6+ ♔e8 27. ♖e1+ ♔d7 28. ♖e7+ und gewinnt die Dame;
3) 25. ... ♔g8 26. ♕g5+ ♔f8 27. ♕h6+ ♔g8 28. ♘g4! nebst Matt (♗e7 29. ♖h5).

25. ♘e5-d7+ ♖d8xd7
Nach 25. ... ♔f7 wird Schwarz schön matt gesetzt : 26. ♕h7+ ♔e6 27. ♖e1+ ♔d5: 28. ♕e4+ ♔d6 29. ♕e6 matt.

26. ♖d5xd7 ♕c7-c5
27. ♕f5-h7 ♖c8-c7
28. ♕h7-h8+

Kasparow glaubte zunächst, dass hier 28. ♖d3 am einfachsten gewinnt, bemerkte aber rechtzeitig, dass das ein schrecklicher Fehler wäre: 28. ... ♕f2:+!! und Schwarz rettet sich. Man muss bis zum letzten Moment aufpassen ...

28. ... ♔f8-f7

29. ♖d7-d3

Jetzt ist 29. ... ♕f2:+ ein Schlag ins Wasser. Weiß nimmt mit dem König.

29. ... ♘a5-c4

30. ♖f1-d1 ♘c4-e5?

Das verliert gleich; aber auch nach dem besseren 30. ... ♗d6 31. ♖d5! ♕c6 hat Weiß mit 32. h4! beste Gewinnaussichten.

31. ♕h8-h7+ ♔f7-e6

32. ♕h7-g8+ ♔e6-f5

33. g2-g4+! ♔f5-f4

34. ♖d3-d4+ ♔f4-f3

35. ♕g8-b3+

Schwarz gab aufgrund des unparierbaren Matts auf.

Als diese Partie gespielt wurde, war Kasparow noch nicht Weltmeister. Er spielte aber bereits wie ein Weltmeister.

Partie 14

„SWIFT"-Turnier, Brüssel 1987

Weiß: L. Ljubojević
Schwarz: V. Kortschnoi

Italienische Partie

1. e2-e4 e7-e5

2. ♘g1-f3 ♘b8-c6

3. ♗f1-c4

Die Wahl dieses selten gespielten Zuges hatte psychologische Gründe. Aber hören wir Ljubojević selbst: *„Ich bin sicher, dass das eine volle Überraschung für Kortschnoi war. Er war psychologisch vorbereitet, Spanische Stellungen zu spielen und nicht eine ruhige Italienische Partie.*" (Aus seinen Anmerkungen in *„New in Chess*")

3. ... ♗f8-c5

Natürlich könnte Schwarz hier 3. ... ♘f6 spielen, aber auch in diesem Fall hätte Weiß die Möglichkeit, wenn er nicht in die verwickelten Varianten des Zweispringerspiels einlenken wollte (4. ♘g5 oder 4. d4), mit 4. d3 immer einen ruhigen Aufbau zu wählen.

4. c2-c3 ♘g8-f6

5. b2-b4

Die übliche, sehr weit analysierte und zum Ausgleich führende Fortsetzung ist 5. d4 ed4: 6. cd4: ♗b4+ 7. ♗d2 usw. Der Partiezug ist auch nicht neu: so spielte schon Bird gegen Zukertort im Pariser Turnier 1878.

5. ... ♗c5-b6

6. d2-d3 d7-d6

7. a2-a4 a7-a5

Die wahrscheinlich bessere Alternative ist 7. ... a6. Eine Partie Ljubojević– Furman, Portoroz 1975, ging weiter 8. 0-0 0-0 9. ♘bd2 ♘e7 10. ♗b3 ♘g6 11. ♘c4 ♗a7 12. ♖a2 h6 13. ♖e1 ♖e8 mit beiderseitigen Chancen, aber vielleicht wollte Ljubojević irgendwo das weiße Spiel verbessern.

8. b4-b5 ♘c6-e7

9. ♘b1-d2 ♘e7-g6

10. 0-0 0-0

11. ♗c4-b3 d6-d5

In einigen Partien wurde hier 11. ... c6 gespielt, was wahrscheinlich die beste Fortsetzung für Schwarz ist. In der Partie Miles – Nikolac (Dortmund 1979) folgte: 12. ♗a3 ♖e8 13. ♕c2 und Schwarz könnte, laut Nikolac, mit 13. ... ♘h5 14. g3 ♗h3 15. ♖fe1 ♕f6 16. ♖ab1 ♖ab8 ein Spiel mit Gegenchancen bekommen. Ljubojević beabsichtigte aber, mit 12. bc6: bc6: 13. d4 fortzusetzen, „mit Hoffnungen auf einen kleinen Vorteil". Der Partiezug öffnet das Spiel im Zentrum (und auch die wichtige Diagonale a3-f8) etwas zu früh und gibt damit dem Gegner taktische Chancen.

12. ♗c1-a3 ♖f8-e8

13. e4xd5 ♘f6xd5

14. ♘d2-e4!?

Diagramm 139

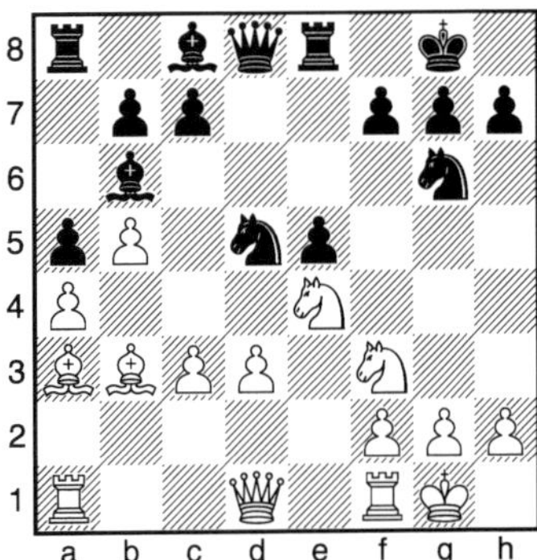

Damit droht Weiß nicht nur c3-c4-c5 mit Ausschaltung des ♗b6, sondern auch 15. ♘fg5 gefolgt von ♕h5. Das Spiel wird, von diesem Moment ab, einen ausgeprägten taktischen Charakter haben, während die strategischen Gedanken im Schatten bleiben.

14. ... ♘d5-f4

Die Alternative 14. ... ♘gf4 hätte nach 15. c4 ♘b4 16. c5 ♗a7 17. ♗b4: ab4: 18. ♘fg5 ♖e7 (18. ... ♘e6? 19. ♕h5) 19. g3 ♘h3+ (19. ... ♘d5 20. ♕f3) 20. ♘h3: ♗h3: 21. ♖e1 ♗f5 22. ♖c1 zum Vorteil für Weiß geführt. Am besten für Schwarz wäre, laut Ljubojević 14. ... h6, *„wonach Weiß, neben anderen möglichen Plänen, die interessante Fortsetzung 15. ♖a2 ♘df4*

16. ♖d2 ♗e6 17. c4 wählen könnte, die zu einer komplizierten Stellung mit immerhin besseren Möglichkeiten für Weiß geführt hätte".

15. ♘f3-g5 ♗c8-e6

Auf 15. ... ♘e6 wäre 16. ♕h5 h6 17. ♘f7:! ♔f7: 18. ♕f5+ mit Materialgewinn gefolgt.

16. ♘g5xe6 ♘f4xe6

Aber nicht 16. ... fe6: 17. g3 ♕d3: 18. ♕d3: ♘d3: 19. ♖ad1 ♖ad8 20. ♗c4 und gewinnt den Springer.

17. g2-g3

Nach 11. ... d5 gefolgt von dem Springermanöver ♘f6xd5-f4-e6 hat Weiß eine klar überlegene Stellung erreicht, besonders wegen des Läuferpaares, das aus der Entfernung auf die schwarze Königsstellung blickt.

17. ... ♔g8-h8

18. ♕d1-f3 f7-f6

19. h2-h4

Damit erzwingt Weiß durch die Drohung h4-h5-h6 die Verdrängung des ♘g6 auf den passiven Standort f8. Ungenau wäre zunächst 19. ♖ad1, weil das dem Schwarzen ein wichtiges Tempo geschenkt hätte, um den Springer auf das bessere Feld e7 zu bringen: 19. ♖ad1?! ♕d7! 20. h4 ♘e7.

19. ... ♘g6-f8

20. ♖a1-d1 ♕d8-d7

21. ♖f1-e1 ♖a8-d8

22. ♗b3-c4

„*Schwarz befindet sich nun in einer Art Zugzwangstellung und hat keine nützlichen Züge zur Verfügung. Es ist aber nicht leicht für Weiß, einen Durchbruch zu erreichen.*" (Ljubojević)

22. ... h7-h6

23. ♕f3-h5 ♘f8-h7

24. ♔g1-h2

Weiß muss aufpassen und darf besonders nicht voreilig sein. Ungenau wäre 24. ♕f5 gewesen wegen 24. ... ♘d4! 25. ♕d7: ♘f3+ 26. ♔f1 ♖d7: 27. ♖e2 f5 und Schwarz bekommt Rettungschancen.

24. ... ♗b6-a7

25. ♖e1-f1 ♗a7-b8?!

Beide Seiten befanden sich schon in Zeitnot und Schwarz hat Schwierigkeiten, gute Züge zu finden. Das Läufermanöver ist gegen f2-f4 gerichtet, übersieht aber die folgende Wendung.

26. ♘e4-c5!

Gibt den starken zentralisierten Springer, erreicht aber die Räumung der Diagonale a2-g8, wonach Weiß eine fast totale weißfeldrige Überlegenheit bekommt.

26. ... ♘e6xc5

27. ♗a3xc5 b7-b6

Nach 27. ... ♖c8 28. d4 e4 29. ♗f7 ♖ed8 30. ♗g6 verliert Schwarz Material ohne jegliche Gegenchance. Mit dem Partiezug opfert Kortschnoi die Qualität für einen Bauern.

28. ♗c5-a3 c7-c5
29. b5xc6 ♛d7xc6
30. ♗c4-b5 ♛c6xc3
31. ♗b5xe8 ♛c3xa3
32. ♗e8-b5 ♝b8-d6

Mit der Absicht, den Läufer nach c5 zu bringen und damit eine schwarzfeldrige Kontrolle der Stellung zu erreichen.

Diagramm 140

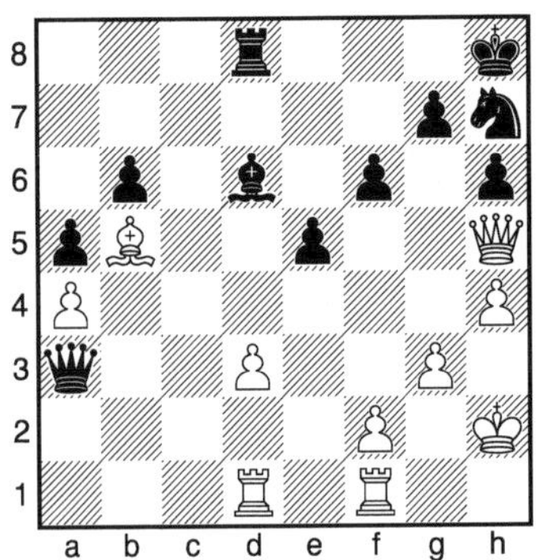

33. d3-d4!

Mit diesem Bauernopfer durchkreuzt Weiß die Absichten des Gegners. Schwarz kann nun das Eindringen eines weißen Turms entlang der e-Linie nicht verhindern. Das führt zum Abtausch des ♖e8, wonach die 8. Reihe und damit die schwarze Königsstellung entscheidend geschwächt wird.

33. ... e5xd4
34. ♖f1-e1 ♝d6-e5
35. f2-f4 ♝e5-d6
36. ♖e1-e8+ ♜d8xe8
37. ♕h5xe8+ ♝d6-f8
38. f4-f5!

Voreilig wäre 38. ♕e6 f5! 39. ♗c4 ♘f6 und Schwarz verteidigt sich.

38. ... ♛a3-f3
39. ♕e8-e6!

Mit dieser kleinen aber schönen Schlusskombination wird das Hauptthema dieser Partie – schwache Felder im Lager des Gegners – nochmals unterstrichen: Schwarz ist gegen den Mattangriff auf den weißen Feldern machtlos. Er versucht noch, die Dame für zwei Figuren zu opfern, aber das rettet die Partie nicht mehr.

Diagramm 141

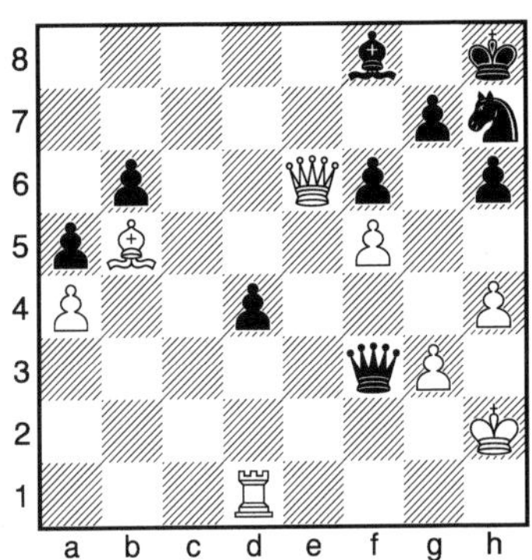

39. ... ♛f3xd1

Keine Rettung bietet 39. ... ♗d6 40. ♕d6: ♕f2+ 41. ♔h3 ♕f5:+ 42.

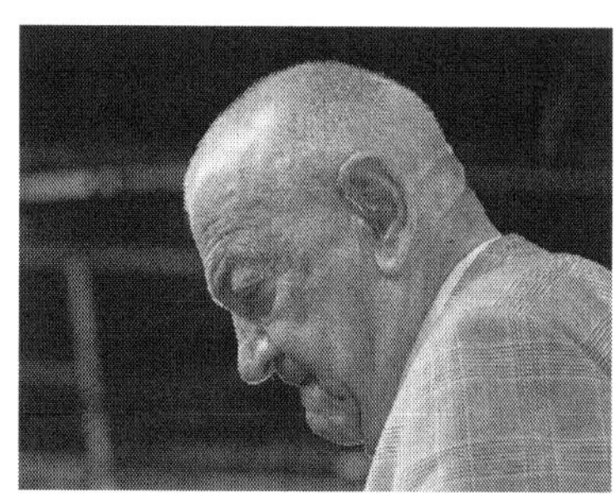

Viktor Kortschnoi

g4 ♕f3+ 43. ♕g3 ♕d1: 44. ♕b8+ ♘f8 45. ♕f8:+ ♔h7 46. ♕a8 ♕b3+ 47. ♔h2 ♕e3 (oder 47. ... f5 48. gf5: ♕c2+ 49. ♕g2 d3 50. f6) 48. ♕d5 ♕f2+ 49. ♔h3 ♕e3+ 50. ♔g2 ♕d2+ 51. ♔g3 ♕e1+ 52. ♔f4 und Weiß gewinnt.

40. ♗b5-c4 ♕d1-c2+
41. ♔h2-h3 ♕c2xc4
42. ♕e6xc4 ♗f8-c5

Zwei Leichtfiguren und zwei Bauern können manchmal, in aktiven Stellungen, mit der Dame erfolgreich kämpfen. Hier aber, mit einem „toten“ Springer am Rande des Brettes, hat Schwarz keine Chancen. Es folgte noch:

43. ♔g4 ♘f8 44. ♕d5! (verhindert ♘f8-d7-e5) **44. ... ♔h7 45. ♔f3 ♔h8 46. ♔e4 ♔h7 47. ♔d3 ♔h8 48. ♔c4 ♔h7 49. ♔b5** (Richtung f7) **49. ... ♔h8 50. ♔c6 ♔h7 51. ♔c7 h5 52. ♔d8 ♔h6 53. ♔e8**, und Schwarz gab auf. Es folgt 53. ... ♔h7 54. ♔f7 ♔h6 55. ♔g8 und danach 56. ♕f7.

Partie 15

WM-Kandidatenwettkampf, Buenos Aires 1971

Weiß: R. Fischer
Schwarz: T. Petrosjan
Sizilianisch · Paulsen-Variante

1. e2-e4 c7-c5
2. ♘g1-f3 e7-e6
3. d2-d4 c5xd4
4. ♘f3xd4 a7-a6
5. ♗f1-d3 ♘b8-c6
6. ♘d4xc6 b7xc6

Hauptsächlich wegen dieser Partie kamen die Theoretiker zu der Schlussfolgerung, dass es hier bescheidener und besser ist, mit dem d-Bauern zu schlagen. Zum Beispiel 7. ♘d2 e5 8. ♘c4 ♘e7 9. ♗e3 ♘g6 10. ♘b6 ♖b8 11. ♘c8: ♖c8: 12. ♕g4 ♗d6 13. 0-0 0-0 (Timman – Miles, Bugojno 1978) mit schwierigem Spiel und beiderseitigen Chancen.

7. 0-0 d7-d5

Genauso verlief das Spiel in zwei Partien des WM-Wettkampfes Spasski – Petrosjan (1969). Beide Mal setzte Spasski mit 8. ♘d2 fort, und in der 17. Partie kam er nach 8. ... ♘f6 9. b3 ♗b4 10. ♗b2 a5 11. c3 etwas in Vorteil.

Sicherlich war Petrosjan überzeugt, dass Schwarz nach 8. ♘d2 ein akzeptables Spiel bekommt (ansonsten hätte er die Variante nicht wiederholt), aber zu seiner Überraschung wählte Fischer eine andere Fortsetzung, wo er mit einer Verbesserung des weißen Spiels aufwartete.

8. c2-c4 ♘g8-f6
9. c4xd5 c6xd5
10. e4xd5 e6xd5

Diagramm 142

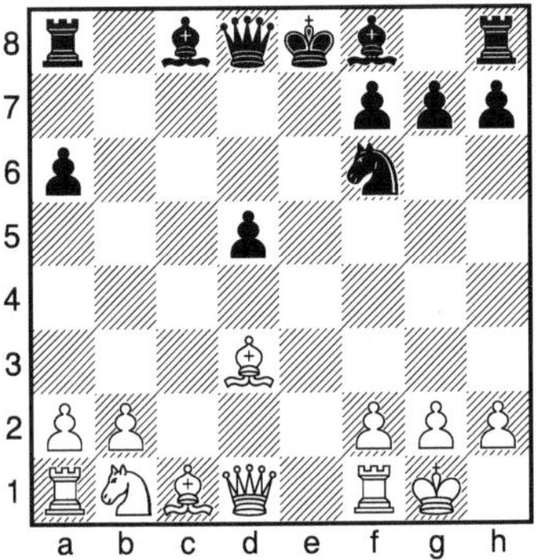

Fast alle Kommentatoren dieser Partie meinten damals, dass es hier besser gewesen wäre, der Theorieempfehlung folgend, mit dem Springer auf d5 zurückzuschlagen. Die Sache ist aber bei weitem nicht so klar. Nach 11. ♗e4! ♗e7 12. ♘c3 ♗b7 führte 13. ♕a4+ ♕d7 14. ♕d7:+ ♔d7: 15. ♖d1 ♗f6 16. ♘d5: ♗d5: 17. ♗d5: ed5: 18. ♖d5:+ ♔e6 19. ♖d2 in der Partie Awerbach – Taimanow (UdSSR. Meisterschaft 1960) zu einem Endspiel, wo nach Ansicht der Theoretiker die aktive Stellung der schwarzen Figuren den Minusbauern kompensiert. Vielleicht ist das so, aber dennoch musste sich Taimanow bis zum 96. Zug hartnäckig verteidigen, um ein Remis zu erreichen, und sicherlich hatte Petrosjan keine Lust, dasselbe gegen Fischer zu tun. Außerdem bemerkte Großmeister Lilienthal, dass statt 13. ♕a4+ wahrscheinlich 13. ♕b3 noch stärker sei, z. B. 13. ... ♘c3:? 14. ♗b7: ♘e2+ 15. ♔h1 oder 13. ... ♕d7 14. ♖d1 ♖d8 15. ♗e3 0-0 16. ♖d3 ♕c6 17. ♘d5: ed5: 18. ♗f3 oder 13. ... ♖b8?! 14. ♗d5: ed5: (14. ... ♗d5: 15. ♕a4+ ♕d7 16. ♕a6: und es ist zweifelhaft, ob das Läuferpaar den fehlenden Bauern kompensiert) 15. ♗f4 ♗d6 16. ♕a4+ ♔f8 17. ♖ad1.

All diese Überlegungen waren einem Kenner dieser Variante wie Petrosjan sicherlich bekannt. Außerdem konnte er nicht ahnen, dass sein Gegner einen neuen und sehr guten Plan vorbereitet hatte, der die ganze Einschätzung dieser Stellung grundsätzlich ändert.

11. ♘b1-c3!

Das ist viel stärker als die „übliche“ Fortsetzung 11. ♗e3 ♗e7 12. ♗d4 0-0, die zu einem etwa gleichen Spiel führt.

11. ... ♗f8-e7

12. ♕d1-a4+!

Dieses auf den ersten Blick harmlose Schachgebot ist viel giftiger als man es sich vorstellen kann.

12. ... ♕d8-d7

Die „normale“ Antwort 12. ... ♗d7 hätte nach dem starken Zentralisierungszug 13. ♕d4! zu klarem Positionsvorteil für Weiß geführt, z. B. 13. ... ♗e6 14. ♗f4 0-0 15. ♖f1 und Schwarz hat noch viele Probleme zu lösen, z. B. 15. ... ♗d6 16. ♗g5 h6 17. ♗h4 oder 15. ... ♕d7 16. ♘a4 ♕a7 17. ♕a7: ♖a7: 18. ♗e3 mit einer der Partie ähnlichen Stellung.

13. ♖f1-e1!

Diagramm 143

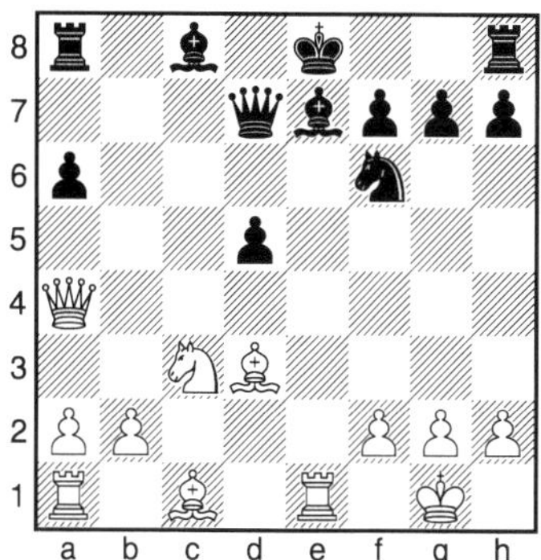

Weiß denkt nicht daran, das giftige Qualitätsopfer des Gegners anzunehmen. Nach 13. ♗b5 ab5: 14. ♕a8: 0-0 hätte Schwarz eine starke Initiative bekommen, z. B. 15. ♕a5 b4 oder noch stärker 15. ... d4 16. ♘b5: ♗b7 mit den Drohungen ♖a8 und ♗g2:. Stattdessen erzwingt er mit seinem ruhigen aber sehr starken letzten Zug den Übergang in ein vorteilhaftes Endspiel.

13. ... ♕d7xa4

14. ♘c3xa4 ♗c8-e6

15. ♗c1-e3!

Die Aussichten von Weiß sind in diesem Endspiel offensichtlich besser.

Strategische Merkmale:

1) Bauernmehrheit am Damenflügel

2) Bessere Bauernstruktur (schwache schwarze Bauern a6 und d5)

3) Der viel bessere Läufer

Dazu ein vorübergehender aber wichtiger Vorteil: ein kleiner Entwicklungsvorsprung, der ihm eine dauernde Initiative sichert (es droht schon 16. ♘b6 mit Bauerngewinn).

15. ... 0-0

16. ♗e3-c5 ♖f8-e8

17. ♗c5xe7 ♖e8xe7

Nach dem Abtausch der schwarzfeldrigen Läufer ist Weiß mit dem „guten“, Schwarz mit dem „schlechten“ Läufer verblieben. Jetzt wird der schwache schwarze ♙a6 fixiert.

18. b2-b4! ♔g8-f8

19. ♘a4-c5 ♗e6-c8

20. f2-f3

Der weiße Vorteil wächst stetig. Die schwarzen Figuren sind an die Verteidigung der schwachen Bauern gebunden und daher nicht im Stande, die Invasion der weißen Türme entlang der offenen c-Linie zu verhindern.

Wenn Schwarz jetzt die Türme tauscht (20. ... ♖e1:+ 21. ♖e1:), so kommt der weiße König in nur 3 Zügen nach d4, wonach die Stellung nicht mehr zu halten ist.

20. ... ♖e7-a7

21. ♖e1-e5

Der zweite schwache Bauer wird aufs Korn genommen.

21. ... ♗c8-d7

22. ♘c5xd7

Diese Entscheidung – den riesigen ♘c5 gegen den „schlechten" ♗d7 abzutauschen, ist für den Pragmatiker Fischer charakteristisch. Der verbleibende weiße Läufer ist dem schwarzen Springer weit überlegen, die schwarzen Schwächen bleiben erhalten und die zweite offene Linie wird von Weiß besetzt. Alles das zusammen sollte für den Sieg genügend sein.

22. ... ♖a7xd7

23. ♖a1-c1 ♖d7-d6

Ansonsten kommt 24. ♖c6 ♖da7 25. g4 h6 nebst g4-g5 und der ♙d5 fällt.

24. ♖c1-c7 ♘f6-d7

25. ♖e5-e2 g7-g6

26. ♔g1-f2 h7-h5

27. f3-f4 h5-h4

28. ♔f2-f3 f7-f5

Die Bauernzüge am Königsflügel haben die schwarze Stellung nur geschwächt.

29. ♔f3-e3 d5-d4+

Andernfalls kommt der weiße König nach d4.

30. ♔e3-d2 ♘d7-b6

Vernünftige Züge gibt's nicht mehr, also muss Schwarz das Eindringen des zweiten Turms auf die 7. Reihe zulassen und das bedeutet das Ende.

31. ♖e2-e7 ♘b6-d5

32. ♖e7-f7+ ♔f8-e8

33. ♖c7-b7 ♘d5xb4

34. ♗d3-c4

Schwarz gab auf.

Nach 34. ... ♘c6 (oder a5) folgt 35. ♖h7 ♖f6 36. ♖h8+ ♖f8 37. ♗f7+ ♔d8 38. ♖f8:+ Matt.

Eine meisterliche Leistung.

Partie 16

Horgen 1994

Weiß: Garri Kasparow
Schwarz: Alexej Schirow
Sizilianisch – Sweschnikow

1.	e2-e4	c7-c5
2.	♘g1-f3	e7-e6
3.	d2-d4	c5xd4
4.	♘f3xd4	♘g8-f6
5.	♘b1-c3	♘b8-c6
6.	♘d4-b5	d7-d6
7.	♗c1-f4	e6-e5

Der schwarze Bauernvorstoß e5 im Sizilianer ist im Prinzip uralt, schon 1834 im Match MacDonnell gegen Labourdonnais trat er auf (nach 1. e4 c5 2. ♘f3 ♘c6 3. d4 cd4: 4. ♘d4: e5), und Lasker benutzte ihn 1910 in der 9. Partie seines WM-Kampfs gegen Schlechter. Vor allem in der Zeit nach Steinitz galt dieser Zug als stark antipositionell und erst in den 70er Jahren des letzten Jahrhunderts wurde dieses System populärer, vornehmlich durch Untersuchungen des russischen Großmeisters Jewgeni Sweschnikow. Heute ist diese Sweschnikow-Variante längst eine Modevariante und taucht regelmäßig in den Top-Turnieren der Welt auf. Der Hauptgrund hierfür ist sicherlich, dass diese Variante beiden Teilen zahlreiche Möglichkeiten und damit Gewinnchancen einräumt.

Die Charakteristika des Sweschnikow-Systems seien kurz skizziert: Weiß sichert sich die Herrschaft über die weißen Felder, sein Trumpf wird in einem starken Vorpostenspringer bestehen, den er umgehend auf d5 etablieren kann; um d5 dauerhaft besetzen zu können, tauscht Weiß meistens noch seinen Damenläufer gegen den schwarzen ♘f6 ab, wobei sich im Falle von g7xf6 die schwarze Bauernstruktur weiter verschlechtert. Weiß hat außerdem eine Bauernmehrheit am Damenflügel, die später zur Bildung eines Freibauern genutzt werden kann.

Schwarz hingegen strebt ein aktives Spiel auf Kosten der schlechteren Bauernstruktur an; der ♙e5 kontrolliert zwar die Felder d4 und f4, hinterlässt aber ein schreckliches Loch auf d5, einen rückständigen ♙d6 auf halb offener Linie und ein weiteres schwaches Feld f5. Schwarz wird versuchen, mit Hilfe des Läuferpaars sein Spiel um den weißen Vorposten herum zu entfalten, eventuell kommt auch ein Minoritätsangriff am Damenflügel in Betracht. Seine Hoffnung, den weißen ♘d5 damit zum „Papiertiger“ degradieren zu können, geht allerdings nicht immer in Erfüllung

8. ♗f4-g5

Der Läufer hat nun zwei Tempi verbraucht, um nach g5 zu kommen, aber analoges gilt für den schwarzen ♙e5.

8. ... a7-a6

9. ♘b5-a3

Der Randspringer ist nur vorübergehend schlecht platziert und wird so bald wie möglich (meist über c2 nach e3, zur Unterstützung seines Kollegen auf d5) wieder ins Spiel gebracht, ist daher auch keine Kompensation für die positionellen Zugeständnisse von Schwarz.

9. ... b7-b5

10. ♘c3-d5 ♗f8-e7

11. ♗g5xf6

Programmgemäßer Abtausch, immerhin kann Schwarz nun mit dem Läufer zurückschlagen.

11. ... ♗e7xf6

12. c2-c3

Das besagte Feld c2 wird für den Springer geräumt.

2. ... ♗c8-b7

Vorher wurde an dieser Stelle häufiger 12. ... 0-0 gespielt, die hiernach entstehenden Varianten sind allerdings mit leichten Nachteilen für Schwarz verbunden. Dem keineswegs neuen Textzug hatte Schirow bereits mehrfach den Vorzug gegeben.

13. ♘a3-c2 ♘c6-b8

Auch Schwarz ist bestrebt, seine Springerstellung zu verbessern, von d7 aus würden ihm die Felder f6, b6 oder gar c5 winken: demnach ein folgerichtiges Unterfangen, andererseits ist diese Umgruppierung relativ zeitintensiv.

Eine vorteilhafte Stellung erhält Weiß nach 13. ... ♘e7 14. ♘f6 gf6: 15. ♗d3 (hier hätte Schwarz keinerlei Kompensation), und 13. ... 0-0 käme für Kasparow einer Einladung zum Angriff gleich (mit 14. h4!?).

14. a2-a4!

Weiß fackelt nicht lange und wird am Damenflügel aktiv mit der Absicht, den ♖a1 ins Geschehen eingreifen zu lassen. Mit dem Textzug folgt Weiß zunächst der Partie Zapata – Schirow, Olympiade Manila 1992, wo dieser Bauernzug erstmals aufs Brett kam. Andere Fortsetzungen wie 14. ♘ce3 oder 14. g3 hätten Schwarz Zeit gelassen, seine angedachten Manöver abzuschließen.

Schirow ahnt indessen nicht, dass sein theoriegewaltiger Gegner einem in häuslicher Analyse ausgekochten Plan folgt, der sich auf einer verblüffenden Idee gründet – einer Idee, die Kasparow wenige Monate vor dieser Partie in Nowgorod ausgebrütet hatte.

14. ... b5xa4

15. ♖a1xa4

In der erwähnten Partie spielte Zapata 15. ♘ce3 ♘d7 16. ♕a4:, ohne dass er in den späteren Verwicklungen einen entscheidenden Vorteil erringen konnte, und nach einigen Ungenauigkeiten verlor er diese Partie sogar noch (0-1 nach 47 Zügen).

15. ... ♘b8-d7

16. ♖a4-b4!

Schirow wird mit einem neuen Zug konfrontiert, dessen versteckte Absicht ihm entgeht.

16. ... ♘d7-c5?!

Besser war hier jedenfalls 16. ... ♖b8, während 16. ... ♗c6?! wegen 17. ♖c4! ♗d5: 18. ♕d5: 0-0 19. ♖c6 (nach Kasparow) ebenfalls minderwertig ist.

Diagramm 144

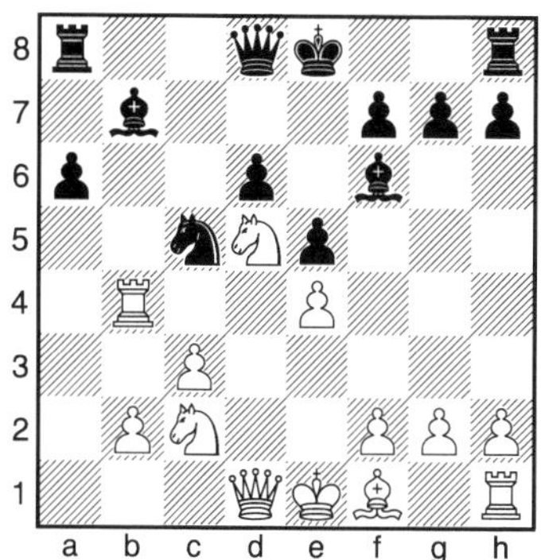

17. ♖b4xb7!!

Dieses positionelle Qualitätsopfer war allerdings kaum vorhersehbar. Der völlig konsternierte Schirow benötigte etwas Zeit, um sich vom Schock dieses Zuges zu erholen ...

In der Tat ist zunächst nicht klar, ob und wie Weiß eine positionelle Kompensation für die geopferte Qualität findet, und ob diese Kompensation auf lange Sicht ausreichend ist, um die Partie erfolgreich (oder zumindest ohne Verlust) abzuschließen. Und schließlich ist nicht zu übersehen, dass auch die weißen Figuren noch weitgehend unentwickelt sind.

17. ... ♘c5xb7

18. b2-b4!

Ein wichtiger Zug, der den ♘b7 für längere Zeit regelrecht einkerkert. Zusammen mit dem Riesenspringer auf d5 kann Weiß ein aussichtsreiches Spiel auf den weißen Feldern führen, während die schwarzen Figuren deutliche Probleme haben, sich zu entwickeln und ein koordiniertes Spiel aufzuziehen.

18. ... ♗f6-g5

Von hier aus starrt der Läufer nur ins Leere.

19. ♘c2-a3!

Um auch diesem Springer ein schönes Feld (c4) zu gönnen.

19. ... 0-0

20. ♘a3-c4 a6-a5

Inzwischen kann Schwarz zwar

einen Entwicklungsvorsprung verbuchen, aber trotzdem nicht mit dem nahe liegenden 20. ... f5 vorpreschen, denn 21. ♗d3 f4 22. ♕g4 verbessert nur die weißen Aussichten. Nach dem Textzug erhält Schwarz eine offene Linie für seinen Damenturm, ohne damit allerdings viel bewirken zu können.

21. ♗f1-d3

Natürlich lässt sich Weiß nicht zu 21. b5? verleiten, was den ♘b7 befreien würde (21. ... ♘c5).

21. ... a5xb4

22. c3xb4 ♕d8-b8

Schwarz räumt d8, um seinen Springer nach e6 zu überführen. Gleichfalls über das Feld d8 könnte der ♗g5 nach b6 gebracht werden, aber der nächste Zug von Weiß zerstört diese Option.

Die Analysen Kasparows zeigen, dass auch andere schwarze Züge an dieser Stelle nichts ausgerichtet hätten:

a) 22. ... ♖a2?! 23. 0-0 ♕a8 24. ♘cb6 ♕a3 25. ♗c4 ♖d2 26. ♕g4 mit weißem Vorteil.

b) 22. ... ♗h6!? 23. 0-0 ♕g5 (23. ... ♕h4?! 24. g3 ♕h3 25. ♗e2!) und der schwarzen ♕♗-Batterie fehlt jegliche Zielscheibe.

23. h2-h4!

Verfehlt wäre 23. 0-0?, worauf Schwarz Boden gutmacht mit 23. ... ♘d8! 24. ♘cb6 ♖a7 und dann sogar etwas besser steht, da seine Figuren zusammenwirken und die Mehrqualität geblieben ist.

23. ... ♗g5-h6

Das an sich wünschenswerte 23. ... ♗d8 raubt dem ♘b7 das einzige Feld und trifft auf 24. g3 ♕a7 25. 0-0 ♕d4 26. ♕b3 mit einer perspektivlosen schwarzen Stellung. Schirow entschließt sich daher, den ♗g5 auf ein recht passives Feld zu stellen.

24. ♘c4-b6 ♖a8-a2

25. 0-0

Eine späte weiße Rochade, aber der weiße König war bisher nie in Gefahr. 25. ♘d7? hätte übrigens kein Material zurückgewonnen wegen 25. ... ♕a7 mit Mattdrohung auf f2.

25. ... ♖a2-d2

26. ♕d1-f3 ♕b8-a7

Diagramm 145

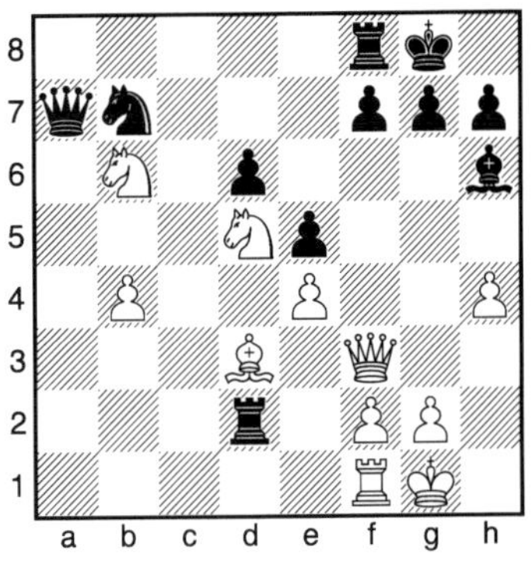

Vereinzelt wurde dieser Zug als Fehler gebrandmarkt und stattdessen 26. ... ♕e8 (Absicht ♘d8-e6-d4/f4) empfohlen; aber Weiß kann in diesem Fall 27. ♖a1! spielen und nach 27. ... ♘d8 28. ♘c4 (nun hat der schwarze ♖ kein Fluchtfeld!) ♘e6 29. ♘d2: ♗d2: 30. b5! hat er einen deutlichen Vorteil.

Schirow hatte bei 26. ... ♕a7 vermutlich die Abwicklung 27. ♘d7 ♘c5 28. ♘f8: ♘d3: im Auge, aber den raffinierten Gegenschlag 29. ♕f5! zu spät erkannt: 29. ... g6 30. ♕d7! ♕d7: (30. ... ♕b8? 31. ♘e6! fe6: 32. ♘f6+ ♔f8 33. ♘h7:+ ♔g8 34. ♘f6+ ♔f8 35. ♕e6: ♕d8 36. ♖a1) 31. ♘d7: und nach 31. ♔g7 32. b5 kann Weiß auch hier einen Vorteil behaupten.

27. ♘b6-d7

In einer nachträglichen Analyse bedauert Kasparow diesen Zug und gibt 27. ♗b5! als besser an, um seine positionellen Vorteile zu erhalten: 27. ... ♘d8 28. ♘d7 ♘e6 29. ♘e7+! ♔h8 30. ♘f8: ♕e7: 31. ♘e6: ♕e6: 32. ♗c6 – Weiß hätte materiell ausgeglichen, aber nach eigener Aussage nur leichten Vorteil (immerhin den Freibauern b4 in Verbindung mit einem deutlich wirksameren Läufer).

Ein anderer interessanter Vorschlag (nach 27. ♗b5) ist die sofortige Rückgabe von Material seitens Schwarz mittels 27. ... ♖d5:!?, aber nach 28. ♘d5: ♘d8 29. ♗c4! ♘e6 30. b5 ♘d4 31. ♕d3 behält Weiß gute Gewinnchancen (32. b6 und 33. ♖b1).

27. ... ♘b7-d8?

Schwarz musste 27. ... ♖a8 versuchen und darauf hoffen, dass Weiß im Variantendschungel nicht die optimale Erwiderung findet:

a) 28. ♘e7+?! ♔h8 29. ♕f7: ♖d3: 30. ♘f8 ♕a2!

a1) 31. ♘eg6+ hg6: 32. ♘g6:+ ♔h7 33. ♘f8+ ♖f8:! (sonst gibt Weiß Dauerschach) 34. ♕a2: ♖d4 (oder ♖d2 35. ♕e6) 35. ♖b1 mit wahrscheinlichem Remisschluss.

a2) 31. ♘e6 ♖da3 32. ♘f5 ♖3a7 und Schwarz verteidigt sich erfolgreich (Nunn), z. B. 33. ♘h6: ♘c5 34. ♘c7! ♘e4: (34. ... ♕f7: 35. ♘f7:+ ♔g8 36. ♘a8: ♘e4: 37. ♘e5: de5: 38. ♘b6 ist leicht vorteilhaft für Weiß) 35. ♕a2: ♖a2: 36. ♘a8: ♖a8: 37. ♖e1 gh6: 38. ♖e4: =

a3) 31. ♕f5 g6 32. ♘fg6:+ ♔g7 (auch 32. ... hg6: führt nach Kasparow zum Remis) 33. ♕g4 hg6: 34. ♕g6:+ ♔f8 35. ♘f5 ♕f7 36. ♕h6:+ ♔e8 37. ♕h8+ ♕f8 38. ♕h5+ ♕f7 remis (die Flucht mit dem König 38. ... ♔d8? kann sich Schwarz kaum leisten: 39. ♕h7 ♖b8 40. ♖c1 ♖c8 41. ♖a1 ♖b8 42.

♖a7 ♔c8 43. b5! ♖c3 44. ♘e7+ ♔d8 45. ♘c6+ usw.)

b) 28. ♘7b6! ♖f8 29. ♗b5! (Kasparow) führt zur Variante aus der obigen Anmerkung zum 27. weißen Zug. Schwarz kann versuchen, diese Variante mit 28. ... ♕a3 (Flear) zu verbessern, aber nach 29. ♘a8: ♖d3: 30. ♕e2 ♖d2 31. ♕b5! ♕a8: 32. ♘c7 ♕f8 (auf 32. ... ♕d8? ist 33. ♖a1! noch wirksamer) 33. ♖a1! ♘d8 34. ♕d7 ♘e6 35. ♖a8 gewinnt Weiß.

c) 28. ♗c4! ♘d8 29. ♘5b6 ♖d4! 30. ♗d5 ♖b8 und nach 31. ♘b8: ♕b8: 32. ♖a1! ♗f4 (32. ... ♕b6:?? 33. ♕f7:+! ♘f7: 34. ♖a8+ nebst Matt) 33. ♘c4 steht Weiß besser.

28. ♘d7xf8 ♔g8xf8

29. b4-b5!

Wieder ein essentieller Zug, der Freibauer rückt bedrohlich vor und lähmt das schwarze Spiel. Da der abseits stehende ♗h6 den Bauern nicht aufhalten kann, muss sich der Springer dieser Aufgabe annehmen.

29. ... ♕a7-a3?!

Mit 29. ... ♕d4! konnte Schirow seinem Gegner größeres Kopfzerbrechen bereiten und es ist die Frage, ob Kasparow die richtige Entgegnung am Brett gefunden hätte: 30. ♖d1! ♖d1:+ 31. ♕d1: ♘e6 32. b6 ♘c5 33. ♗c2 ♕d1:+ 34. ♗d1: usw. wickelt in ein günstiges Endspiel ab. Alternativ wurde in dieser Variante 32. ♕b1! vorgeschlagen: 32. ... ♘c5?! 33. ♕a2! g6 34. ♕a8+ ♔g7 35. ♘e7! (droht 36. ♕g8+ ♔f6 37. ♘d5+ nebst Matt oder Damenverlust) 35. ... ♔f6 36. ♕d8! ♘e6 (36. ... ♘d3:?? 37. ♘f5+ 38. ♕e7#) 37. ♘d5++ ♔g7 38. ♕f6+ ♔g8 39. ♘e7+ ♔f8 40. ♘c6 (wieder droht Matt) ♕a1+ 41. ♔h2 ♔g8 (oder ♗g7 42. ♕e7+ usw.) 42. ♘e7+ ♔f8 43. ♘c8 ♔g8 44. ♘d6: ♕a7 (♗f4+ 45. g3 bringt nichts) 45. b6! ♕d7 46. ♘f7: ♕f7: 47. ♕f7:+ ♔f7: 48. b7 und Schwarz kann aufgeben.

Diagramm 146

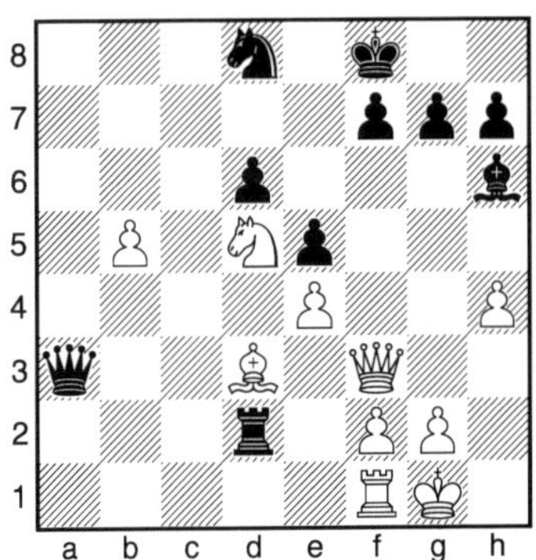

30. ♕f3-f5!

Ein kleiner taktischer Witz, nach 30. ... ♖d3:? 31. ♕d7 (mit Mattdrohung – einzügig durch ♕d8:# und zweizügig durch ♕e7-e8#) 31. ... g6 32. ♕d8:+ ♔g7 33. ♘e7 gewinnt Weiß.

30. ... ♔f8-e8
31. ♗d3-c4 ♖d2-c2

Auf 31. ... ♕c5 kann Weiß ebenfalls auf h7 nehmen: 32. ♕h7:! ♔d7 33. ♕f5+ ♔e8 34. ♗b3 ♖b2 35. ♗d1.

32. ♕f5xh7! ♖c2xc4
33. ♕h7-g8+ ♔e8-d7
34. ♘d5-b6+

Diese Gabel sorgt für einen klaren weißen Materialvorteil.

34. ... ♔d7-e7
35. ♘b6xc4 ♕a3-c5
36. ♖f1-a1! ♕c5-d4

Oder 36. ... ♕c4: 37. ♖a7+ ♔e6 38. ♕e8+ ♔f6 39. ♕d8:+ usw.

37. ♖a1-a3!

Hier hätte Weiß immer noch fehlgreifen können mit dem übereilten 37. ♖a8?, denn ♘e6! 38. ♖e8+ ♔f6 39. ♖e6: ♔e6: 40. ♕c8+ ♔f6 hätte lediglich ein unklares Spiel ergeben.

37. ... ♗h6-c1
38. ♘c4-e3!

Schwarz gab auf. 38. ... ♗a3: 39. ♘f5+ hätte seine ♕ aufgegabelt und nach 38. ... g6 39. ♘d5+ ♔d7 40. ♖a8 ist das Ende nicht mehr fern, während 38. ... ♗e3: 39. ♖e3: für ihn hoffnungslos ist.

Partie 17

Madrid 1998

Weiß: Peter Leko
Schwarz: Alexander Beljawski

Pirc-Verteidigung

1. e2-e4 d7-d6
2. d2-d4 ♘g8-f6
3. ♘b1-c3 g7-g6
4. ♘g1-f3 ♗f8-g7
5. ♗c1-e3

Die Pirc-Verteidigung ist gekennzeichnet durch eine völlig unterschiedliche Zentrumsstrategie der beiden Parteien: während Weiß auf klassische Weise das Zentrum mit zwei oder sogar drei Bauern besetzt (zusätzlich durch f2-f4), hält Schwarz seine Bauern vorerst zurück, bis Weiß seine zentrale Struktur festgelegt hat. Er entwickelt frühzeitig seinen Läufer nach g7 und wartet ab, um das gegnerische Zentrum – speziell d4 – seinerseits mit e5 oder c5 zu attackieren, sobald dies opportun erscheint – die Frage ist häufig, wann dies genau der Fall ist. Zögert Schwarz zu lange mit seinem Gegenschlag, kann er sehr schnell unter die Räder kommen. Jedenfalls ist „Pirc“ mehr strategisch als taktisch (wie z. B. der Najdorf-Sizilianer) orientiert und allgemeine Prinzipien dominieren hier mehr als in vielen anderen Eröffnungen.

Mit seinem letzten Zug ♗e3 stützt Weiß nicht nur seinen d-Bauern, sondern will auch mittels nachfolgendem ♕d2 die Option erhalten, im geeigneten Moment den Stolz der schwarzen Stellung (♗g7) mit ♗h6 abzutauschen.

5. ... c7-c6

6. ♕d1-d2 b7-b5

Andere Varianten ergeben sich nach 6. ... ♘bd7 7. ♗h6 (7. ♘f3 ♗b7 8. h3 e5 9. de5: de5: 10. 0-0 in Karadeniz – M. Gurevich, Izmir 2004) ♗h6: 8. ♕h6: e5 9. 0-0-0 usw., L. Dominguez – Cekro (Olympiade Bled 2002) oder 6. ... ♕a5!? 7. ♗d3 ♗g4!? 8. ♘g1! e5 9. h3 usw., Akopian – Timman (Wijk aan Zee 2004).

7. ♗f1-d3

Weiß hat sich sehr solide aufgebaut mit einem starken Zentrum, das von seinen Figuren optimal gestützt wird. Bezüglich des Verbleibs seines Königs hat er verschiedene Möglichkeiten: die kurze Rochade überlässt ihm eine leicht vorteilhafte Stellung, aber auch die lange Rochade in Verbindung mit einem Angriff am Königsflügel ist eine Alternative. Weiß wählt in der Partie eine dritte Möglichkeit – siehe weiter unten ...

7. ... ♗c8-g4?!

Auf diesen Zug war Leko überhaupt nicht vorbereitet, obwohl zum damaligen Zeitpunkt bereits viele Partien hierzu existierten. Es ist schon ein wenig kurios, dass sich in der Folge Lekos Unkenntnis und die damit verbundene unvoreingenommene Herangehensweise als entscheidender Vorteil erweist.

Der schwarze Läuferausfall nach g4 bewährt sich an dieser Stelle jedenfalls nicht, geeignetere Fortsetzungen waren 7. ... 0-0 oder 7. ... ♘bd7 8. ♗h6 0-0 9. ♗g7: ♔g7: 10. e5?! de5: 11. de5: ♘g4.

8. e4-e5!

Perfektes „Timing" bei Weiß – er legt sofort im Zentrum los. Schwarz reagiert auf dem Damenflügel, da 8. ... de5: 9. ♘e5: oder 8. ... ♘g4 9. ed6: ♘e3: 10. ♕e3: ♕d6: 11. 0-0 nebst 12. ♘e4 günstig für Weiß sind.

8. ... b5-b4

9. ♘c3-e4!

Erst dies ist eine neue Idee, die sich in Verbindung mit dem vorhergehenden Zug als sehr stark herausstellt. 9. ♘e2, das in der Partie Apicella – Hickl (Deutschland – Frankreich 1993) vorkam, ist zu zahm (9. ... ♘d5 10. ♗h6 0-0 usw.).

9. ... ♘f6xe4

Nach 9. ... ♘d5 sucht Weiß mit 10. ♗h6 den Läufertausch.

10. ♗d3xe4 d6-d5

Mit der Absicht, Weiß einen Doppelbauern auf der f-Linie anzuhängen. Direkt 10. ... ♗f3: 11. ♗f3: de5: 12. 0-0-0 ed4: 13. ♗d4: ♗d4: 14. ♕d4: ♕d4: 15. ♖d4: mündet in ein besseres Endspiel für Weiß: 15. ... a5 16. ♖hd1 0-0 17. ♖d8 ♘a6 18. ♖a8: ♖a8: 19. ♗c6: usw.

11. ♗e4-d3 ♗g4xf3

12. g2xf3

Der Doppelbauer bedeutet in dieser Partie keinen Nachteil, der weiße ♙f3 kann später vorrücken und damit nicht nur den zentralen weißen Bauernkeil verstärken, sondern auch die Stellung im Zentrum öffnen zum Angriff auf den gegnerischen König. Der weiße König bleibt in der Mitte und steht hier bis auf weiteres sicher.

12. ... a7-a5

In einer Partie *Junior 6* – Khalifman (Dortmund 2000) versuchte Schwarz vergeblich, die Variante zu rehabilitieren: 12. ... ♕b6 13. h4 ♘d7 (eine Neuerung) 14. h5 c5 15. dc5: ♘c5: 16. ♗e2 0-0 17. ♕d5 ♖ac8 18. hg6: hg6: 19. ♕d4 g5 und nur mit Hilfe taktischer Tricks gelang es ihm, das Unentschieden zu halten.

13. h2-h4!

Nun kann Schwarz nicht mit 13. ... h5 den Königsflügel abriegeln, denn Weiß kontert mit 14. e6! (14. ... c5 15. ♖g1! ♔f8 16. ♗g6:! fg6: 17. ♖g6: ♗f6 18. ♗h6+)

13. ... ♘b8-d7

14. h4-h5 ♕d8-b6

Diagramm 147

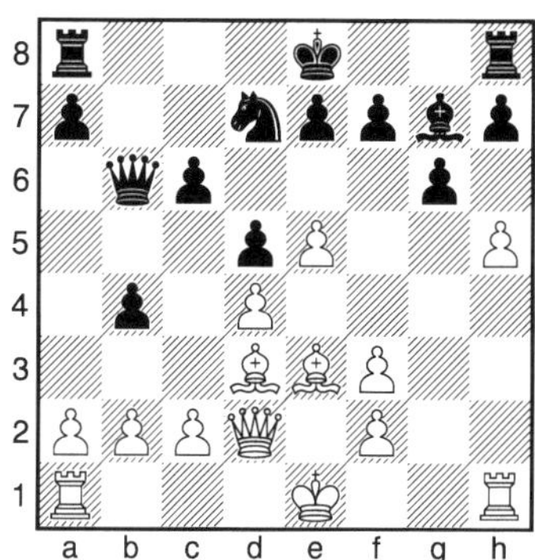

15. c2-c4!!

Zwingt Schwarz zur Öffnung der b-Linie, die alsbald von einem weißen Turm besetzt wird. Weiß dominiert bereits das Geschehen an allen Fronten.

Mit 15. hg6: hg6: 16. ♖h8:+ ♗h8: 17. e6 fe6: 18. ♗g6:+ ♔d8 usw. hätte Weiß keinen entscheidenden Vorteil erzielen können.

15. ... b4xc3 e.p.

Verfehlt ist 15. ... dc4:? 16. ♗c4:, z. B. 16. ... e6 17. ♕c2 ♕b7 18. hg6: hg6: 19. ♖h8:+ ♗h8: 20. ♗e6:! fe6:? (besser ♘b6) 21. ♕g6:+ ♔d8 22. ♕e6: usw.

16. b2xc3 e7-e6

17. ♖a1-b1 ♕b6-c7

18. ♗e3-h6 ♗g7-f8

Schwarz hat das Problem, seinen König nirgendwo in Sicherheit bringen zu können, die Flucht zum offenen Damenflügel kommt ebenso wenig in Betracht wie die kurze Rochade (18. ... 0-0? 19. ♗g7: ♔g7: 20. hg6: h5 21. fg7: ♔f7: 22. ♕g5! usw.); lediglich 18. ... ♗h6: 19. ♕h6: ♖f8 (gh5:?!) 20. ♕c1 ♕a5 sieht noch spielbar aus für Schwarz. Als unzureichend entpuppt sich auch 18. ... ♘e5: 19. de5: ♕e5:+ 20. ♔f1 ♕c3: (20. ... ♗h6: 21. ♕h6: ♕c3: 22. ♖b3, ebenso mit weißem Vorteil) 21. ♕c3: ♗c3: 22. ♖b7 (Leko).

19. ♗h6-g5!?

Weiß hat es sich anders überlegt und verzichtet auf 19. ♗f8: ♖f8: 20. ♕h6, was ebenfalls gut war. Denn er will die Läufer auf e7 tauschen und anschließend seine Dame mit Tempogewinn zum Königsflügel bringen.

19. ... ♖h8-g8

20. h5xg6 h7xg6

21. ♔e1-e2

Verbindet noch die Türme – Weiß hat eine ideale Aufstellung erreicht.

21. ... ♗f8-e7

Schwarz kann den Läufertausch kaum vermeiden, die weiße Dominanz auf den schwarzen Feldern musste eingedämmt werden.

22. ♗g5xe7 ♔e8xe7

23. ♕d2-g5+ ♔e7-e8

24. f3-f4

Weiß droht nun mit dem weiteren Vormarsch seines f-Bauern.

24. ... ♕c7-d8!

Diagramm 148

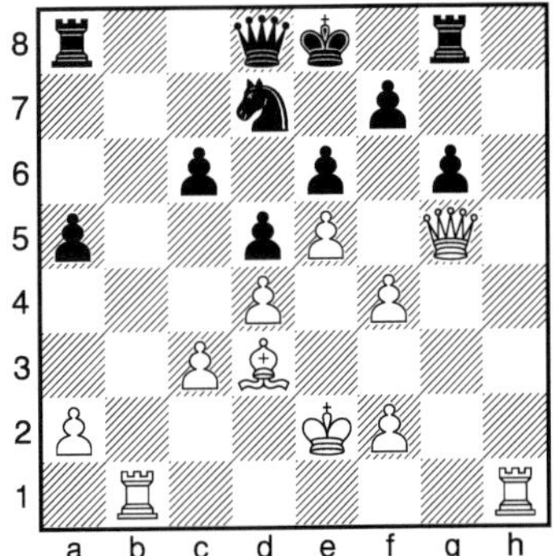

Schwarz verhindert den Bauernvorstoß f5 und die damit verbundene Öffnung der Stellung. Nach z. B. 24. ... ♖b8 25. f5 ef5: 26. ♗f5: ♖b1: [♘e5:? 27. de5: ♕e5:+ 28. ♔d2 + – (Leko)] 27. ♖b1: ♖h8 28. ♗d7:+ ♔d7: (♕d7:?? 29. ♖b8+) 29. ♕f6 ♖h7 30. ♔d1 hätte Weiß ein äußerst gewinnträchtiges Endspiel erreicht – 30. ... ♔c8 31. e6!.

25. ♕g5-g3!?

Mit 26. ♖b7 ♕g5: 26. fg5: ♔e7 27. ♖h7 ♖ab8 28. ♖c7 konnte Weiß wiederum ein vorteilhaftes Endspiel anpeilen, aber Leko wollte sich damit nicht zufrieden geben.

25. ... ♔e8-f8

26. ♖b1-g1!

Damit ist f4-f5 nicht mehr zu verhindern.

26. ... ♖a8-b8

27. f4-f5 ♖b8-b2+

Ein kurzes Störfeuer, das dem weißen König aber nichts anhaben kann, zumal diesem noch ein Fluchtweg offen steht (siehe weiter unten).

28. ♔e2-e3 e6xf5

29. ♗d3xf5 ♘d7-b6

Auf 29. ... c5 kann Weiß ruhig mit 30. ♗d3 fortfahren oder aber mit 30. ♖h7! schärfer auf Gewinn spielen: 30. ... ♕e7 (oder 30. ... cd4:+ 31. cd4: ♖b7 32. ♕f4! bzw. 31. ... ♖a2: 32. e6!) 31. e6! ♖g7 32. ♖h8+ ♖g8 33. ♖g8:+ ♔f8: 34. ♕c7! fe6: 35. ♗g6: ♕f6! 36. ♗c2+! ♔f8 37. ♖g6 ♖c2: 38. ♖f6:+ ♘f6: 39. ♕c5:+.

30. ♗f5-d3 ♘b6-c4+

30. ... ♖a2: ist keineswegs besser, nach 31. ♖h7! ♕e7 32. ♖b1 ♘d7 33. ♕g4 schlägt der weiße Angriff durch.

31. ♗d3xc4 d5xc4

32. ♕g3-f4!

Behält den schwarzen König im Auge und kann notfalls dem eigenen beistehen.

32. ... ♕d8-e7

Auch mit 32. ... c5 erreicht Schwarz nichts: 33. d5! ♕d5: 34. ♖d1. Und auf 32. ... ♕d5 kommt wie im Text 33. ♖b1.

33. ♖g1-b1! ♕e7-a3

Etwas zäher war 33. ... ♖b1: 34. ♕h6+ ♔e8 35. ♖b1: usw. Nun geht es unerwartet schnell zu Ende.

Diagramm 149

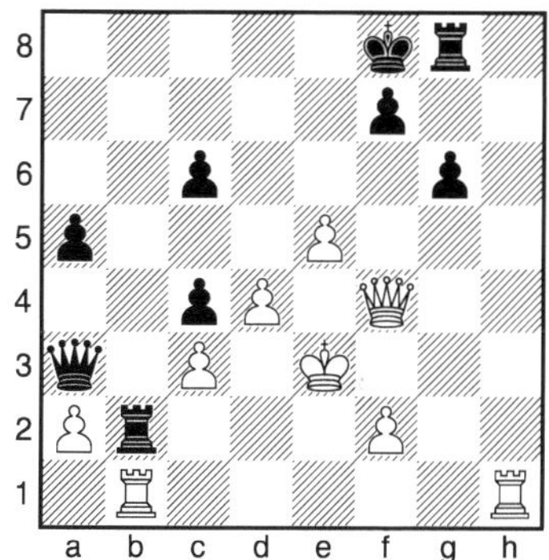

34. ♔e3-f3!

Bei Gefahr im Verzug macht sich der weiße König aus dem Staub – so verkriecht er sich im Falle von ♕c3:+ einfach auf g2, während der schwarze König seinem Schicksal nicht entrinnen kann, da ihm eine gleichwertige Fluchtmöglichkeit fehlt: (34. ... ♕c3:+) 35. ♔g2 g5 36. ♕f5 ♕d4: 37. ♖b2: ♕b2: und Weiß kann sich den Gewinnweg aussuchen: 38. ♕c8+ ♔g7 39. ♕c6: ♔f8 40. ♕c5+ usw. oder 38. ♖d1 ♕b8 39. e6 ♕f4 40. ♖d8+ ♔e7 (♔g7 41. ♖g8:+ ♔g8: 42. ♕f4: gf4: 43. e7) 41. ♖d7+ usw.

34. ... g6-g5

35. ♕f4-c1!

Ein elegantes Finale. 35. ... g4+ 36. ♔g3 ♖a2: 37. ♖b8+ ♔e7 (♔g7?? 38. ♕g5#) ist hoffnungslos, Schwarz gab daher auf.

Partie 18

Weltcup Shenyang 2000, Finale

Weiß: Viswanathan Anand
Schwarz: Jewgeni Barejew
Französisch

1. e2-e4 e7-e6
2. d2-d4 d7-d5
3. ♘b1-c3 ♘g8-f6
4. e4-e5

Das sogenannte Steinitz-System: Durch den Bauernvorstoß wird die Spannung aufgehoben und das Zentrum festgelegt, Weiß hat zunächst einen klaren Raumvorteil. Die schwarze Vorgehensweise ist klar, mit den Hebelzügen c7-c5 und f7-f6 sollen die kritischen Punkte im weißen Zentrum alsbald angegriffen werden.

4. ... ♘f6-d7
5. ♘c3-e2

Weiß strebt die ideale Bauernstellung mit c2-c3 und f2-f4 an, indes ist Schwarz nicht untätig und startet sein Gegenspiel.

5. ... c7-c5
6. c2-c3 c5xd4

Schwarz wartet nicht, bis sich Weiß weiter entwickelt hat, sondern tauscht direkt ab; das weiße Zentrum soll schnellstmöglich dezimiert werden.

7. c3xd4 f7-f6
8. ♘e2-f4

8. f4 fe5: 9. fe5: (oder 9. de5: ♕b6 usw.) ♗b4+ 10. ♔f2 0-0 führte zu einer verwickelten Partie bei Ju. Polgar – Gi. Hernandez (Merida 2000), die hiermit verbundenen Aufregungen wollte sich Anand nach eigener Aussage ersparen.

8. ... ♗f8-b4+
9. ♗c1-d2 ♕d8-b6!

Bis dahin wurde auch 9. ... ♗d2: 10. ♕d2: bzw. das zurückhaltendere 9. ... ♕e7 gespielt, was nach 10. ♗b4: ♕b4: zu unserer Partie führt. Mit dem Textzug folgt Schwarz einer Partie
Besgodow – Sakajew (Moskau 1999, russ. Meisterschaft).

10. ♗d2xb4

Zu unklarem Spiel führt 10. ♕h5 g6 11. ♘g6: ♗d2:+ 12. ♔d2: ♕b2:+ 13. ♔e3 ♕a1: 14. ♘h8:+ ♔d8 – in diesem Abspiel wird der Vorteil von 9. ... ♕b6 (gegenüber ♕e7) erkennbar.

10. ... ♕b6xb4+
11. ♕d1-d2 ♕b4xd2+
12. ♔e1xd2

Nach dem frühzeitigen Damentausch kommt es nun zu einem Mittelspiel ohne Damen, das vorerst keiner Seite einen wesentlichen Vorteil verspricht. Allerdings müssen beide Seiten sehr sorgfältig vorgehen.

12. ... ♔e8-e7

Dies ist nach Sakajew besser als 12. ... ♔f7 13. ef6: gf6: 14.♘f3 ♘c6 15. ♗b5 mit einem geringen Plus für Weiß.

13. e5xf6+ g7xf6

14. ♖a1-e1

Vertauschte Rollen: nun ist es Weiß, der das schwarze Zentrum angreift. Der rückständige ♙e6 auf der halb offenen e-Linie ist eine Schwäche, die umgehend aufs Korn genommen wird. Weiß muss gleichzeitig zu verhindern suchen, dass Schwarz seine Schwäche auflöst, indem er den Bauern bei Gelegenheit nach e5 vorrückt.

14. ... ♘d7-b6

15. ♘g1-f3

In der oben erwähnten Partie spielte Besgodow 15. ♗d3 und nach ♘c6 16. ♘f3 ♔d6 17. ♘h5 ♖f8! 18. ♗h7: e5! stand Schwarz besser (0-1 nach 40 Zügen). Anand, der diese Partie natürlich kannte, fand eine Verbesserung für Weiß.

15. ... ♘b8-c6

16. ♗f1-b5

Weiß will den Springer c6, der das Feld e5 kontrolliert, abtauschen, wonach Schwarz nicht mehr e6-e5 durchsetzen kann und der ♙e6 rückständig bleibt.

16. ... ♗c8-d7

Zwar kein Fehler, aber der Zug kommt den weißen Absichten entgegen. Mit 16. ... ♘d8 (oder ♘a5), gefolgt von a6 (Empfehlung von Anand), hätte Schwarz diesen Springer erhalten können.

17. ♗b5xc6 b7xc6

Werfen wir nochmals einen Blick auf die zentrale Bauernstruktur: Vom weißen Zentrum ist längst nur ein isolierter Bauer auf d4 übrig geblieben, dem eine zumindest quantitativ überwältigende schwarze Bauernkette c6-d5-e6-f6 gegenübersteht. Diese ist allerdings auch schutzbedürftig, zum bekannt rückständigen ♙e6 ist nun ein klaffendes Loch auf c5 hinzu gekommen, das einen weißen Springer magisch anzuziehen droht. Und für die fehlende zentrale Bauernmasse hat Weiß halb offene Linien erhalten, über die er seine Türme ins Gefecht schicken kann.

18. ♖e1-e2!

Die Absicht ist klar: Weiß will durch Turmverdoppelung auf der e-Linie die Belagerung des ♙e6 verstärken. Außerdem droht nun schon 19. ♘e6: ♘c4+ 20. ♔c3 ♗e6: ♖he1. Geht der schwarze König nach d6, will Weiß den e-Bauern mit seinem Springer von g7 aus attackieren (♘f4-h5-g7), wo er auch noch das Feld e8 im Visier hat.

18. ... ♖a8-e8
19. ♖h1-e1

Diagramm 150

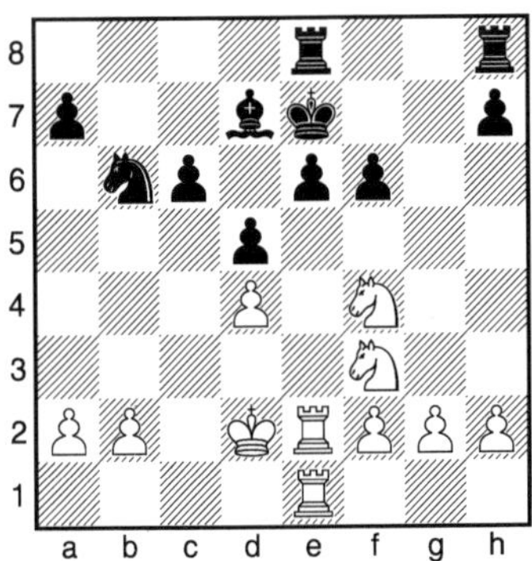

19. ... ♔e7-f7

Auf 19. ... ♔d6! folgt zwar das bereits angedeutete weiße Springermanöver 20. ♘h5, aber bei weiterhin bestem Spiel ist ein Remis in Sicht – demnach hätte Schwarz diese Fortsetzung wählen sollen. 20. ... ♖hf8? ist dann offenbar ungenügend (21. ♘g7! ♖e7 22. ♘f5+ mit Qualitätsgewinn), daher besser 20. ... ♖ef8! 21. ♘g7 ♘c4+ 22. ♔c3 e5 23. b3 ♖hg8! (23. ... e4? 24. bc4: ef3: 25. c5+ ♔c7 26. gf3: + –) 24. bc4: ♖g7: 25. de5:+ fe5: 26. ♘e5: ♖g2: 27. ♘d7: ♔d7: usw. (Anand). Nach dem Textzug hat Weiß ein vergleichbar leichteres Spiel.

20. ♔d2-c1 ♘b6-c4

Hiernach kann Weiß leicht den Springertausch herbeiführen, der sowieso in seinem Interesse liegt.

21. ♘f3-d2! ♘c4xd2
22. ♔c1xd2

Ideal für Weiß wäre nun eine Aufstellung mit dem Springer auf c5 und einem Turm auf a3. Verständlicherweise will Schwarz diesem drohenden Szenario nicht tatenlos zusehen oder sich nur auf die Verteidigung des ♙e6 beschränken, er setzt vielmehr auf einen Bauerndurchbruch in der Mitte.

22. ... c6-c5!
23. d4xc5 e6-e5
24. ♘f4xd5!

Mit 24. ♘d3 kann Weiß nichts erreichen, Schwarz hätte genügende Kompensation für den Bauern.

24. ... ♗d7-b5

Die Pointe des schwarzen Spiels: wegen der Drohung ♖d8 muss Weiß die Qualität geben, aber sein (demnächst gedeckter) Freibauer auf c5 ist eine ausreichende Entschädigung.

25. ♔d2-c3! ♗b5xe2
26. ♖e1xe2

Diagramm 151

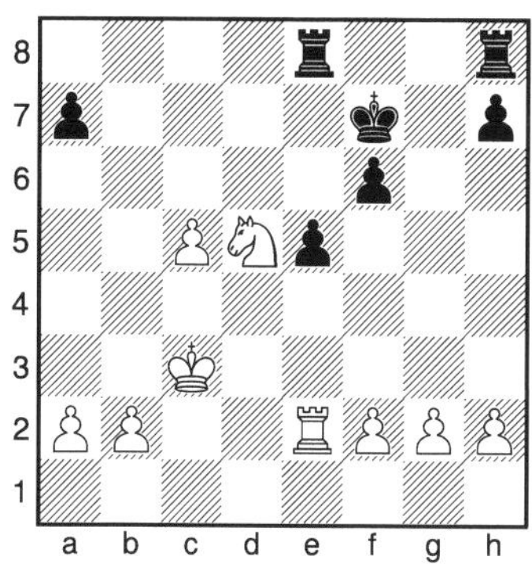

26. ... ♖e8-c8?

Ein plausibler Zug von Schwarz im Bemühen, den weiteren Vormarsch des ♙c5 zu unterbinden, aber trotzdem die falsche Entscheidung. Schwarz musste vor allem das Vorrücken des weißen b-Bauern verhindern, dessen Eingreifen im weiteren Partieverlauf von mitentscheidender Wirkung sein wird. In diesem Sinne war 26. ... ♖d8! der richtige Zug (nicht 26. ... ♖hg8?! 27. f3 und Weiß steht besser).

Anand widmet der Stellung, die sich nach (26. ... ♖d8) 27. ♔c4 ♔e6 28. ♖d2 ♖d7 ergibt, eine weitere Analyse und resümiert, dass Weiß zumindest das Remis in der Tasche hat: nach 29. c6 ♖d6 30. ♔c5 ♖hd8 führt 31. c7 ♖d5:+ 32. ♖d5: ♖d5:+ 33. ♔c6 ♖d6+ 34. ♔c5! (34. ♔b7?? ♖b6+) 34. ... ♖d5+ 35. ♔c6 zu einer Remisschaukel. Anand analysiert in dieser Variante auch den Gewinnversuch 31. ♘c7+ ♔e7 32. ♖d6: ♖d6:, z. B. 33. ♘d5+ ♔e6 34. ♘f4+ ♔e7! 35. c7 ♖d2 und Weiß hat nichts erreicht, da der weiße c-Bauer abgefangen wird.

27. ♔c3-c4 ♔f7-e6

Der Versuch, b2-b4 mit 27. ... a5 28. a3 a4 zu unterbinden, wird mit 29. ♘b6 und Verlust des a-Bauern bestraft.

28. b2-b4! ♖h8-d8
29. ♖e2-d2 ♖d8-d7
30. f2-f4!

Gelegenheiten für Fehler gibt es immer, z. B. hätte 30. b5? ♖cd8 nur Remis ergeben. Stattdessen hat Weiß eine kleine Falle aufgestellt: nach 30. ... ♖cd8? gewinnt er mit 31. c6! ♖d5: 32. ♖d5: ♖d5: 33. c7! oder 31. ... ♖d6 32. f5+ ♔f5: 33. c7! ♖c8 34. ♘e7+ ♔e6 35. ♖d6:+ (Anand) – 35. ... ♔e7: 36. ♖c6 ♔d7 37. ♔d5 ♖c7: 38. ♖f6: führt zu einem gewonnenen Turmendspiel. (Diagramm 152)

30. ... e5-e4
31. ♖d2-d4 f6-f5
32. g2-g4 ♖d7-g7

Wiederum kann Schwarz mit 32. ... ♖cd8 das Blatt nicht wenden, wie Anand nachweist: 33. c6 ♖d6 34. gf5:+ ♔f7 35. b5! e3 36. c7 e2 37. ♖e4! (und nicht 37. cd8:♕?? ♖d8: 38. ♖e4 ♖e8).

Diagramm 152

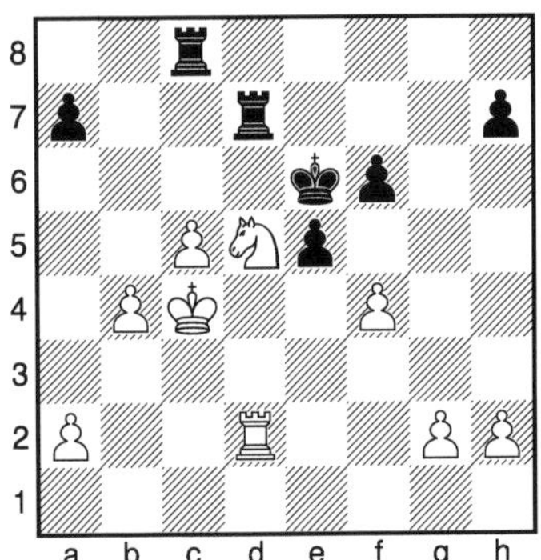

33. ♘d5-e3 f5xg4
34. ♖d4-d6+ ♔e6-f7
35. ♘e3-f5

Dies gewinnt die Qualität oder den ganzen Turm: 35. ... ♖gg8 36. ♘h6+; 35. ... ♖g6 36. ♖g6: ♔g6: 37. ♘e7+ oder 36. ... hg6: 37. ♘d6+. Schwarz unternimmt noch einen letzten verzweifelten Versuch mit seinem e-Bauern.

35. ... e4-e3
36. ♘f5xg7 ♖c8-e8

36. ... e2 (oder ♔g7:) 37. ♖e6.

37. ♘g7xe8 e3-e2
38. ♖d6-f6+

Schwarz gab auf. 38. ... ♔e7 39. f5 nebst 40. ♖e6 ist völlig aussichtslos.

Partie 19

Linares 2003

Weiß: Ruslan Ponomarjow
Schwarz: Wladimir Kramnik

Sizilianisch

1. e2-e4 c7-c5
2. ♘g1-f3 ♘b8-c6
3. ♗f1-b5

Der „spanische Läuferzug" im Sizilianer lässt sich zurückverfolgen bis zum Turnier London 1851, wo er von Bird und Williams gespielt wurde, und auch in einer Partie Winawer – Steinitz (Paris 1867) wurde er eingesetzt. In den 1940er Jahren hat vor allem Rossolimo den Zug 3. ♗b5 propagiert, weshalb diese Variante meist mit seinem Namen verknüpft wird. Natürlich bietet dieses System eine Möglichkeit, die gigantischen Variantenkomplexe der Sizilianischen Verteidigung, die mit 3. d4 verknüpft sind, zu umgehen, was allerdings nicht heißt, dass die Theorie zu diesem anti-sizilianischen Aufbau nur marginal wäre, denn diese füllt inzwischen auch schon stattliche Monographien.

Mit dem Läuferzug entwickelt Weiß schnell seinen Königsflügel und steht bereit, seinem Gegner umgehend einen Doppelbauern beizubringen (nach Schlagen auf c6) und damit die schwarze Bauernstruktur zu verschlechtern. Im Vergleich zum offenen Sizilianer mit 3. d4 kann Weiß das Spiel weitgehend geschlossen gestalten, so dass der schwarze Vorteil des Läuferpaars hier relativiert werden muss – häufig erweisen sich die weißen Springer als die nützlicheren Akteure, sofern man sie nur richtig einzusetzen versteht ...

3. ... g7-g6

Mit 3. ♕c7 oder 3. ♕b6 – um den Doppelbauern zu vermeiden – kommt die schwarze ♕ zu früh ins Spiel und Weiß zu einem häufig entscheidenden Entwicklungsvorsprung. Das schwarze Königsfianchetto ist die beliebteste Antwort auf 3. ♗b5, auf g7 ist der Läufer bestmöglich platziert.

4. ♗b5xc6

Weiß schlägt sofort auf c6, dies gibt ihm Auskunft über die schwarzen Absichten (4. ... bc6: oder dc6:) bzw. den resultierenden Stellungstyp. Außerdem kann er sich die Wahl der Rochade (ob lang oder kurz) noch vorbehalten. Herkömmliche Alternativen sind 4. 0-0 und 4. c3.

4. ... d7xc6

Das Schlagen zum Zentrum hin mit 4. ... bc6: hätte eine stärkere Kontrolle des Zentrums versprochen sowie die halb offene b-Linie, aber der Textzug hat ebenfalls seine Vorteile und ist recht populär.

5. h2-h3 ♗f8-g7
6. d2-d3 ♘g8-f6
7. ♘b1-c3 ♘f6-d7

Bereitet den Bauernvorstoß e5 vor, was die relativ geschlossene Stellung noch weiter abschottet, und deckt zugleich den vorderen Doppelbauern. Die schwarzen Läufer spielen bisher keine große Rolle, eine spätere Aktivierung ist aber keineswegs ausgeschlossen.

8. ♗c1-e3 e7-e5
9. ♕d1-d2

Die entstandene Position gilt als leicht vorteilhaft für Weiß. Mit seinem nächsten Zug beugt Schwarz dem Abtausch seines Königsläufers (durch ♗e3-h6) vor.

9. ... h7-h6

9. ... ♕e7 10. ♗h6 f6 11. ♗g7: ♕g7: 12. ♕e3 b6 13. a3 a5 14. 0-0 0-0 führte in der Partie R. Berzinš – Z. Lanka (Bundesliga 2003) zu einer ausgeglichenen Stellung.

10. 0-0 ♕d8-e7

Um den Springer besser zu stellen (nach e6) und gleichzeitig den eingesperrten ♗c8 zu befreien, muss die Dame vorübergehend Deckungsaufgaben (♙c5) wahrnehmen.

11. a2-a3 ♘d7-f8
12. b2-b4 ♘f8-e6
13. ♘c3-a4

Dieser Zug ist kaum zu tadeln, auch wenn der Springer vorübergehend am Brettrand steht. Nach 13. bc5: hätte Schwarz die Initiative übernommen mit 13. ... f5.

13. ... b7-b6!

Interessant aber nicht besser ist 13. ... ♘d4?!, nach 14. ♕d1 ♕f6 15. ♘e1 c4 16. dc4: ♘e6 (16. ... 0-0 17. ♗d4:) 17. ♕d6! usw. kann Weiß zufrieden sein.

14. ♘f3-h2?!

Erst dieser zweite Randspringer erweist sich als Irrgänger. Auf 14. bc5: (noch am besten) gibt Kramnik 14. ... b5! 15. ♘c3 f5! (unklar ist 15. ... ♘c5: 16. ♘e2 ♘e6) – nach 16. ef5: gf5: 17. ♕e1 0-0 usw. hätte Schwarz einen kleinen Vorteil behauptet.

14. ... f7-f5

15. f2-f3?

Die falsche Reaktion, unumgänglich war 15. ef5: gf5: 16. f4! und nach 16. ... ef4: 17. ♗f4: ♗a1: 18. ♖a1: ♖g8 19. ♖e1 darf Weiß auf Gegenspiel hoffen. Der Textzug gibt Schwarz Gelegenheit, seinen f-Bauern noch weiter vorzurücken und Weiß am Königsflügel einzuschnüren.

15. ... f5-f4

16. ♗e3-f2 h6-h5!

Fortsetzung der Einengungsstrategie; mit 16. ... cb4:? 17. ab4: ♘c7 (oder ♖b8) hätte Schwarz nur seinen Vorteil aus der Hand gegeben.

17. b4xc5 b6-b5

18. ♘a4-b2 g6-g5

Der schwarze Vorteil ist augenfällig, die gesamte weiße Stellung inklusive des ♘h2, der überhaupt keinen Zug hat, geradezu peinlich für einen FIDE-Weltmeister.

Kramnik droht momentan, mit ♘d4 nebst g4 weiter anzugreifen. Wenn Weiß nicht sang- und klanglos untergehen will, muss er etwas unternehmen – mit einem Bauernopfer startet er einen Befreiungsversuch.

Diagramm 153

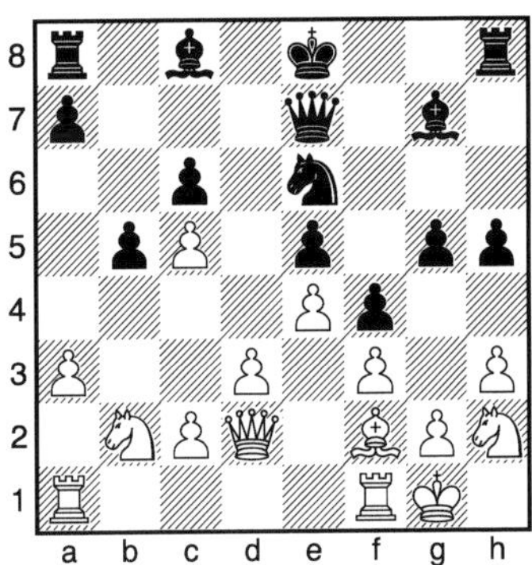

19. d3-d4?!

Zu 19. a4 g4! 20. fg4: hg4: 21. ♘g4: ♘g5 liefert Kramnik eine Analyse:

a) 22. ab5: (22. ♕d1 f3) 22. ... ♗g4: 23. hg4: ♕e6 24. ♘c4 ♕g4: 25. ♘d6+ ♔f8! 26. ♗e1 f3 27.

♕g5: ♕g5: 28. ♖f3:+ ♔g8 und der schwarze Vorteil ist klar.

b) 22. ♘h2 ♗h3: 23. gh3: ♖h3: mit Angriff.

19. ... e5xd4

Ebenfalls günstig für Schwarz wäre 19. ... ♘d4: 20. ♗d4: ed4: 21. ♘d3 a5.

20. ♘b2-d3 ♘e6xc5

21. ♘d3xc5 ♕e7xc5

22. ♖f1-d1

Oder 22. ♖ad1 ♕a3: 23. ♗d4: ♗d4: 24. ♕d4: ♕e3+ 25. ♕e3: fe3: mit einem vorteilhaften Endspiel für Schwarz.

22. ... ♗c8-e6

Nun sind beide schwarzen Läufer bestens postiert.

23. ♕d2-b4

Wieder wäre das nach 23. ♗d4: ♗d4: 24. ♕d4: ♕d4: 25. ♖d4: ♔e7 entstandene Endspiel eine eher leichte Übung für Kramnik, z. B. 26. c3 c5 27. ♖d2 ♖hd8 28. ♖b2 ♖ab8 usw.

23. ... ♕c5-b6!

Nach dem Damentausch 23. ... ♕b4: 24. ab4: und folgendem 24. ... d3 25. cd3: ♗a1: 26. ♖a1: ♖h7 steht Schwarz nur noch geringfügig besser.

24. a3-a4

24. ♕d6 kann Schwarz mit 24. ... c5 beantworten: 25. ♕b6: ab6: 26. ♗e1 d3 27. c3 c4 und Schwarz steht drückend überlegen.

24. ... c6-c5

Möglich war auch 24. ... a5 25. ♕d6 ♔f7 26. ab5: ♖hd8 27. ♕c6: ♕c6: 28. bc6: d3 29. cd3: ♗a1: 30. c7 ♖d7 31. ♖a1: ♖c7:.

25. ♕b4xb5+ ♕b6xb5

26. a4xb5 ♔e8-f7

27. ♖a1-a5

Weiß strebt die Turmverdoppelung auf der a-Linie an, um wenigstens etwas Gegenspiel zu entfalten.

27. ... ♖h8-b8

28. ♘h2-f1

Direkt 28. ♖da1 wird, wie wenig später in der Partie, taktisch widerlegt: 28. ... d3! 29. ♖a7:+ ♔g6 30. ♖g7:+ (30. ♖a8: ♖a8: 31. ♖c1 ♗b2) 30. ... ♔g7: 31. ♖a8: dc2:! 32. ♖b8: (32. ♖a1 ♖b5:) 32. ... c1♕+ 33. ♘f1 ♗c4.

28. ... ♗g7-e5

29. ♖d1-a1?!

Diagramm 154

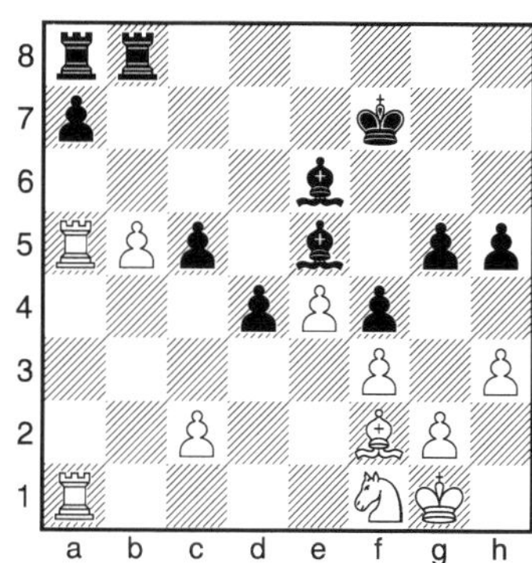

Besser war immer noch 29. ♖b1 ♗d7 30. ♘d2 ♗c7 31. ♖a6 ♗b5: 32. ♖h6 ♗e5, auch wenn Schwarz positionell und materiell in Vorteil bleibt. Nach dem Textzug geht es mit Weiß schnell bergab.

29. ... d4-d3!!

Eine glänzende Kombination, die das Schicksal von Weiß praktisch besiegelt: Schwarz opfert einen ganzen Turm, damit sein d-Bauer die Umwandlungsreihe erreichen kann.

30. ♖a5xa7+

Oder 30. cd3: ♗a1: 31. ♖a1: ♖b5:.

30. ... ♔f7-f6!

31. ♖a7xa8 ♖b8xa8

32. ♖a1xa8

32. ♖c1 Lb2 oder 32. ♖d1 dc2: 33. ♖c1 ♗b3 34. ♘d2 c4 35. ♘c4: ♖a1 waren die wenig erfreulichen Alternativen.

32. ... d3xc2

33. ♖a8-f8+ ♔f6-g6

Nach 33. ♔e7? 34. ♗c5:+ ♔d7 35. ♗a3 wäre der schwarze Freibauer noch abgefangen worden.

34. ♖f8-e8 ♔g7-f7

35. ♖e8-f8+

35. ♖e7+ ♔e7: 36. ♗c5:+ ♗d6 bringt Weiß auch nichts.

35. ... ♔f7-g6

Zu Recht verschmäht Schwarz den ♖f8, das Endspiel nach 35. ... ♔f8: 36. ♗c5:+ ♔f7 37. ♗a3 ♗d4+ 38. ♔h2 ♗c4 39. ♘d2 ♗b5: hätte das weiße Ende nur unnötig hinausgezögert.

36. ♖f8-e8 ♗e6-c4

37. ♖e8xe5 c2-c1♕

38. ♖e5xc5

Oder 38. ♔h2 ♕f1: 39. ♗c5: g4 40. fg4: hg4: 41. hg4: ♕e1.

38. ... ♕c1xf1+

39. ♔g1-h2 ♕f1xf2

40. ♖c5xc4 g5-g4!

Weiß gab auf angesichts von 41. hg4: hg4: 42. fg4: f3 oder 41. ♖c1 gf3: 42. ♖g1 ♕g3+ 43. ♔h1 f2 44. ♖f1 f3!.

Partie 20

Weltcup Chanty-Mansijsk 2005

Weiß: Alexander Grischuk
Schwarz: Gata Kamsky

Spanisch

1. e2-e4	e7-e5
2. ♘g1-f3	♘b8-c6
3. ♗f1-b5	a7-a6
4. ♗b5-a4	♘g8-f6
5. 0-0	♗f8-e7
6. ♖f1-e1	b7-b5
7. ♗a4-b3	0-0
8. h2-h3	♗c8-b7
9. d2-d3	d7-d6
10. a2-a3	

Beide Seiten haben sich im geschlossenen Spanier auf bewährte Weise entwickelt, die Stellung ist ausgeglichen – man beachte auch die völlig symmetrische Bauernformation im Zentrum. Mit seinem letzten Zug hat Weiß ein Tempo investiert, um dem Abtausch seines wichtigen Königsläufers durch 10. ... ♘a5 vorzubeugen.

10. ... h7-h6?!

Empfohlen wird an dieser Stelle vor allem die Ausdehnung am Damenflügel mittels 10. ... ♘a5 11. ♗a2 c5; die nachfolgende Überführung des ♗b7 nach e6 hätte dann den weißen ♗a2 befragt. Kamsky hatte hier wohl – nach allseits bekanntem Muster – einen anderen Plan ins Auge gefasst: im Anschluss an seinen nächsten Zug ♖e8 die Fianchettierung seines Königsläufers nach g7; allerdings kommt es in dieser Partie nicht dazu, denn schon im übernächsten Zug ändert Schwarz seinen Plan ...

11. ♘b1-c3!

Das ideale Entwicklungsfeld für den Springer, das hier nicht (wie so häufig im Spanier) durch den Aufzug des c-Bauern blockiert wurde; der ♘ kann nun viel schneller ins Spiel eingreifen als nach der Entwicklung ♘b1-d2-f1-e3 oder -g3.

11. ... ♖f8-e8

12. ♘c3-d5!

Schon steht der Springer bereit, um das schwarze Läuferpaar zu halbieren (13. ♘e7:). Der ♗e7 ist zwar momentan nur ein Kümmerling, aber dies könnte sich im Laufe der Partie noch ändern.

12. ... ♘f6xd5

In der Partie Swidler – Naiditsch (Dortmund 2004) stand Weiß leicht besser nach 12. ... ♗f8 13. c3!? (nach weiteren schwarzen Ungenauigkeiten konnte Swidler die Partie schließlich gewinnen, 1-0 im 39. Zug). Der Textzug ♘d5: ist eine Neuerung, hat aber auch seine Schattenseiten: Nach dem Wiedernehmen hat sich der Wirkungskreis des weißen Läufers vergrößert, da er von seinem neuen Standfeld d5 auf eine weitere Diagonale einwirkt.

13. ♗b3xd5 ♕d8-c8

Schwarz hebt sofort die Fesselung des ♘c6 auf. 13. ... ♕d7 wäre mit 14. d4 beantwortet worden.

14. c2-c3

Nach dem direkten 14. d4?! kann Schwarz das Spiel ausgleichen: 14. ... ♘d4: 15. ♘d4: ed4: 16. ♕f3 ♗d5: 17. ed5: ♕d7.

14. ... ♘c6-d8

15. d3-d4

Weiß hat nun einen klaren Vorteil im Zentrum und droht unmittelbar

Bauerngewinn auf e5. Schwarz muss die angestrebte Entwicklung des ♘d8 nach e6 zurückstellen.

15. ... ♗e7-f6?!

Grischuk empfiehlt an dieser Stelle für Schwarz 15. ... c6 16. ♗a2 ♕c7 17. ♗e3 mit nur leichtem Vorteil für Weiß.

16. ♘f3-h2!

Ein prinzipiell bekanntes Springermanöver, das auch in der oben erwähnten Partie Swidler – Naiditsch vorkam, dort verknüpft mit der Idee, einen Angriff am Königsflügel mit ♕h5 und ♖e1-e3-f3 oder -g3 einzuleiten. In unserer Partie droht direkt 17. ♘g4 mit der Absicht 18. ♘f6:+ gf6: 19. ♗h6:. Da 16. ... ♘e6 wieder nicht funktioniert – nach 17. ♘g4 und Wegzug des ♗f6 (den Königsflügel darf sich Schwarz nicht ruinieren lassen) fällt e5 – kann Schwarz nur noch im Zentrum reagieren:

16. ... e5xd4

Die obige Empfehlung ist bereits überholt: 16. ... c6 17. ♗a2 ♕c7 18. ♘g4 ♗e7 19. ♗h6:!

17. ♘h2-g4!

Nach 17. cd4:? ♗d5: 18. ed5: ♖e1:+ 19. ♕e1: ♕d7 (nicht 19. ... ♗d4:?? 20. ♕e8+ ♔h7 21. ♕e4+) könnte Schwarz ein wenig aufatmen.

Diagramm 155

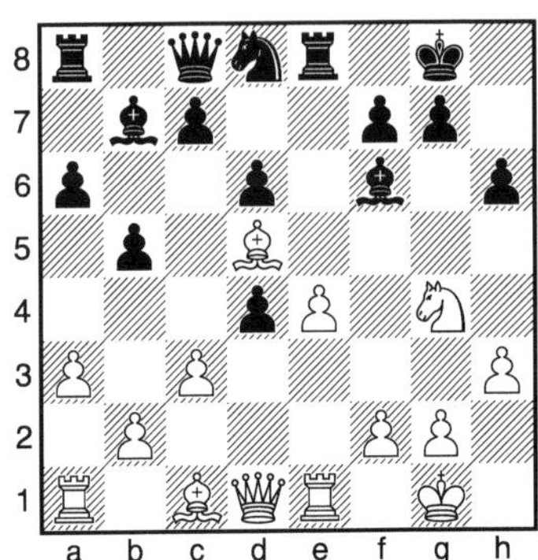

17. ... ♗f6-g5

Der schwarze Läufer findet kein gutes Feld: nach dem Schlagen auf g5 entsteht daselbst eine neue schwarze Bauernschwäche (s. u.), und auf den bescheidenen Rückzug 17. ... ♗e7 kann Weiß schon zur Attacke blasen mit 18. ♗h6:!? gh6: (18. ... ♗d5: 19. ed5: gh6: 20. ♘h6:+ ♔f8 21. ♕d4: f6 22. ♕h4) 19. ♘h6:+ ♔f8 20. ♕d4: f6 21. ♕d3!, drohend 22. e5!. Grischuk regt hier 17. ... ♗d5:!? an, auch wenn nach 18. ♘f6:+ gf6: 19. ed5: ♖e1:+ 20. ♕e1: ♕f5! 21. ♗h6:! Weiß im Vorteil bleibt (21. ... ♔h7 22. ♗d2 ♕d5: 23. ♕e7! ♔g7 24. ♕e2!).

18. c3xd4

Diesen Zug kann sich Weiß leisten, da 18. ... ♗c1: 19. ♖c1: nur den weißen Damenturm entwickelt.

18. ... ♗b7xd5
19. e4xd5 ♖e8xe1
20. ♕d1xe1

Weiß kontrolliert nun auch die offene e-Linie, die in der Folge zur weißen Operationsbasis wird; es droht zunächst ♕e8+, was der schwarze Monarch selbst unterbindet.

20. ... ♔g8-f8
21. ♗c1xg5 h6xg5

Trotz des inzwischen reduzierten Materials kann Schwarz keineswegs zufrieden sein: sein Springer steht kläglich, der ♙g5 ist schwach und auch die Dame spielt im Vergleich zu ihrer weißen Kollegin eine untergeordnete Rolle als bloße Verteidigungsfigur. Demgegenüber ist der isolierte weiße Doppelbauer durchaus stark, stellt also eine Ausnahme von der herkömmlichen Positionslehre dar: der Bauer d5 verwehrt dem schwarzen Springer den Zutritt zu c6 oder e6, eine weitere Option besteht in der Bildung eines Freibauern, falls bei Gelegenheit der Schlagzug d5xe6 zur Ausführung kommt. Und der Bauer d4 verhindert, dass der schwarze Springer demnächst von f7 nach e5 gelangen kann.

Diagramm 156

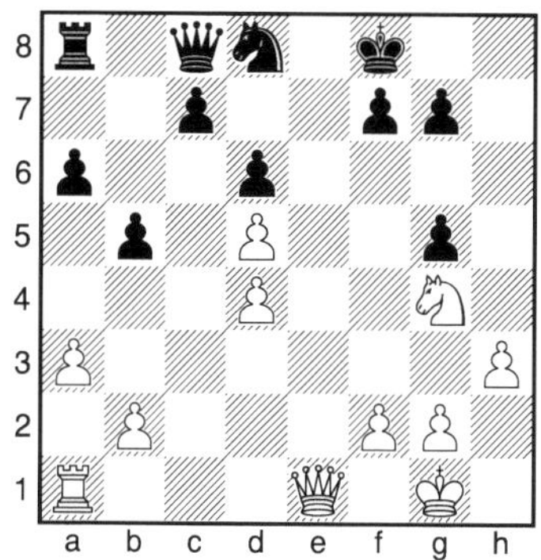

22. ♕e1-e3!?

Bereitet die Verdoppelung der Schwerfiguren in der e-Linie vor und greift gleichzeitig den ♙g5 an, dessen Deckung durch f6 ein eklatantes Loch auf e6 erzeugt. Trotzdem war nach Grischuk 22. ♖c1 objektiv besser (22. ... ♕d7 23. ♕c3; 22. ... f5 23. ♘e3).

22. ... f7-f6

22. ... f5 trifft auf 23. ♖e1 ♕d7 24. ♘h2 ♘f7 25. ♕e6 ♖d8 (25. ... ♕e6: 26. de6: ♘h6 27. ♘f3 usw.) 26. ♘f3 f4 27. b4 und falls 27. ... ♕c8, so 28. ♘g5: ♘g5: 29. ♕e7+ ♔g8 30. ♕g5: mit deutlichem weißen Vorteil; verfehlt wäre auch 22. ... ♕f5, da nach der weißen Antwort die schwarze Dame auf d7 benötigt wird (zur Abwehr der Mattdrohung).

23. ♖a1-e1 ♕c8-d7
24. h3-h4!

Da Kamsky sich anschickte, mit ♘f7 nebst ♖e8 für Entlastung zu sorgen, musste Weiß seinen Angriff schnell ankurbeln – er findet eine neue Ressource in Gestalt seines h-Bauern!

24. ... ♘d8-f7!

Vermeidet den Fehler 24. ... gh4: 25. ♘f6:! gf6: 26. ♕h6+ ♔g8 27. ♕f6:. Die Kehrseite der Medaille ist, dass nun das Feld e6 für die weiße Dame zugänglich wird.

25. ♕e3-e6! ♖a8-d8

26. h4-h5!

Droht, mit h5-h6 das schwarze Bauerngefüge anzuknabbern.

26. ... f6-f5?

Ein Fehler, nach dem die Partie schnell zu Ende geht. In dem nach 26. ... ♕e6: 27. de6: entstehenden Turmendspiel hätte Schwarz wohl noch das Remis retten können (- auch ein Zeichen dafür, dass sich Kamsky bis zum 26. Zug ganz passabel verteidigt hat): 27. ... ♖e8 28. d5 c5 29. dc6: e.p. ♘e5 30. ♘e5: fe5: 31. ♔h2! ♔e7 32. ♔g3 ♔e6: 33. ♔g4 ♖c8 34. ♖c1 d5 35. ♔g5: d4 36. f3 ♔d5 37. ♔f5 d3 =.

Diagramm 157

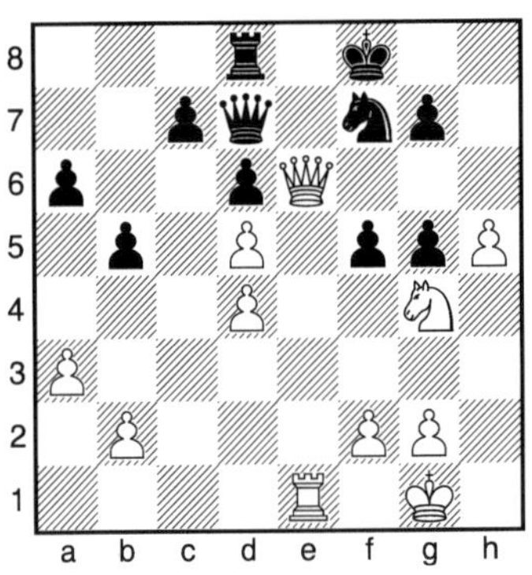

27. ♘g4-f6!!

Dieses fulminante Springeropfer hatte Grischuk schon länger im Auge.

27. ... g7xf6

Nach 27. ... ♕e6: 28. de6: gewinnt Weiß umgehend mit 29. e7.

28. ♕e6xf6

Gegen das weitere Vorrücken des Freibauern nach h6, was sowohl ♕g7# als auch die Umwandlung auf h8 droht, muss Schwarz etwas unternehmen.

28. ... ♖d8-e8

29. ♖e1-e6!

Zur Abwechslung besetzt der Turm das Loch e6!

29. ... ♕d7-d8

29. ... ♖e6: 30. de6: ♕e7 31. ♕f5: beschert Weiß einen leichten Gewinn.

30. ♕f6xf5 g5-g4

Schwarz versucht noch, mit einem Bauernopfer den Angriff abzuwehren (31. ♕g4: ♕g5), aber auf diesen Handel lässt sich Weiß nicht ein.

31. ♖e6-f6!

Die Entscheidung fällt auf der f-Linie!

31. ... ♖e8-e7

32. h5-h6 ♕d8-d7

33. ♕f5-g6

Schwarz gab auf, es droht ein zweizügiges Matt durch die Dame und natürlich auch der Durchmarsch des h-Bauern nach h8.